本书得到国家社会科学基金面上项目"产业转型升级背景下技能形成与区域协同创新研究"（项目批准号：17BGL253）、北京大学社会调查研究中心智库项目"中国制造 2025 与技能短缺治理"（项目批准号：2016SP01）、北京大学中国教育财政科学研究所"新兴市场国家的技能形成与财政支持研究"（项目批准号：201601）的资助，特此感谢！

中国教育财政研究丛书

技能形成
与区域创新

职业教育校企合作的功能分析

Skill Formation
and Regional Innovation

Functional Analysis of
School-Firm Collaboration in Vocational Education

杨 钋 - 著

社会科学文献出版社
SOCIAL SCIENCES ACADEMIC PRESS (CHINA)

序

　　作为关注职业教育发展的经济学者，北京大学教育学院的杨钋博士来与我讨论职业教育"1＋X"模式改革，交谈中了解到她正在做国家技能形成体制的研究。我们谈到了目前正在推行的两种学徒制形式——现代学徒制和企业新型学徒制。现代学徒制强调"招生即招工"，企业新型学徒制强调"招工即招生"。在一些人看来，这不过是教育管理部门和就业管理部门在技术技能型人才培养模式讨论中玩的文字游戏。但我们认为这种解读是不严肃的，实际上，其中的差异正是国家主义技能形成体制和集体主义技能形成体制在我国技术技能型人才培养上的不同表现，反映出两个部门在技能合作模式探索上的不同追求和制度建构。

　　我们都认为这种探索是可贵的，并且是有价值的。不久后，她发来自己的研究成果《技能形成与区域创新——职业教育校企合作的功能分析》一书，并请我作序。虽然我不太适应这种学院风的表达方式，但她的研究还是深深地吸引了我。

　　该书认为，我国在从计划经济体制向社会主义市场经济体制转型的过程中，完成了从集体主义技能形成体制向国家主义技能形成体制的过渡。尽管我不完全赞同这一判断，但我依然认为，该书做了一件极有意义的工作，这一发现可能会影响我国技能形成体制的制度变革，值得教育管理部门和就业管理部门的同事们认真研究。

　　显然，该书也意识到了国家主义技能形成体制与当下中国经济发展不相适应。作者试图从制度经济学的角度，找到最适合我国发展方式的技能形成体制。杨钋花了很大精力来观察和分析技能形成领域的校企合作，并以大量的实证研究和数据分析，围绕三个层面的问题进行了细致而深入的讨论，即：宏观层面的央地政府互动，中观层面地方政府对校企合作的协调，微观层面的校企博弈过程。

在分析和讨论的过程中，该书以其独特的视角发现了地方政府协调机制和区域合作机制在国家技能形成体制中的特殊作用。首先，该书发现，中央政府尝试通过三个政策工具——职业教育领域的财政事权调整、财政投入和项目制——来激励地方政府的人力资本投资，使地方政府成为校企合作的"帮助之手"而非"掠夺之手"。这三大政策工具的调整，促成了国家技能形成体制中生产体制、社会保障制度和技能形成之间的有效衔接，尤其协调了中央和地方政府在职业教育培训体系中的关系。这一发现，能够帮助我们了解地方政府发展职业教育的动机和推动力。

我国在从计划经济体制向社会主义市场经济体制转型的过程中，在社会治理体系中并没有培育出强有力的行业性组织来协调和沟通企业与政府的关系。这一点在职业教育的发展中体现得尤为明显。该书发现，事实上，这一协调功能通过地方政府的职责转变得到了一定程度的补偿。该书认为，地方政府在职业教育协调中发挥了与行业组织相似的功能，成为其"功能等价物"。地方政府通过认可、激励、协调和参与的方式，介入本地区企业与职业院校的技能合作，形成了对技能合作的地方化产权保护。地方政府的参与，降低了企业面临的各种风险和不确定性，提高了企业参与技能投资的预期收益。同时，该书还发现了以产业聚集度、企业生产体制和社会保护政策为主要特征的区域禀赋在推动校企合作制度化方面的重要作用。我国区域禀赋优异的地区，如珠三角、长三角、长株潭经济区等，率先实现了技能形成领域校企合作的制度化，开展了各种高成本合作，并实现了跨企业技能投资合作。这种地方化产权保护的差异，在一定程度上解释了各地产教融合发展的差距，尤其是混合所有制试点、现代学徒制试点等为何多出现在民营经济较为发达的地区。

由此，该书提出，作为社会治理方式的技能合作是不同层级政府、企业、职业教育培训机构和其他社会合作伙伴互动的结果。在国家主义技能形成体制内部，充分发挥地方化产权保护机制和区域禀赋调节机制的作用，有可能形成"技能合作创新的中国模式"。

杨钋的这些独到的见解使我对中国职业教育改革的趋势有了一些新的理解。的确，各个国家生产体制的不同导致技能形成体系的差异。近年来，随着我国经济的快速发展以及我国在世界经济一体化进程中地位的变化，技能形成与经济增长、政治稳定、社会再分配、社会保障等核心社会经济问题的密切关系凸显。在就业市场上，技能失灵正在成为困扰我国经济转型的重要因素。寻求与我国发展方式相协调的技能形成体制，是国家职业教育改革的重要内容。

不过，我认为集体主义技能形成体制仍然会在未来的职业教育培训中发挥重要作用。因为地方政府和区域禀赋的作用事实上提升了集体主义技能形成体制的价值。在我国新的发展方式中，国家主义技能形成体制和集体主义技能形成体制的调和可能能够发挥技能形成体制的作用与价值。同时，我国拥有全球产业门类最齐全的工业体系，改革开放过程中引进和借鉴模式的多样性，决定了我国生产体制本身具有多样性的特点。新技术的加快应用，也在一定程度上强化了生产多样性的趋势。这就需要我们在技能形成体制上寻求更具灵活性的制度设计，来保证技能供给始终在以企业为主体的方向上运行。我期待与杨钋在这一问题上做进一步的探讨。

在我国，致力于技能形成体制研究的学者并不多，职业教育培训的快速发展呼唤更多的研究者参与这一历史性的进程。杨钋坚持"用双脚丈量"我国职业院校发展的治学精神是值得我们学习的。我期望她的坚持能够激励更多的研究者和实践者践行职业教育服务社会的使命。

是为序。

陈李翔

中国职业技术教育学会副会长

目　　录

第一章 引论

一 问题的提出

近年来，国际舞台上逐渐唱响了职业教育的"中国好声音"。在 2019 年 8 月举办的第 45 届世界技能大赛中，中国代表团再次荣登金牌榜、奖牌榜，并获团体总分第一。数控铣、焊接 2 个项目实现金牌"三连冠"，车身修理、砌筑、花艺、时装技术 4 个项目蝉联冠军，建筑石雕、混凝土建筑、水处理技术 3 个项目首次参赛并夺金。在国际大赛上取得的优异成绩表明我国职业教育有了显著进展，少数学生达到了国际一流水平（《工人日报》，2019）。2018 年 8 月，《深圳职业技术学院中国特色世界一流职业院校建设方案》获深圳市政府批准通过（陈秋明等，2018）。2019 年 4 月，《教育部、财政部关于实施中国特色高水平高职学校和专业建设计划的意见》提出，要集中力量建设 50 所左右高水平高职学校和 150 个左右高水平专业群。这表明国家示范性高等职业院校建设和国家骨干高等职业院校建设等项目为我国培养了一批具备国内乃至国际竞争力的职业院校①。

高水平职业院校发展的基础是院校与企业在技能形成领域的全方位合作。作为校企合作的国家层面指导意见，2018 年 2 月，教育部等六部门联合印发了《职业学校校企合作促进办法》，明确从政策、资金等方面

---

① 鉴于到国家文件中对职业教育机构的命名采用了多种表述方式，本书中所指职业学校与职业院校相同，包括中等职业学校和高等职业院校。本书中"中等职业学校"指各类型的中等职业教育机构。本书中交替使用"高等职业学校"和"高等职业院校"，二者指的都是高等职业教育机构。

推动职业学校与企业开展深度合作（教育部职业教育与成人教育司，2018）。2019 年国务院《国家职业教育改革实施方案》又提出，在促进产教融合、校企双元育人的指导方针下，要建设 300 个具有辐射引领作用的高水平专业化产教融合实训基地；职业院校实践性教学课时原则上占总课时的一半以上，顶岗实习时间一般为 6 个月；双师型教师占专业课教师总数超过一半①。由此可见，国家层面支持性政策体系建设日趋完备。

如果仅关注职业教育顶尖院校与优秀学生的发展和国家宏观政策对校企合作的支持，就认为我国职业教育已发展到较高水平、职业院校与企业已实现了深度合作，进而推论国家相关政策体系的建立和完善确保了产教深度融合的实现，显然为时过早。现实情况是技能形成领域的校企合作存在显著的阶段性差异、组织间差异和区域差异。这意味着该领域仍然广泛存在技能市场失灵问题，面临集体行动失败的威胁。

技能形成领域校企合作的阶段性差异明显。详细考察 20 世纪 90 年代中期以来职业院校与企业的合作，不难看出，虽然校企合作总体发展趋势向好、规模不断扩大、合作形式更加多元，但发展过程中仍然伴随着反复和变化，且受到宏观环境的影响。20 世纪 50~70 年代，在取缔了私有制经济和劳动力市场之后，我国逐步发展出"单位制"企业组织形态。在国有企业和集体企业内部，劳动部门协调企业通过"师徒制"和企业与所属技工学校的合作来培养熟练劳动力，通过内部技能养成体系来实现劳动力的有效供给（王星，2014）。在中央与地方财政关系经历多轮集权和分权调整的背景下，国有企业和集体企业发展受到较大影响，企业与职业教育机构的合作关系比较脆弱，"先招工、后招学"的学徒模式远远不能满足企业用工需求（杨钋、王星、刘云波，2017）。

20 世纪 80 年代初的改革开放政策逐步放松了对劳动力市场的管制。1985 年《中共中央关于教育体制改革的决定》提出调整中等教育结构、积极发展中等职业教育的号召，强调建立以学校为主的职业教育培训体系。20 世纪 90 年代中期，职业教育受到国企"下岗潮"和国企解除办学责任的影响，主管单位逐步从企业和劳动部门转移到地方教育部门，原先密切的校企合作解体（刘玉照、苏亮，2016；王星，2014）。

20 世纪 90 年代末，高等职业教育开始大规模发展。在办学早期阶

---

① 《国家职业教育改革实施方案》（国发〔2019〕4 号），http://www.gov.cn/zhengce/content/2019－02/13/content_5365341.htm，2019 年 2 月 13 日。

段，高等职业学校基本采取了"本科压缩饼干"的方式，学校与企业的合作并不密切。受到 1998 年"亚洲金融危机"和 1994 年分税制改革的影响，2000 年之后地方政府的财政能力不足，对中高等职业学校的财政投入有限，职业学校不得不积极寻求与地方行业和企业的合作，以获得市场化资源的支持，校企合作因此有了实质性的发展。

在中央财力扩张、财政事权范围扩大的背景下（田志磊、赵晓堃、张东辉，2018；王蓉、田志磊，2018），2006 年教育部和财政部开始实施"国家示范性高等职业院校建设计划"等项目。2015 年教育部提出以职业教育集团化办学的形式促进校企合作。国家示范性高等职业院校（以下简称示范校）建设和国家骨干高等职业院校（以下简称骨干校）建设形成了新的办学理念，促使学科式的专科教育向职业技能教育转变。这个时期的校企合作对企业的依赖性强，校企合作为院校带来了收入、学生实习实践的机会、教师双师型培训、毕业生就业岗位等多种资源，也在一定程度上满足了企业的用工需求。

2014 年以来的"后示范"建设时期，教育部和财政部采用综合奖补、专项督导等多种措施，积极引导、推动地方政府建立完善高等职业生均拨款制度。在生均拨款机制的支持下，不少院校经费得以补充，开始在校内进行高水平的实习实训设施建设，对企业的依赖性下降。企业可利用的、能够利用的和容易利用的资源已经被职业院校充分利用，校企合作的成本进一步上升。在此情况下，部分院校回归教育本位，转而强调长远发展和素质教育，甚至转向发展应用型本科教育或教育国际化和教育信息化。

校企合作扩张和深化的大趋势背后是显著的组织间差异，且企业间差异大于院校间差异。在校企合作模式多元化的表象背后，是合作日趋单一化。具体表现为合作企业的类型单一化、合作的深度与广度不够、低成本合作占主导地位。2018 年，全国 806 家企业发布的《企业参与高等职业教育人才培养年度报告》表明，从合作企业规模来看，与高等职业院校合作的企业中大企业占比为 40%，中型企业占比为 28%；从合作企业的所有制看，民营企业占比为 70%，国有企业占比为 13%；从企业所在地区来看，19% 的企业在江苏，12% 的企业在北京，12% 的企业在广东，中西部地区企业参与合作的比例较低（杨钋，2019）。2018 年数据还显示，每一对校企合作伙伴平均采用 7 种合作形式，其中 2.4 种属于高成本合作①，其余为低成本合作。从高成本合作的分布来看，8% 的高等职业院校未参与高成本合作，超过半数的高等职业院校参与的高成本合作数量小于等于两种（杨钋，2019）。积极参与合作的企业以大中型企业、民营企业为主，集中在少数几个行业中，大多来自沿海发达地区（刘志民、吴冰，2016；吴冰、刘志民，2015；杨钋，2019；杨钋、岳铮男，2018）。

校企合作的组织间差异也反映在 2019 年教育部先期重点建设产教融合型企业名单和各省市产教融合型企业名单中。2019 年入围的 24 家企业基本上是国家和各省市国有大型企业的代表，其中包括北京祥龙资产经营有限责任公司、国家电网冀北电力有限公司、马钢集团控股有限公司等。各省市在提名本地的产教融合型企业时也选择了国有大中型企业，例如青岛市 2019 年第一批试点建设培育产教融合型企业包括海尔集团、青岛港集团有限公司、青岛特殊钢铁有限公司等。小微企业、民营企业和跨国企业较少出现在政府认定的产教融合型企业名单中。

校企合作也存在明显的区域差异。2019 年 6 月发布的《2019 中国高等职业教育质量年度报告》评选出全国"教学资源 50 强"和"服务贡献 50 强"。全国"服务贡献 50 强"指标分为技术开发服务、就业贡献和培训服务 3 个维度②。"服务贡献 50 强"榜单显示，沿海经济发达省份的高等职业院校集中度较高，江苏、浙江、广东 3 个省份有 29 所高等职业院校入选；中西部地区仅有 16 所高等职业院校入选（上海市教育科学研究院、麦可思研究院，2019）。区域间高等职业院校的校企合作情况差距也较大。2017 年辽宁省 44 所高等职业院校中，有合作企业的专业占专业设置总数的 66%，主要合作企业订单培养人数占在校生总数的 6.2%，院校为企业提供技术服务所获得的校均年收入为 44.3 万元，校均为企业培训员工 4177 人（董新伟、王洋，2018）。2018 年《江苏省高等职业教育质量年度报告（2018）》（江苏省教育科学研究院，2018）显示，2017 年江

① 采用杨钋、岳铮男（2018）的定义，校企合作中的高成本合作包括企业设置冠名学院、企业订单培养学生、合作开发教材、企业向院校捐赠设备、企业培训教师、企业向院校捐款、共建校企合作平台、开设顶岗实习、举办行业相关领域竞赛。
② 2016～2019 年"服务贡献 50 强"指标包括办学规模、毕业生就业去向、横向技术服务到款额、纵向科研经费到款额、横向技术服务产生的经济效益、技术交易到款额、面向社会成员的培训到款额和公益性培训服务。2019 年新增"到西部地区和东北地区就业人数""横向技术服务产生的经济效益"等指标项目。

苏省校企合作开发课程为 11195 门，校外兼职教师承担的实践课时占总实践课时的 91%，校均服务收入为 650 万元，校均为企业培训员工 20834 人（王成斌，2019）。由此可见，不同省份高等职业院校与企业在育人、技术服务和培训方面的合作程度存在显著差异。

不同时期校企合作关系的变化、组织间差异和区域差异表明，技能形成领域缺乏对技能投资的可信承诺，而且技能合作面临集体行动的困境。研究发现，随着中央政府专项经费投入的增加，一些原先与行业企业合作密切的职业院校降低了对企业的依赖程度，原先紧密的校企合作逐步松散化（田志磊、赵晓坚、张东辉，2018；朱俊、田志磊，2015，2018）。政府重金打造的示范校和骨干校发挥了积极的"示范作用"，提升了自身的资源水平和校企合作水平，但是未能带领周边院校与企业加强合作（刘云波，2019），示范校和骨干校与其他院校的差距日益扩大（刘云波、杨钋，2020a）。此外，随着我国人口结构的变化和城镇化的推进，职业院校在面临生源危机时选择了发展"升学教育"，使得校企合作滑向了边缘化的位置（刘明兴、田志磊、王蓉，2014a）。

由此可见，近年来我国技能形成领域出现了一个悖论：一方面，中央政府通过职业教育财政体制机制建设，增加了对部分职业院校的财政投入，由此形成的人才培养模式及师资队伍变革提升了受资助院校与企业合作的能力，但其他院校变化不大；另一方面，职业院校与企业合作的区域间和院校间差距加大，而且双方的合作关系在外部环境变化的情况下显得十分脆弱。虽然新的校企合作机制不断出现，但高成本、长期和跨组织校企合作或者"千载难逢"，或者"昙花一现"。

区域层次校企合作的脆弱性和巨大的区域差异意味着三个亟待解决的理论问题。在宏观层面，中央政府直接干预校企合作的措施可能未达到预期效果，并且中央政府鼓励地方政府深化职业教育产教融合的措施可能也未奏效，因而部分地方政府缺乏促进校企合作的激励。因此，有必要重新梳理我国的技能形成体制，详细讨论中央政府和地方政府在职业教育领域的分工与职责，理解前者如何激励后者进行技能合作。在中观层面，校企合作的组织间差异和区域差异意味着地方政府在促进学校与企业、企业与企业之间技能合作的意愿和能力方面有很大差异。各地区技能形成领域校企开展集体行动的难度差异很大，这种挑战受到地方政府能动性和区域禀赋的影响，但是目前学术界对地方政府行动的讨论不多。在微观层面，脆弱的职业院校与企业间的合作可能既受到双方特征与策略的影响，也受到宏观与中观环境的制约，已有实证分析也相当有限。

有鉴于此，本书的目标是分析我国技能形成领域校企合作的上述理论难题，主要研究问题包括：（1）在宏观层面，中央政府如何能向地方政府做出可信的承诺，确保后者能够积极响应其促进职业教育产教融合、校企合作的策略？（2）在中观层面，地方政府如何支持企业和职业院校在技能形成中采取集体行动？（3）在微观层面，企业参与技能合作的影响因素有哪些？对这些问题的回答，不仅有助于增进对当前技能形成领域校企合作的现状和面临的挑战的理解，也有助于揭示我国职业教育培训体系与宏观体制和微观决策之间的微妙关系。

二　技能投资的相关理论解释

技能形成领域的校企合作是一种技能投资的特定形式，涉及多方决策，包括企业、职业教育培训机构、政府、受训者和其他社会合作伙伴。本节对技能投资决策的相关理论进行了梳理。

人力资本理论诞生60年来，学界对技能投资的理论分析可以分为三种视角。第一种是经济学视角，主要包括贝克尔的人力资本投资模型及其拓展，以及新制度主义劳动经济学相关理论。此类讨论以个人或企业为分析单位，关注成本－收益和劳动力市场特征如何影响技能投资。第二种是组织制度视角，此类理论又可以分为历史制度主义分析和三螺旋理论。前者关注不同国家技能形成体制的差异及其成因，后者致力于解释产学研的技能合作。第三种是地方政府和政策视角，关注地方政府和政策与企业技能投资的关系。

（一）经济学视角

微观经济学认为企业在劳动力市场中面临"制造"还是"购买"技能的难题。在高流动性的劳动力市场中，若企业参与培训，一旦雇员辞职，培训企业就无法获得技能投资的回报。因此，理性企业在长期博弈中会选择不培训策略，试图通过"挖人"从其他企业获得高技能劳动力。若多数企业采用不培训策略，就会出现技能错配和技能短缺现象。

人力资本理论提出，在完全竞争的劳动力市场中，企业与个人在成本－收益框架下进行技能投资决策，根据预期净收益决定是否提供或参加培训以及选择何种培训。技能可以分为通适性人力资本和专用性人力资本，前者适用于大多数企业，后者仅能在培训企业中提高员工的生产力（Becker，1993）。在完全竞争的劳动力市场中，员工的工资等于边际劳动生产率，因此拥有通适性人力资本的员工在任何地方获得的工资都相同。若企业在合同中无法加入限制流动的条款，一旦员工离开培训企业，该企业会损失所有的培训投资。因此任何企业都不会投资此类人力资本，员工必须以前期垫付或者培训期间获得低收入的形式来承担培训成本。相反，由于专用性人力资本的企业专用性特征，企业愿意与员工分担成本，通过企业内部培训来培育员工掌握企业专用技能。换言之，决定企业培训规模和培训形式的是培训预期成本和预期收益（McCall，Smith，and Wunsch，2016）。

根据上述观点，企业不会参与通适性人力资本的培训，但这与实际情况并不一致。例如在德国双元学徒制体系中，企业内培训采用国家课程标准，由外部机构提供资格认证，学徒所习得的技能可以在行业内的多家企业应用，属于行业专用技能，而非企业专用技能。行业内集体技能培训的存在提出了几个令人困扰的问题：在学徒完成培训后可以自由离开企业的前提下，企业为何愿意为职前培训支付大部分成本？

新制度主义劳动力经济学认为，企业"非理性"地投资于技能培训的原因在于劳动力市场的不完善（Acemoglu and Pischke，1998）。德国等国家的劳动力市场流动率较低，学徒留在培训企业工作的可能性远远大于有灵活劳动力市场国家的受训者。企业可利用双元学徒制作为内部劳动力市场的筛选工具，用其识别出有潜力的候选人并筛除低能力的候选人。

近年来，学者从信息不对称和工资结构压缩两个维度来解释企业对通适性人力资本的投资（McCall，Smith，and Wunsch，2016；Wolter and Ryan，2011）。在放松劳动力市场完全竞争的假定后，若市场中存在与员工所受培训次数和质量有关信息的不对称，培训企业可以利用其信息优势从通适性人力资本投资中获取租金（Katz and Ziderman，1990）。原因在于培训企业可以在培训过程中观察到员工的能力，并按照其边际生产力支付工资。而在外部劳动力市场中，由于缺乏有关员工的能力信息，其他雇主按照预期能力提供工资，因而市场工资低于培训企业内高能力员工的边际生产力，但高于低能力员工的边际生产力。因此，低能力员工选择流出培训企业进入劳动力市场，而高能力员工则留在培训企业。此时培训企业可以向高能力员工支付高于市场工资但是低于其边际生产力的工资，并从中获利。

若能力与培训存在互补关系，那么高能力员工从培训中获得的利益大于低能力员工，信息不对称自然导致压缩的工资结构，缩小了未经培训和受过培训员工的工资差距，这会鼓励企业进一步投资于技能培训。不对称信息为培训企业带来垄断权力，鼓励它们投资于通适性人力资本培训，但也会降低员工参与培训和分担成本的积极性。此时，外部技能认证可保证员工从培训中获得更高的回报，提高其劳动力市场流动性，从而鼓励他们参与技能培训（Acemoglu and Pischke，2000）。

这种从市场的不完备性出发对企业技能形成策略的解释，虽然注意到企业作为组织会对劳动力市场环境做出反应，但是无法解释为何各国劳动力市场存在不完备性。这种经济学视角的解释可能会妨碍研究者找到发达工业化国家技能形成体制多样化的深层次原因，以及企业技能投资的制度约束。例如 Acemoglu 和 Pischke 认为"劳动力市场不完善"是给定的外部因素，因此研究者并不关注不同国家劳动力市场不完善程度的差异性及其成因（Acemoglu and Pischke，1999a，1999b）。

（二）组织制度视角

1. 历史制度主义分析

在对人力资本理论进行反思的基础上，20 世纪 80 年代以来学术界对技能投资的讨论开始强调产业技能发展的社会建构过程（王星，2014）。比较政治学探索了资本主义发展模式的多元性，以及社会、经济、政治制度在塑造生产体制和技能形成方面的关键作用（Maurice，Sellier，and Silvestre，1986；Whitley，1999）。[①] 该领域最有价值的研究发现之一是强调在各个历史时期，各国的技能形成不是无条件的、理性选择的结果，而是受到政治、经济制度环境的约束（Ashton and Green，1996；Finegold and Soskice，1988；Hall and Soskice，2001a；Streeck，1992；Thelen，2004）。简言之，技能形成是一个动态的、因情况而定的、本质上是政治性的

---

① 这一领域的研究成果被称为"资本主义多样性文献"，其核心观点是西方发达工业化国家在生产体制方面的比较优势有其制度基础。国家的生产体制、劳资关系、金融制度、社会保护制度、技能形成制度等之间存在互补性，并成为支持该国特定产品优势的互补性制度安排。因此，资本主义国家的技能形成体系呈现出多样的形态。

过程。

　　制度经济学文献关注培训机构如何嵌入稠密的政治和社会经济制度网络，例如集体工资谈判、公司治理和财务、劳动力市场和国家福利政策，以及劳资关系（Hall and Soskice，2001a；Streeck，1992；Thelen，2004）。这些文献提出，影响企业采用技能投资策略的决定因素是稠密的制度网络向企业强加的"有益的约束"（beneficial constraints），这些约束鼓励它们参与技能投资。各国制度网络不是企业在寻找最优技能形成策略的过程中深思熟虑的结果，而是关键历史节点上政治力量妥协的结果（Martin，2012），因而技能培训制度有着深厚的政治和社会历史基础，双元学徒制的历史可以追溯到中世纪。

　　上述制度网络逐步发展为各个国家的技能形成体制，它是指一国在技能形成方面的一整套制度安排，即所谓的"制度包"。国家技能形成体制涉及培训风险承担、技能标准化和认证程度、职业学位系统的分层和差异化、培训主体的角色安排，以及与其他社会经济制度关联的议题（Blossfeld，1992；Crouch，Finegold，and Sako，1999；Finegold and Soskice，1988；Greinert，1998；Lynch，1994；Ryan，2010）。由于各个国家在这些方面的制度安排不同，因而形成了各具特色的国家技能形成体制。发达资本主义国家的技能形成体制大致可以分为四类：国家主义技能形成体制是由国家直接投资和主导的技能培训体制，代表国家是瑞典；自由主义技能形成体制的技能积累主要依赖市场机制调节，美国和英国是典型国家；集体主义技能形成体制是一种国家和企业卷入程度都比较高的制度安排，强调国家干预和市场自治的均衡，德国和奥地利是典型国家；分割主义技能形成体制中企业参与程度高、国家干预程度低，以日本为典型（Busemeyer and Trampusch，2012a）。

　　国家技能形成体制框架有助于理解企业参与培训的宏观驱动力，却难以解释为何属于同一类型的国家技能形成体制仍有很大差异，或者同一国家内部不同地区技能合作水平的变化。例如，在集体主义技能形成体制国家中，德国、奥地利、瑞士、丹麦等国家在企业自主性与（准）公共监督的关系、以企业为基础的职业教育培训体系和以学校为基础的职业教育培训体系之间的关系、技能形成的资金支持、职业教育培训与普通教育培训的关系这四个方面有着不同的制度安排，导致各国企业的技能投资程度和形式有很大差异（Busemeyer and Trampusch，2012a）。

2. 三螺旋理论

在讨论区域发展的过程中，管理学的创新研究提出了政府 – 高校 – 企业合作的三螺旋理论，用来解释政府、高校和企业在研发和人才培养方面的合作，以及高校在地方创新体系中的作用。三螺旋理论认为，知识和技术是经济增长的关键，产学研合作有利于促进企业家精神的形成和创新的发展。由于技术的高速发展和组织环境复杂性的提升，政、校、企需要合作来应对环境变化（Etzkowitz and Leydesdorff，2000，2001）。产学研合作可以采用不同形式，Etzkowitz 和 Leydesdorff（2000）提出了三种模型。国家主义模型强调政府可以同时控制大学和企业，政府主导了项目的发展，并积极为新项目提供各种资源。在放任主义模型中，企业与大学是独立的主体，它们要跨越组织边界进行合作。在平衡的三螺旋模型中，政校企三者相互融合、彼此合作，该模型中的大学逐步发展为"创业型大学"（Etzkowitz，2008）。近期研究还区分了中央政府和地方政府在三螺旋模型中的不同角色，地方政府对大学和企业的影响尤为重要（Cai and Liu，2015）。

三螺旋模型不仅意味着组织间的互动，也蕴含着组织本身的转型。政校企三方开始采用他人的实践方式（Cai，2015），它们不仅在研发方面合作，也会联合培养人才。非研究型大学对地方创新体系的贡献主要是通过校企合作提供技术型和技能型人才（Cai，Yang，and Lyytinen，2019）。企业与大学可以进行多种形式的人才合作，双方逐步发展出市场交易、多元主体、股权混合、纵向一体化等多种技能投资合作模式（朱俊、田志磊，2018）。三螺旋模型属于类型学分析，它能清晰地刻画企业参与技能合作的方式以及与大学和政府互动的模式。但是它却难以解释哪些因素会促进企业进行技能投资，或者政府的哪些政策可以驱动企业深入参与人才合作与地方创新体系发展。

（三）地方政府和政策视角

技能投资是民营企业发展的一个重要组成部分，地方政府在民营经济发展中发挥了巨大的作用。对我国民营经济发展的地区差异有多种理论解释。其中一种解释是经济利益自利性假说，认为地方政府支持本地民营经济发展的动机是为了从中获得经济利益。地方政府领导可以通过多种方式帮助企业规避政策限制，从中获得经济回报。他们也可以直接或者间接参与民营企业经营。另一种解释是地区竞争假说。在地方财政分权的条件下，地方政府领导为了获得政治晋升而展开经济竞争，进而推动了地方经济的发展（张军、周黎安，2008；周黎安，2007）。

章奇和刘明兴（2016）提出了第三种解释，即地方化产权保护。他们认为，地方政治精英进行经济决策的基础是最大化自己的政治利益。历史原因造成的政治权力结构以及不同地方政治精英在这一权力结构中所处的不同地位，决定了他们的利益以及对发展民营经济的不同态度。在存在权力异质性的条件下，处于权力网络边缘位置的地方政治精英具有更强的动机去发展民营经济，以便争取基层的政治支持。他们倾向于为民营经济提供地方化产权保护，从而巩固自己的政治地位。

具体到技能形成领域，地方化产权保护意味着地方政治精英可能为了寻求地方企业的经济和政治支持而为其技能投资提供产权保护，从而降低其投资风险。在地方政府权力缺乏约束和地方政府无法被问责的条件下，企业可能会遭遇机会主义的政策不确定性、官员懒政或不一致的政策执行，因而企业会因风险而规避投资（North，1990；North，Wallis，and Weingast，2009）。作为一种特殊投资，技能投资风险特别高。因为当企业与地方政府进行长期、昂贵的技能合作时，企业的竞争机密有可能被泄露；企业投资了大量时间和金钱后，地方政府所属职业院校有可能无法提供合格的技能人才。若缺乏对地方政府的问责机制，地方政府自身可能成为企业技能投资的风险。以公私合作伙伴关系（Public-Private-Partnership）进行技能联合投资的风险更大（Marques，2017）。当企业与地方政府进行公私合作伙伴关系形式的技能合作时，企业要与职业院校管理者和低层级政府官员合作，因为技能联合生产的质量依赖于后者付出的努力。职业院校管理者和低层级政府官员必须根据市场供求及时调整课程、购买新设备、聘用合格教师，并与企业密切合作来制订新教学计划（Anderson and Hassel，2013；Culpepper and Thelen，2008）。此时，若地方低层级政府官员懒政或寻租，企业就可能难以获得投资收益。

对技能投资的政治经济学分析，显示出企业与地方政治精英之间的联系有助于解决地方政府问责问题，因为这种联系可以建立交换机制，使得地方政治精英的寻租行为与企业利益一致（Gehlbach and Keefer，2011）。政治联系为企业提供了接触权力的机会，这可以降低投资的不确定性。双方联系可以为企业提供产权保护、降低政治不确定性。企业向地方政治精英提供帮助或租金（Frye and Iwasaki，2011）；作为租金或者帮助的交换，地方政治精英可以向企业提供公共产品，如优惠信贷、优惠合同等（Gehlbach，2008）。政治联系帮助地方政治精英向企业做出可信承诺，由此形成了一种类似"地方化产权保护"的机制。对俄罗斯的研究发现，各种政治联系（包括直接和间接的政治联系）都可以降低企业投资的不确定性，因为这种联系使得上级政府可以控制低层级政府官员，防止他们在技能合作中寻租或者懒政（Marques，2017）。

在缺乏国家层面制度支持的条件下，地方政府也有可能出台替代性政策来克服技能形成中的集体行动困境。从政府能力的视角出发，具备较强行政能力的地方政府有可能协调校企合作。理论上，克服集体行动困境有两条途径：一是通过劳动力、资本和地方政府之间的制度协调，例如德国的双元学徒制体系；二是通过自由市场经济来平衡技能供求。在转型经济体（如俄罗斯和中国）中，缺乏上述解决方案所需的有利于协调的制度组合或者透明和高效率的市场。此时，地方政府有可能发挥协调市场经济体（Coordinated Market Economy）中介机构的协调作用，特别是在收集和传播信息、监督和制裁等方面（Remington and Marques，2020）。当企业与公办职业院校合作时，地方政府最适合来进行协调，因为上级政府可以直接监督、制裁或强制负责管理职业教育机构的低层级政府官员，从而实现对后者的问责。因此，有更高行政能力的地方政府可以克服校企合作的集体行动困境。

此外，具备企业家精神的地方政治精英可以使企业、学校、地方和中央政府达成相对复杂的制度协议，并利用现有的本地企业间关系和政企关系来促进技能合作。地方政治精英的行动可以提供事实上的地方化产权保护。例如，在俄罗斯部分地区双元学徒制项目的实施过程中，州长的积极参与发挥了重要作用。州长参与可以克服环境惰性，为技能投资政策的出台和实施创造条件；州长可以凝聚共识并指明发展方向，降低其他参与者的不确定性和彼此目标之间的冲突；州长还可以通过成功的职业教育培训项目来赢得中央政府的青睐，从而获得中央政府对本地项目的投资（Remington，2018；Remington and Marques，2020）。这种地方政治精英的作用在其他国家也广泛存在。美国部分地区双元学徒制项目的发展在很大程度上依赖于州政府、市政府和县政府政治精英的推动，他们在吸引外商投资的过程中促进了跨国企业与本地社区大学和高中的合作，为高成本技能合作提供了必要的政治和财政支持以及合法性基础（Fortwengel，2017；Fortwengel and Jackson，2016；Remington，2018）。中国珠三角、长三角以及长株潭经济区的许多地区，也出现了大批具有创新精神的地方政府官员，他们利用自己的政治关系进行动员，推动了本地经济开发区、工业区、高新技术产业开发区和职业院校的合作，以职业教育集团、协同创新中心、实训中心、双元学徒制项目等形式实现了校企技能合作（Cai，Yang，and Lyytinen，2019；雷明顿、杨钋，2019；杨钋、王星、刘云波，2017）。

三 本书结构

上述三种理论视角为分析我国技能形成领域的校企合作提供了有益的参考。这三种理论视角的侧重点不同，它们研究的核心问题及分析层面也有差异：经济学视角关心微观层面上企业技能投资决策的影响因素；地方政府和政策视角聚焦于中观层面地方政府对企业技能投资的协调；组织制度视角关注宏观层面的国家制度如何形塑企业技能投资决策的环境。综合上述三种分析视角，本书认为，理解我国技能形成领域校企合作的关键是：分析中央政府如何使其技能发展政策成为对地方政府可信的承诺；讨论地方政府如何协调企业与职业院校的关系从而克服技能投资的集体行动困境；以及分析校企合作形式受到哪些因素的影响。

本书分为三个部分，结构导图见图 1-1。第一部分讨论宏观层面的国家技能形成体制和技能形成领域的央地政府互动。第一章为"引论"，提出研究问题和相关理论解释。第二章引入历史制度主义分析方法讨论了国家技能形成体制的内涵、制度匹配与技能供给的关系，以及我国在计划经济时期和市场经济转型时期国家技能形成体制的特征。第三章分析了中央和地方政府在职业教育领域财政事权与支出责任的划分及其对校企合作的影响。

第二部分在中观层面讨论地方政府对校企合作的协调。第四章对比了中、美、俄三国的宏观技能政策与区域层面的政校企技能合作。第五章聚焦于我国技能形成领域的公私合作伙伴关系，分析了不同类型 PPP 项目的协调模式。第六章借鉴高等教育创新相关理论，探讨了校企合作创新如何制度化。第七章采用技能形成领域制度匹配的观点，分析了如何通过完善企业间竞争机制来促进区域技能的形成与积累。

第三部分在微观层面分析了校企博弈过程。第八章着重分析了企业与高等职业院校的组织和制度因素如何影响校企合作形式。第九章考察了中央倡导、地方实施的现代学徒制试点项目如何影响校企合作。第十章总结全书，对相关理论进行反思，并尝试提出了"技能合作创新的中国模式"。

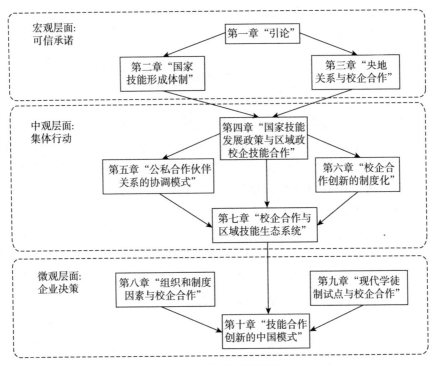

图 1-1　本书结构导图

第二章　国家技能形成体制

一　技能形成的理论之争

21世纪以来，全球范围内的经济不平等情况出现了巨大变化（Alvaredo，Assouad，and Piketty，2017；Alvaredo，Garbinti，and Piketty，2017；Piketty，2003，2014；Piketty and Qian，2009；Piketty，Yang，and Zucman，2017）。发展中国家的收入不平等程度高，且近年来国家内部不平等程度显著上升。欧洲和北美国家的收入不平等程度经历了长时期的下降，但过去10年来收入不平等程度逐步上升。收入不平等程度的上升威胁到经济增长和社会的高质量发展，收入严重不平等国家的经济增长速度慢，并且经济增长十分脆弱（Nolan et al.，2017）。技术变化、全球化、劳动力市场制度变化、国家以税收和转移支付的方式进行收入再分配的能力下降都会导致经济不平等程度上升，技能市场失灵也是一个重要的影响因素（Frey，2019）。

近年来，技能形成与经济增长、政治稳定、社会再分配、社会保障等核心社会经济议题的密切关系逐步凸显，引起了学术界的关注。过去50年来出现了一大批尝试解释技能、技能发展、技能与经济体关系的理论，包括通适性理论和特定性理论。这些相互竞争的理论对技能生产以及技能与社会关系的基本假设在本质上有所不同（Lauder，Brown，and Ashton，2017）。技能形成的通适性理论包括人力资本理论（Becker，1993；Schultz，1961），以及技能偏向的技术进步理论，后者强调在知识经济的背景下新技术将驱动对熟练劳动力的需求，而非替代劳动力（Acemoglu，2002；Acemoglu and Autor，2011）。通适性理论因忽略了国家相应的制度和文化环境而受到批评，取而代之的是技能形成的特定性理论。特定性理论关注技能形成与国家制度和文化环境的关系。自 1980 年以来，社会效应论学者提出各国的技能形成体制有本质区别，这种区别只能通过国家制度形态的差异来解释（Maurice, Sellier, and Silvestre, 1986）。这一制度主义的观点影响了后续学者的研究，包括高技能均衡理论（Finegold and Soskice, 1988）、国家与技能形成理论（Ashton and Green, 1996），以及资本主义多样性理论（Hall and Soskice, 2001b）。这些理论的共同点是认为国家制度和文化环境同时塑造了企业的生产实践和技能形成过程，因为国家生产体系需要与生产技术、产品和市场类型、劳资关系、技能教育与培训、企业治理制度等保持一致（Hall and Soskice, 2001a；Whitley, 1999）。特定性理论强调了技能形成的政治维度，因为政治因素可以形塑和改变技能形成的制度环境（Hansen, 2011）。

近年来，经济全球化的发展对技能形成的理论解释提出了更多的挑战。批评者认为技能形成的通适性理论和特定性理论均受到方法论的国家主义视角的限制（Lauder, Brown, and Ashton, 2017）。这些批评再次引起了学术界和政策制定者对国家技能形成体制的内涵、职业教育培训与企业治理机制和国家社会保护体制之间互动的兴趣与争论。例如，"东亚四小虎"的经济腾飞被归结于国家技能形成体制的成功，这种发展主义技能形成体制将技能发展与国家的产业政策紧密结合，并由强有力的国家经济管理部门来推动技能形成体制与其他社会政策的结合（Green, 1999）。通过对中国和印度国家技能形成体制的比较研究发现，虽然两国在技能发展方面取得了显著成就，但是它们向高技能均衡的转型却面临巨大挑战，必须解决为弱势群体提供高质量的通识教育和职业教育、消除技能错配、激发雇主参与职业培训的兴趣等问题（Green et al., 1994）。毋庸置疑，无论采取哪种理论，国家技能形成体制已成为分析一国技能发展的主要切入点之一。本章从对国家技能形成体制的内涵和特征的分析出发，讨论不同国家技能形成体制下的制度匹配与技能供给的关系，以及我国不同历史时期国家技能形成体制的特征及配套性制度安排。

二 国家技能形成体制的内涵与特征

（一）国家技能形成体制的内涵

在对人力资本理论的个人主义方法论进行反思的基础上，20 世纪 80

年代以来，学术界对技能形成的讨论开始强调产业技能发展的社会基础。1989 年以后，学者尝试探索不同类型的资本主义发展模式，以及社会经济/政治制度在塑造商业形态和技能发展方面的关键作用（Maurice，Sellier，and Silvestre，1986；Whitley，1999）。对各国独特的国家制度和文化形态的认识，为国家技能发展模式及其差异的系统性分析奠定了基础。

制度经济学尤其是资本主义多样性理论，将技能发展的社会基础的观点延伸为一种以企业为中心的分析框架。该理论认为，企业战略由独特的国家制度结构决定。企业战略指导企业解决日常面临的问题，例如劳资关系、生产体制、职业教育和培训、企业治理、跨企业关系、融资、员工的规制和激励等方面的问题。在特定资本主义经济体中，上述方面存在互补性，构成了相互支持的配套性制度（Hall and Soskice，2001b）。技能形成是资本主义制度的重要组成部分，其相关制度构成了国家技能形成体制。

资本主义多样性理论认为，国家技能形成体制是指一国在技能形成方面的一整套制度安排，即所谓的"制度包"，涉及培训风险承担、技能标准化和认证制度、职业学位系统的分层和差异化、培训主体的角色安排，以及与其他社会经济制度的关联等方面（Blossfeld，1992；Crouch，Finegold，and Sako，1999；Finegold and Soskice，1988；Greinert，1998；Lynch，1994；Ryan，2010）。由于各个国家在这些方面的制度安排不同，就形成了不同的国家技能形成体制。各种体制在不同类型技能生产方面具有比较优势，可以支持各国不同类型的生产体制，如美国的适应性生产策略、德国的多品种高质量生产等。

自 20 世纪 80 年代以来，学者尝试对各国技能形成体制进行划分（Thelen，2004）。基于资本主义多样性理论中以企业为中心的分析方法（Busemeyer，2009；Thelen，2007），Busemeyer 和 Trampusch（2012a）采用两个维度对国家技能形成体制进行了划分。第一个维度是企业对职前培训的参与程度。这个维度关注企业对职业培训投资的意愿，包括对企业专用技能、行业专用技能和通适性技能的投资。第二个维度是国家对职业教育培训的公共承诺，即国家对职业教育培训的参与程度。这个维度包含很多方面，例如，国家对职业培训的补贴、国家是否通过颁发资格证书和构建标准化的岗位培训框架来监督技能形成，以及国家对职业教育培训在教育体系中的定位等。采用这两个维度，Busemeyer 和 Trampusch（2012a）将发达工业化国家的技能形成体制分为四种类型（见表 2-1），即以美国为代表的自由主义技能形成体制（liberal skill formation system）、以日本为代表的分割主义技能形成体制（segmentalist skill formation system）、以瑞典为代表的国家主义技能形成体制（statist skill formation system）和以德国为代表的集体主义技能形成体制（collective skill formation system）。

表 2 - 1　国家技能形成体制的类型

		企业对职前培训的参与程度	
		低	高
国家对职业培训的公共承诺	低	自由主义技能形成体制（美国）	分割主义技能形成体制（日本）
	高	国家主义技能形成体制（瑞典）	集体主义技能形成体制（德国）

资料来源：笔者根据 Busemeyer 和 Trampusch（2012a：12）表 1.1 翻译和修订。

表 2 - 1 左上角的自由主义技能形成体制又称市场主义技能形成体制，技能形成和积累主要依赖市场机制调节。在此体制下，企业和国家对职业培训的参与程度都很低，劳动力市场流动性高，企业主要通过雇用有技能的劳动力获得技能供给，个人通过职业院校教育体系获得通识教育和少量技能培训（Acemoglu and Pischke，1998）。与此相对，表 2 - 1 右上角的分割主义技能形成体制中企业参与程度高，国家干预程度低。在这种体制下，个人先通过学校教育体系获得较高水平的通识教育，进入企业后接受企业与行业专用技能的在职培训，并通过终身雇佣制获得参与培训的长期收益。作为分割主义技能形成体制典型代表的日本，主要通过企业内部技能养成体系来发展职业技能，企业外部的国家技能培训和认证机构服务的劳动力数量极少，国家参与程度低。表 2 - 1 左下角的国家主义技能形成体制又称国家管制型技能形成体制，是由国家直接投资和主导的技能培训体制，企业角色被边缘化。这种体制强调政府提供标准化的、以学校为基础的职业教育培训，发展行业专用技能和通适性技能。技能发展属于国家积极劳动力市场政策和社会福利政策的有机组成部分，企业参与程度低。表 2 - 1 右下角的集体主义技能形成体制是一种国家和企业卷入程度都比较高的制度安排，强调国家干预和市场自治的均衡（Busemeyer and Trampusch，2012b）。一方面，国家通过立法和行政授权参与职业培训，委托工商业行会等组织开展双元学徒制培训项目，发展行业专用技能；另一方面，企业和行会通过参与技能培训获得满足自己技能需求的熟练劳动力，并与国家分担培训成本。

（二）国家技能形成体制的特征

不同的国家技能形成体制有不同的特征，每种体制在技能形成主体、技能培训成本的分担、技能类型、体制开放程度方面有显著的差异。表 2-2 概况了四种典型国家技能形成体制的特征。

表 2-2 国家技能形成体制的特征

体制类型	技能形成主体	技能培训成本的分担	技能类型	体制开放程度
国家主义技能形成体制	各类职业院校提供；企业角色边缘化，参与度和积极性均较低	主要由公共财政承担	通适性技能，职业院校课程标准化	强调流动性和开放性，职业教育与学术教育融合程度高
市场主义技能形成体制	典型的以职业院校为基础的供给体系，各类职业学校和社区大学是技能培训的主体	国家投入少、受训者和企业是主要承担者	通适性技能，培训市场应用导向强烈，会根据"市场热度"及时调整课程内容	技能劳动力就业竞争激烈；职业教育社会地位较低；职业教育和学术教育融合程度低
集体主义技能形成体制	双轨技能培训体系是主要的技能供给方式；职业院校与车间培训被整合为一体且分工明确	国家和企业分担技能培训成本	技能培训标准化，以企业专用和行业专用技能为主，但是由于企业卷入程度比较高，较好地回应企业专用技能偏好	中介组织作用巨大；限制技能劳动力在不同教育体系之间的流动
分割主义技能形成体制	以企业内部技能养成为主；国家提供少量在职培训	企业是主要承担者，受训者分担部分成本	以企业专用技能为主	职业教育和学术教育融合程度低

资料来源：笔者根据王星（2016a）整理。

在国家主义技能形成体制下，国家大力支持职业技能培训，公共财政负担技能培训的成本，教育培训公共经费开支在国内生产总值中的占比高。技能培训主要由各类职业院校提供，企业在技能供给中被边缘化，参与程度和积极性较低（井美莹、杨钋，2018；杨钋等，2015）[①]。职业院校的技能培训强调通适性技能，课程采用标准化安排。国家主义技能形

---

① 以芬兰为例，1995 年以后，芬兰中等职业教育机构合并升格为应用技术大学，其主要任务是培养适应创新型经济和国家需求的技术技能人才。应用技术大学的专业设置考虑本地产业需求，但是企业参与人才培养的程度不深，主要负责为学生提供实习岗位和毕业设计支持。

成体制强调学术教育体系和职业教育体系之间的流动性和开放性，致力于打造两者之间的制度性联结机制，鼓励职业教育受训者向学术教育流动（杨钋、井美莹，2015）①。

市场主义技能形成体制是指技能的供给和积累主要依赖市场机制调节。在该体制下，相对于学术教育，国家对职业教育的投入较少，由受训者和企业分担技能培训的成本。该体制属于典型的以职业院校为基础的供给体系，各类职业院校和社区大学是供给的主体（郭建如、杨钋、田志磊，2019）②。技能培训多强调通适性技能，市场应用导向强烈，能根据企业技能需求及时调整课程内容③。技能劳动力之间的就业竞争激烈，职业教育的社会地位比较低，且职业教育与学术教育的融合程度低，存在文化传统和制度上的区隔（雷明顿，2016；雷明顿、杨钋，2019）。

集体主义技能形成体制是一种国家和企业卷入程度都比较高的制度安排。国家和企业分担技能培训成本，一方面国家对职业教育公共财政投入较大，另一方面企业也乐于分担技能劳动力的大部分培训成本（王星，2012）。双元学徒制培训是主要的技能供给方式，职业院校与车间培训被整合为一体且分工明确；职业院校主要提供理论学习，车间培训提供技能实际操作训练。技能培训内容是标准化的行业专用技能（Busemeyer，2009；Busemeyer and Trampusch，2012a）。由于企业卷入程度比较高，该体制能够较好地整合企业对通适性技能和专用技能的需求。国家赋予行会或工会等中介组织准公共权力，邀请其参与对技能形成的监管，形

① 芬兰和荷兰的职业教育体系均强调职业教育与学术教育的衔接。职业高中毕业生可以通过高考进入研究型大学修读本科学位，应用技术大学在校生也可以转学到研究型大学完成本科或者硕士学位。同理，学术性高校的本科生也可以转学到应用技术大学完成本科或硕士学位。

② 以英国为例，20 世纪初，英国部分城市学院在当时技术工人短缺的情况下，寻求与企业界合作，开始尝试"三明治"教育模式。"三明治"教育模式是一种"理论—实践—理论"或"实践—理论—实践"结合的培养模式，是在校学习与企业实习交替的课程设置模式。"三明治"教育模式经历了一个漫长的发展过程，最终切合了英国人才发展的需要，形成一种拥有多元化培养目标、开设弹性化课程、具备全过程考核体系的成熟人才培养模式。

③ 以澳大利亚为例，从教学与培养内容来看，技术与继续教育学院组织教学的依据主要是适用于各行业、各专业的培训包，并在此基础上开发能力模块、不同级别的课程和教学材料。在纵向上重视本领域各层级专业能力的提升，在横向上重视可迁移的、跨行业关键能力的培养，适应行业对人才的动态需求。除此之外，TAFE 学院与企业、大学的密切合作也让学生既可以在工作岗位与 TAFE 车间实习，也可以在完成 2 年制学习后通过学分转换进入大学三年级学习。

成第三方参与的治理架构（Thelen and Busemeyer，2012）。这种体制限制技能劳动力在职业教育体系与学术教育体系之间的流动，即国家在一定程度上设置制度障碍，从而降低技能劳动力在不同教育体系之间的流动。

分割主义技能形成体制的特征是企业卷入程度高，国家参与程度低。以企业内部技能养成为主，个人一般在完成学校通识教育后进入企业接受技能培训。企业与受训者分担了技能培训成本，国家一般不提供财政支持。企业结合自己的人力需求和产业链需求来决定培训内容，培训以企业专用技能为主，兼顾少量涉及行业专用技能的培训。职业教育与学术教育的融合程度低，仅有少数学生在短期大学等教育机构接受职业教育培训[①]。企业不仅负责职业教育培训，也参与国家主导的职业技能鉴定和认证工作（郭建如、杨钋、田志磊，2019）[②]。

三 制度匹配与技能供给

（一）制度匹配

Hall 和 Soskice（2001a）指出，构成资本主义经济体的各种制度安排之间存在紧密的耦合以及多种多样的功能互动，即存在"制度互补性"。

[①] 日本目前的职业教育体系形成于 20 世纪 60 年代，以"学校职业教育叠加企业内训练"为显著特征。学校职业教育由高中等职业业科、专修学校、高等专门学校、短期大学、技术科学大学等组成。其中，短期大学、专修学校的专门课程、技术科学大学等属于高等职业教育，高中等职业业科、专修学校的高等课程、高等专门学校前三年属于中等职业教育。从高中阶段学生的选择来看，2018 年有 73.1% 的学生选择普通课程，18.3% 的学生选择职业课程，5.4% 的学生选择综合学科。20 世纪 90 年代以来，为追求低成本，大量日本企业外迁，劳动雇佣制度发生变革，企业教育培训费不断下降，传统的企业内教育弱化。这使体制内学校主要负责通适性技能培养、职业技术知识教育，企业内教育主要负责实践型专业技术培训，技能训练的人才培养模式面临挑战。以公办为主的职业高中、高等专门学校等体制内职业学校日益萎缩。与此同时，以私立为主的专修学校等体制外机构却逐渐兴盛，2000 年日本全国共有专修学校 3551 所。

[②] 1969 年日本政府颁布的新《职业培训法》，设立中央及都道府县技能鉴定协会，负责实施技能鉴定工作。为满足企业的需要和调动企业提高员工技能的积极性，1984 年厚生劳动省引入企业内职业技能鉴定体系，对符合标准的企业鉴定项目进行认证，经认证企业发放的证书得到厚生劳动省的认可。企业内职业技能鉴定体系是指雇主或雇主组织在适当的流程下，对员工的技能及水平进行评估。企业内职业技能鉴定体系由大企业或中小企业组成的团体自愿建立，经厚生劳动省批准可进行内部认证。但企业内职业技能鉴定体系并不具有国家认证的属性，其评估方式、管理方法和实施体系在一定框架标准下具有较大的自由度。这种内部的认证对职业知识和技能水平评估的标准明确，目的是推进员工提升技能水平，进而改善经济和社会地位。

制度匹配是指一项制度的存在能够提高另一项制度运行的回报或者绩效（Aoki，1994）。Thelen（2004）认为，技能形成体制不仅是资本主义"制度包"的重要组成部分，也是社会政策制定过程中被优先考虑的部分，是发达资本主义国家中不同社会保护体系形成和维持的基础。技能形成领域的制度匹配意味着，一方面，国家技能形成体制可以支持国家生产体制和其他制度的发展；另一方面，它也受到其他制度的支持和限制。由此可见，技能形成不仅是国家技能形成体制生产和再生产的结果，同时也受到制度匹配的影响。

　　基于资本主义多样性理论（Estevez-Abe，Iversen，and Soskice，2001；Thelen，2004；Thelen and Busemeyer，2012），本书提出企业治理机制、社会保护制度和职业教育与培训体系构成了技能形成领域的配套性制度安排（见图2-1）。这三者之间的匹配有助于实现技能形成领域的技能均衡。一是企业治理机制和职业教育与培训体系联结。职业教育与培训要能够满足企业生产的要求，企业的竞争形式和劳动管理制度要有利于技能投资。这种联结决定了技能发展是依赖企业内部养成体系，还是外部技能养成体系（王星，2009a）[1]。二是社会保护制度和职业教育与培训体系联结。社会保护制度要能够促进个人和企业的技能投资，即为资产专用技能（通适性技能、企业专用技能、行业专用技能）提供认证和就业安全保障。这种联结决定了职业教育与培训体系生产的技能类型（Estevez-Abe，Iversen，and Soskice，2001；Lauder，Brown，and Ashton，2008）。三是社会保护制度和企业治理机制联结，即社会保护制度要通过确保就业安全和技能认证来促进企业生产的发展和国家竞争优势的形成（王星，2009a）。该联结决定了技能供给与需求在数量和质量上的匹配。

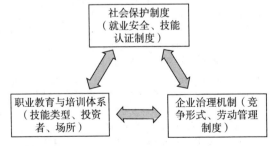

图2-1　技能形成领域的配套性制度安排

---

① 本书在微观企业层面的分析中使用"企业内部技能养成体系"和"企业外部技能养成体系"，在宏观层面的分析中使用"技能形成体系"。

1. 企业治理机制与技能供给

企业治理机制影响企业在内部技能养成方式和外部技能养成方式之间的选择。它通过企业的竞争形式和劳动管理制度对技能形成发挥作用。竞争形式是指企业间关系，劳动管理制度是指调节雇佣、薪酬和企业组织的规则制度。早期研究认为企业治理机制可以分为三类，即计划经济体制下的企业治理机制、自由市场经济体制下的企业治理机制、协调市场经济体制下的企业治理机制（高柏，2008）。

三种企业治理机制在竞争形式和劳动管理制度方面各具特色，适应和支持不同的技能形成方式（见表2-3）。协调市场经济体制下的企业治理机制的基本原则是"抑制过度竞争"和控制企业劳动管理中的"课利动机"，鼓励企业之间"有组织的竞争"。自由市场经济体制下的企业治理机制强调"自由竞争原则"，在劳动管理中主张以利润最大化为目的，强调保护企业自主权，保障企业可以自由解雇工人。计划经济体制下的企业治理机制同样否定竞争原则，也采用了否定利润原则。国有企业与政府之间、企业之间都是行政关系，政府取缔了劳动力市场，由国家统筹进行劳动、人事与分配制度安排（王星，2009b）。

表 2-3 企业治理机制与技能形成方式

关联内容	企业治理机制		
	计划经济体制	自由市场经济体制	协调市场经济体制
竞争形式	否定竞争原则	自由竞争原则	有组织的竞争原则
劳动管理制度	否定利润原则	逐利原则	反利润原则
技能养成可行方式	内部或外部培训	外部培训	内部或外部培训

资料来源：转引自王星（2009b：31）表1。

首先，竞争形式决定着是否限制企业间竞争，是否对企业相互"挖人"产生的外部性进行限制。在协调市场经济体制下，企业之间进行"有组织的竞争"，属于非市场治理机制（Busemeyer，2009）。自由市场经济体制鼓励自由竞争，不限制劳动力流动，属于市场治理机制（Thelen，2004）。计划经济体制以行政化方式管理企业，同样属于非市场治理机制。非市场治理机制一般会抑制劳动力市场的流动性，监督和惩罚行业中企业间的"挖人"行为，保障参与培训企业的利益，有利于企业内部技能的形成。相反，市场治理机制促进了劳动力的流动，强化了企业培训劳动力市场的外部性，不利于企业内部技能形成，迫使企业通过外部劳动力市场或者职业院校来实现技能的形成与积累（Hall and Soskice，2001a）。

其次，劳动管理制度是指企业调节工人的雇用、薪酬和晋升等制度，它直接影响工人的就业安全。协调市场经济体主张抑制企业的"课利动机"，执行管制化的劳动管理制度，较好地保障了就业安全（高柏，2008）。政府、雇主代表和工会三方参与，开展行业层面的集体工资谈判，达成行业内一致的工资水平，既可以保障熟练工人的工资，又能有效控制工资级差，保障了工人的薪酬安全。反利润原则的、管制化的劳动管理制度有利于企业内部技能的形成与积累（Estevez-Abe，Iversen，and Soskice，2001）。

自由市场经济体制以利润原则来组织劳动管理制度，鼓励企业之间的人才竞争。多数企业不提供就业保障和薪酬保障，而是根据市场中的供需信号来调整自己的雇佣策略和薪酬水平。工人缺乏劳动安全，不愿意在企业内投资。劳资双方为了回避风险，选择以职业院校为代表的外部技能养成方式。计划经济体制下实行国家雇佣制度、终身就业制度以及统一工资制度，以牺牲企业自主权为代价，通过行政化管理保障工人的就业安全，也有利于企业内部技能养成方式（刘玉照、苏亮，2016；王星，2014）。

2. 社会保护制度与技能供给

社会保护制度是涉及就业安全和技能认证的社会政策体系，它会直接影响技能供给的类型（Estevez-Abe，Iversen，and Soskice，2001）。

就业安全能促进企业专用技能的形成（Estevez-Abe，Iversen，and Soskice，2001；Iversen，2005）。就业安全包括工作岗位安全和薪酬安全。首先，工作岗位安全有利于促进员工对企业专用技能的投资。在外部劳动力市场中，员工薪酬取决于他们所拥有的非专用、可迁移技能的价值。在企业内部，员工薪酬取决于他们所拥有的企业专用、不可迁移技能的价值，他们对专用技能的投资越高，他们在企业内部的收入水平就越高，高于外部劳动力市场的收入，当前收入与外部劳动力市场的收入差距就越大（Acemoglu and Pischke，1999b）。若缺乏工作岗位安全保障，员工一旦失业，其掌握的企业专用技能在外部劳动力市场中就不会带来回报，其收入水平会大幅下降，员工会因解雇风险而不愿投资企业专用技能。因此，只有当社会或企业提供高度的工作岗位安全保障时，员工才愿意参加高成本的企业专用技能培训。制度化的稳定雇佣方式（如终身雇佣制）或工作岗位安全的制度安排（如《劳动法》《劳工保护法》等），可以提供专用技能的投资保险。在广泛的工作岗位安全保障下，员工才有可能积极参与企业专用技能的培训。

其次，薪酬安全能够促进行业专用技能的形成。具备行业专用技能的员工关注行业专用技能的回报，即熟练技能员工的工资水平，他们可以在同一行业的企业间流动。薪酬安全有利于保障具备行业专用技能的熟练技能员工的工资水平，有助于他们拒绝行业外或者岗位外的工作机会，从而使行业专用技能得到延续和发展。当经济下行时，薪酬安全可以保障熟练技能员工的收入不会大幅降低，从而不会让他们离开当前行业寻找其他就业机会。全面的薪酬安全有利于员工参与行业专用技能的投资。

Estevez-Abe、Iversen 和 Soskice（2001）提出，不同类型经济体具备在不同类型技能生产方面的比较优势。他们以工作岗位安全程度和薪酬安全程度为标准划分了四种福利生产体制，每种体制都拥有与其配套的技能供给类型（见表 2－4）。

表 2－4 社会保护制度与技能供给类型

		工作岗位安全程度	
		低	高
薪酬安全程度	高	行业专用技能（丹麦）	行业专用与企业专用技能的混合（德国）
	低	通适性技能（美国）	企业专用技能（日本）

资料来源：转引自 Estevez-Abe、Iversen 和 Soskice（2001）图 1。

表 2－4 右上角属于工作岗位安全程度和薪酬安全程度都比较高的国家，这些国家可以同时发展行业专用和企业专用技能。例如，德国行业层面的劳资集体谈判制度保障了该国熟练劳动力的薪酬安全，而企业之间"有组织的竞争"和相关积极劳动力市场政策保护了员工的工作岗位安全，降低了劳动力市场的流动性。在此背景下，德国的双元学徒制职业教育模式混合了院校内的通识教育和企业内部的行业与企业专用技能培养，并用工商业协会等机构来认证学徒所掌握的行业专用技能（Busemeyer and Trampusch，2012a；郭建如、杨钋、田志磊，2019）。表 2－4 左下角是工作岗位安全程度和薪酬安全程度都比较低的国家，它们适合发展通适性技能，美国是典型代表。由于采用了自由市场经济体制，企业间竞争激烈，雇主一般不会为员工提供工作岗位安全和薪酬安全，企业

通过不断解雇已有员工和雇用新员工来提升劳动力的技能水平，这与大规模标准化生产的要求相适应。在劳动力市场流动性极高的情况下，个人选择在学校教育体系中学习通适性技能（其可迁移性高），可以在不同企业或者不同行业之间迁移（Remington，2017a，2018）。处于表2-4右下角的是工作岗位安全程度高、薪酬安全程度低的国家，适合发展企业专用技能。例如，日本企业的终身雇佣制提供了较高程度的工作岗位安全，而国家社会福利制度对薪酬安全的保障程度不高，企业内部的技能养成体系有利于企业专用技能的培养。处于表2-4左上角的是工作岗位安全程度低、薪酬安全程度高的国家，它们常常在行业专用技能投资方面占优势，例如丹麦和芬兰。北欧国家的社会保障体系提供了较高程度的薪酬安全，但是企业一般不提供工作岗位安全保障，因而劳动者多选择投资行业专用技能。

除了就业安全，技能认证制度也是一项重要的社会保护制度。Thelen（2004）对培训过程中可信承诺的分析发现，要解决培训市场中的市场失灵问题，就必须保证企业与受训者之间达成可信承诺。技能认证体系不仅可以解决技能的分类和认证问题，更为重要的是，它为解决可信承诺问题提供了一种可能。前期研究指出政府、雇主、工会乃至它们之间的某些联合机构，都能够设定并履行技能的评估和认证程序。由雇主、工会和政府三方参与的行业范围内的技能认证有利于行业专用技能的积累，而由社会机构提供第三方认证有利于通适性技能的投资（Hansen，2011）。

对发达国家技能认证体系的分析指出，各国政府都致力于发展职业资格认证制度，以促进行业专用技能的积累及劳动力市场技能劳动力的流动，提升技能回报[①]。各个国家在技能鉴定和认证方面的分工也不同。在德国，职业教育属于州政府的事权范围，认证工作由国家层面的工商

---

① 1969年德国颁布了《联邦职业教育法》（2005年修订），从立法角度明确了各相关领域的行会机构是职业教育与培训的主管机关。2013年德国政府宣布实施《终身学习国家资格标准框架》，这标志着以学习成果为导向的国家职业资格标准框架正式确立。2000年澳大利亚全面实行"澳大利亚资格框架"（2005年修订）。该框架包括两种教育类型（普通教育和职业教育）和三个教育领域（高中教育、职业教育与培训、高等教育领域），联结了学历和资格体系。英国于1986年推出了国家资格证书体系，1997年提出了五级国家职业资格标准框架。2011年新"资格与学分框架"的建立标志着英国职业资格标准框架趋于完善。1959年日本政府颁布《职业教育法》，正式确立了职业技能鉴定制度。1969年日本政府修订的《职业教育法》设立了中央及都道府县技能鉴定协会制度。各国中央政府在完善国家技能形成体制的过程中，逐步奠定了职业资格制度的基础（郭建如、杨钋、田志磊，2019），形成了对行业专用技能和通适性技能投资的保护。

业协会等中介组织主导，以行业技能认证为主。英国和澳大利亚的联邦政府与地方政府分工，实施二级或三级职业资格管理制度：联邦政府负责政策制定与立法，由地方政府负责具体政策实施。日本 2001 年新修订的《职业能力发展促进法》规定，除都道府县等传统的技能鉴定机构外，日本政府开始引入雇主组织和相关非营利组织作为指定的测试机构，进行行业专用技能鉴定。到 2019 年，雇主组织和相关非营利组织所认证的职业大都集中在律师、金融、销售、家政等行业，各地职业能力发展协会更多地对工业行业专用技能进行认证（郭建如、杨钋、田志磊，2019）。

综上所述，国家的职业教育与培训体系、企业治理机制和社会保护制度之间存在着耦合和功能互动。企业治理机制决定了国家技能形成体制的技能形成主体和成本分担方式，即企业采用内部技能养成体系（如双元学徒制，以企业负担为主）还是外部技能养成体系（如职业技校，以国家负担为主）。社会保护制度决定国家技能形成体制提供的技能类型，即资产专用技能（企业专用技能和行业专用技能）或通适性技能（高端或低端通适性技能）。由此可见，一国的职业教育与培训体系不仅仅是经济发展的产物，更是互相耦合的社会制度互动的结果，是社会建构的产物。

（二）制度匹配的国家差异

各国企业治理机制和社会保护制度的差异在很大程度上决定了国家技能形成体制的形态。在长期的历史发展过程中，西方发达国家采用了不同的市场经济体制（Busemeyer，2015；Busemeyer and Iversen，2014）。协调市场经济体在企业治理机制和社会保护制度中广泛运用了非市场治理机制，自由市场经济体采用了市场机制。这两类经济体在职业教育与培训体系、企业治理机制和社会保护制度方面有显著差异，这些差异最终导致各国技能供给方式的不同。自由市场经济体和协调市场经济体的实践为技能形成领域的制度匹配理论提供了关键的支持性证据。

以德国为代表的集体主义技能形成体制国家，企业和政府参与职业技能培训的程度都比较高，形成了以工作场所学习和职业院校学习并举的双元学徒制培训模式（见图 2-2）。非市场性劳动管理制度和管制竞争关系模式为企业内部技能养成方式提供了配套性制度，帮助企业实现了内部的自我技能生产（Busemeyer and Trampusch，2012a；Thelen，2004）。此外，高水平的就业保障和失业保障与完善的技能认证制度使企业能够不断积累资产专用技能（包括企业专用技能与行业专用技能）（Estevez-

Abe，Iversen，and Soskice，2001）。集体主义技能形成体制较好地解决了资产专用技能的供给问题，但在一定程度上抑制了高端通适性技能的发展（Busemeyer，2009；Thelen and Busemeyer，2012）。

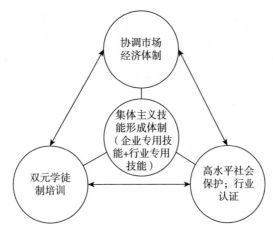

图 2 - 2　集体主义技能形成体制下的配套性制度安排

在以美国为代表的自由主义技能形成体制中，国家和企业的参与程度都比较低，形成了以普通教育体系为主的外部技能养成体系，并辅之以短期、窄幅的在职培训来满足企业需求（见图 2 - 3）（Remington，2018）。市场性劳动管理制度和自由竞争关系模式为企业依靠外部技能养成体系培养员工提供了配套性制度。同时，低水平的社会保护和国家主导、社会组织推动的职业资格认证体系，有利于企业从外部技能养成体系中获得掌握通适性技能的员工。简言之，市场主义技能形成体制较好地解决了通适性技能的供给问题，但难以积累大量的企业专用技能和行业专用技能（雷明顿、杨钊，2019）。

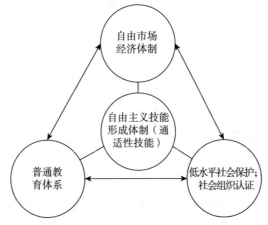

图 2 - 3　自由主义技能形成体制下的配套性制度安排

四 我国技能形成体制的特征

我国技能形成体制与发达工业化国家的代表性体制既有区别，又有联系。从技能培训成本、技能形成主体、技能类型、体制开放程度等方面分析，我国计划经济时期和市场经济转型时期的技能形成体制具有如下的特征（见表2-5）。

表2-5 我国计划经济时期和市场经济转型时期的技能形成体制特征

	技能培训成本的分担	技能形成主体	技能类型	体制开放程度
计划经济时期	企业和国家卷入程度高，培训成本主要由公共财政承担	结合企业双元学徒制和中等职业教育的技能供给体系	以企业专用技能和行业专用技能为主；能较好回应企业的技能偏好	限制劳动力在不同企业和不同教育体系间流动
市场经济转型时期	企业投入少，国家和受训者是主要承担者	典型的以职业院校为基础的供给体系；企业角色边缘化，参与度较低	以通适性技能和行业专用技能为主；职业院校课程标准化	职业教育与学术教育逐步融合；劳动力自由流动

（一）计划经济时期

经过1949～1953年的社会主义改造和"一五"计划的建设，我国完成了企业的公有制改造，取消了市场机制。随着资本主义工商业社会主义改造的完成和国营企业生产体制的确立，单位制逐步形成。单位制下的"制度包"包括统一的工资制度、计划性用工制度、单位福利主义和双重领导架构（王星，2014）。以师徒制为主体、厂办技校为补充、内外部结合的技能养成体系是单位制"制度包"的重要组成部分之一，在一定程度上满足了计划经济时期的产业技能需求。计划经济时期我国的技能形成体制具备两个特征：一是以企业内部技能养成为主的技能培训体系；二是以资产专用技能培训为主的技能培养模式。

1. 内外部结合的企业技能养成体系

在计划经济体制下，我国形成了一种企业与国家卷入程度都很高的技能养成方式，表现在培训参与和技能投资两个方面。从培训参与方面来看，培训通过两种方式来进行：一是企业内部以师徒制为代表的内部技能养成；二是企业外部、在职业院校进行的外部技能养成。从投资角度看，在计划经济时期，国家大力投入职业技能培训，公共财政是主要投资来源。国有企业师徒制项目的经费来源于政府，公办职业院校同样得到政府的全额财政支持。

企业内的师徒制成为计划经济时期产业技能形成和积累的重要方式。在中华人民共和国成立后30余年的发展过程中，师徒制为我国工业企业的发展提供了大量技能型人才，为工业化战略的推进打下了坚实的人力资源基础（王星，2014）。随着我国工业化战略的推进，工业企业工人队伍持续壮大，学徒规模也不断扩大。1952～1985年，学徒数量占工业企业工人总数的比例平均为5.7%，在"大跃进"时期则高达10%以上。计划经济时期师徒制的发展受到政府劳动部门的控制，培养学徒的企业得到政府补贴。值得注意的是，学徒数量在不同年度之间有较大变化，在少数年度出现激增（如1958～1960年）和快速缩减（如1954年、1955年、1962～1964年、1974年）。此外，学徒规模的变化与工人规模的变化也不一致。一方面，学徒规模的变化快于工人规模的变化；另一方面，部分学徒数量高速增长时期，工人规模并无很大变化。这意味着师徒制虽然在企业内部施行，但是受到严密的行政控制，不完全反映企业用工需求。

计划经济时期国家介入外部技能养成体系的程度也很高，中等职业教育成为企业内部师徒制以外的替代性技能供给方式。国家是中等职业教育主要的财政支持者和管理者，行业组织通过各种形式参与以学校为基础的职业教育培训。在国家行政指令的协调下，计划经济时期中等专业学校和技工学校得到了迅猛发展，但规模波动较大。

图2-4、图2-5分别展示了1957～1976年这两类学校的数量和学生数量的变化情况。从时间趋势看，这两类学校数量出现了"大跃进"时期上升、"文化大革命"期间下降的趋势，1971年以后又开始回升。从数量上看，中等专业学校的数量一直多于技工学校数量，但是两者差距随时间的推移缩小。两类学校的发展与国家经济发展的体量并不相称。中等专业学校和技工学校学生数量在1960年前后达到顶峰（分别为137.7万人和51.6万人），其后出现了大幅下滑。到1971年，两者相加约为10万人，与产业需求相差极大。1957年，工业企业学徒的规模达到29.4万人，仅为当时中等专业教育规模的54%；到1976年，学徒规模发展到117.2万人，而中等专业教育学生规模仅为60.7万人，前者是后者的1.93倍。由此可见，企业内部和外部技能养成体系的重要性此消彼长。

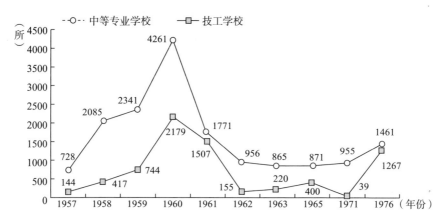

图 2－4　1957～1976 年中等专业学校和技工学校数量

资料来源：笔者基于李蔺田（1994）整理和计算。

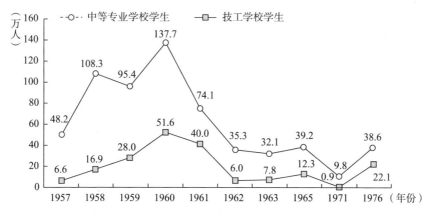

图 2－5　1957～1976 年中等专业学校和技工学校学生数量

资料来源：笔者基于李蔺田（1994）整理和计算。

在计划经济时期，师徒制和中等职业教育是产业工人技能积累的主要方式。政府通过公共财政对企业内部和外部技能养成方式予以支持，无论是学徒还是中等专业学校与技工学校的学生都享受免费教育，企业对师徒制的投入由国家财政予以补贴。因此，我国在计划经济时期采取了国家和企业卷入程度都比较高的技能养成模式。在计划经济时期，师徒制不仅仅是一种技能养成方式，更是一种深深嵌入单位制的内部治理机制（傅春晖、渠敬东，2015；渠敬东、傅春晖、闻翔，2015）。

2. 资产专用技能培训

计划经济时期，师徒制和中等职业教育是我国产业技能积累的主导模式。与此相应，我国形成了以企业和行业专用技能为主、兼具通适性技能的技能形成体系。企业和行业专用技能是计划经济时期我国技能形成体系培养的主要技能。在师徒制培训中，无论是委托培养还是半工半读，培训的规模、内容和形式都与具体企业相关，以企业专用技能或行业专用技能的培训为主①。在中等职业教育中，通适性技能和行业专用技能占主导地位。行业部门在中等专业学校和技工学校的发展中发挥了重要作用，尤其是对学校定位、课程设置、师资培养等产生了很大的影响。企业技工教育的教学内容依据相关部门制定的教学大纲，并结合企业生产实际进行调整（徐金林，2013；张倩、宁永红、刘书晓，2017）。企业内部和外部技能形成体系的侧重点有所不同。由于国家在中等职业教育人才培养与企业技能需求满足之间发挥了重要的调配作用，中等职业学校和技工学校基本按照相应产业部门的需求来进行定制化的人才培养，其毕业生由学校的主管部门分配工作②。这种技能生产和配置之间的无缝衔接由技能培训的资产专用性来保障。

在计划经济时期，中等职业教育体系与普通教育体系之间的流动性较低。学徒在培训期满后，一般从合同工转为正式工，不再接受更高层次的普通教育。实际上，在"先招工、后招徒"的体制下，学徒无法接受进一步的教育，也较少流出培训企业（徐世民，1993；张倩、宁永红、刘书晓，2017）。中华人民共和国成立初期的中等职业教育体系与普通教育体系独立，前者的毕业生一般无法接受更高层次的普通教育（刁九健，2004）。技工学校的毕业生直接进入工作岗位，而不是接受更高层次的教育；相反，高中毕业生可以选择进入企业接受技工教育（徐金林，2013），由此形成了普通教育体系和中等职业教育与培训体系之间的单向流动关系。

计划经济时期我国的技能形成体制具有集体主义技能形成体制的一些特征。首先，在培训参与和成本分担方面，国家和企业的卷入程度都

---

① 在技工培养过程中，教学安排一般以两个月为周期，前两个月安排学习理论知识，后两个月实习。在三年学习过程中，合计有四个学期到工厂或者生产车间实习。在车间实习中1个师傅带1~2个学生，实习内容是加工生产企业产品（徐金林，2013）。因此，技工教育主要培养企业或行业专用技能。技工学校专业覆盖全国20多个行业部门495个工种（专业），为我国提供了500多万名技术工人（徐世民，1993）。

② 在劳动部管理技工教育时期（1949~1963年），技工学校毕业生原则上第六学期开展实习单位和岗位分配工作。直到1983年才改变了统一分配制度，开始进行择优分配。从1988年开始对技工学校毕业生实行劳动合同制管理。

很高，类似于集体主义技能形成体制。其次，在技能类型方面，培训不仅限于企业专用技能，而是涵盖了企业专用技能和行业专用技能，也与集体主义技能形成体制相似。在技能形成主体方面，计划经济时期我国的技能形成主体既包括企业内部的师徒制，也包括中等专业学校和技工学校提供的职业教育培训，与集体主义技能形成体制类似。最后，普通教育体系与中等职业教育体系之间的流动性较低，这与集体主义技能形成体制有不少相似之处。总体而言，这种"类集体主义技能形成体制"在较长时期内支持了我国工业化初期的国有企业发展。计划经济时期我国的技能形成体制较好地支持了行业专用技能的发展，但是通适性技能的发展相对滞后。

（二）市场经济转型时期

改革开放以来，随着我国企业劳动用工制度的变革、国有企业市场化改革和单位制的逐步解体，企业内部技能养成体系逐步衰落，以职业院校为主的外部技能养成方式成为产业技能的主要来源。市场经济转型初期，我国产业工人队伍的结构发生了巨大变化，农民工成为产业工人的重要组成部分（刘玉照、苏亮，2016）。随着市场经济改革不断深化，我国职业教育体系出现了通适化的倾向，通适性技能成为中等职业教育传授的主要技能，公共财政和个人成为中等职业教育成本分担的主体。这个阶段我国的技能形成体制具有两个特征：一是企业内部师徒制走向衰落；二是公共财政直接支持以学校为主的企业外部技能养成体系。

1. 企业内部师徒制走向衰落

经历了"文化大革命"和20世纪70年代的徘徊，我国师徒制体系在20世纪80年代初经历了重建的过程（张倩、宁永红、刘书晓，2017）。80年代的用工制度改革改变了师徒制培训的环境，削弱了企业参与师徒制培训的动力，企业参与度逐步降低（王星，2009b）。对于逐步采取市场化方式运作的企业，师徒制培训成本开始成为企业技能决策的重要影响因素。国有企业对师徒制的参与度降低，师徒制培训的数量和质量同时出现下降，企业开始大量从社会招聘技术工人（王星，2014）。

进入市场经济时期，以师徒制为代表的企业内部技能养成体系的重要性急剧下降，企业采用了"去技能化"的策略。1977～1981年师徒制重建时期，学徒数量从1977年的125万人上升到1980年的221.5万人。1981年用工制度改革开始后，工业企业内部的学徒规模开始大幅缩减。

1985 年学徒数量减少至 98.8 万人，仅占工业企业工人数量的 3.7%（李蔺田，1994）。

2. 企业外部技能养成体系的扩张和公共财政投入

随着师徒制走向衰落，国家开始调整政策，倾向于通过发展中等职业教育来满足产业的技能需求。伴随着职业院校的发展，国家对企业外部技能形成的卷入程度不断提高，企业参与度下降。例如，从 1979 年开始，国家逐步介入技工学校的招生、培养和学生分配环节。1984 年建立了全国文化课统一考试、择优录取制度；从 1985 年开始，国家规定技工学校开始以招收初中毕业生为主（徐世民，1993）。

随着国家卷入程度的不断提高，中等职业教育的规模不断扩大，逐步取代了工厂师徒制和技工学校，成为产业工人技能的主要来源（见图 2 - 6）。全国中等职业学校和技工学校数量在 1987 ～ 1998 年保持持续增长。1998 ～ 2008 年中等职业学校和技工学校数量逐年下降，但是在校生数量有了较大幅度的增加。在校生规模从 1980 年的 48 万人增加至 1985 年的 229.5 万人、1996 年的 473.3 万人，2008 年达到了 761 万人。

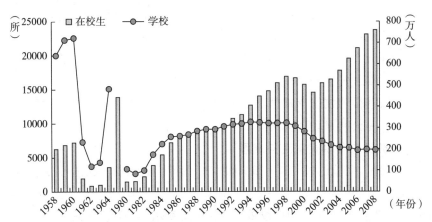

图 2 - 6　1958 ～ 2008 年全国中等职业学校和技工学校数量及在校生数量

资料来源：笔者根据国家统计局国民经济综合统计司（2010：72）整理计算。

注：1965 ～ 1979 年数据不可得，因此在图中没有呈现。

在市场经济转型时期，随着国有企业改制和内部师徒制的解体，企业对技能形成的参与逐渐边缘化。国家通过公共财政对企业外部技能养成体系进行支持。20 世纪 90 年代中期以后出台的一系列政策完善了中等职业教育的公共财政保障体系。1996 年的《职业教育法》重申了政府对职业教育的财政责任，提出了生均经费标准和按照生均经费标准拨款的要求，同时提出了多渠道筹集职业教育经费的思路。2002 年的《国务院关于大力推进职业教育改革与发展的决定》重申了 1996 年《职业教育法》的要求，并按照"三个增长"的要求对政府支出水平做了明确规定。除了规定各级政府应通过财政性经费支持中等职业学校外，国家还逐步建立起学生资助体系，增加了政府对职业教育成本的分担（王经绫、贾政翔，2012；张万朋，2008）。

政府举办的中等和高等职业教育成为行业专用技能积累的主要渠道，国家逐步将职业教育与普通教育衔接起来。2000 年以来我国高等职业教育体系得到了极大发展，中等职业教育开始与高等职业教育衔接，出现了大批以升学为导向的职业院校（刘明兴、田志磊，2015；刘明兴、田志磊、王蓉，2014b）。同时，高等职业院校吸纳了大量普通高中毕业生，开始在高等教育层次培养应用技术技能型人才。2014 年以来部分地方本科院校逐步转型为应用技术大学，进一步整合了职业教育与学术教育功能，形成了我国职业教育发展的"立交桥"（陈冬梅，2012；李桂荣、许佳佳，2016）。

在市场经济转型时期，我国的技能形成体制初步具备了国家主义技能形成体制的特征。在技能形成主体方面，国家卷入技能养成的程度比较高、企业卷入程度不高，与国家主义技能形成体制类似。在培养成本分担方面，国家与受训者分担技能培训成本，以公共财政为主，也与国家主义技能形成体制相似。在技能类型方面，培训涵盖了行业专用技能和通适性技能，基本上与国家主义技能形成体制一致。

五　我国技能形成领域的配套性制度安排

（一）计划经济时期的配套性制度安排

计划经济体制下，国有企业的治理机制采用了非市场化方式，取消了竞争，建立了企业之间的行政关系。国家严格控制企业的劳动管理制度，以国家雇佣制度取代了企业雇佣制度，实行终身雇佣制、统一工资制度和晋升考级制度。这一系列制度变迁实现了行政协调下的就业安全保障，取消了企业自主权。非市场性劳动管理制度和管制竞争关系帮助企业实现内部的自我技能生产（傅春晖、渠敬东，2015；王星，2009a）。此外，就业安全与技能认证制度使企业得以不断积累资产专用技能。体现集中统管原则的企业治理机制和单位制提供了就业安全保障（渠敬东、傅春晖、闻翔，2015），形成了与企业内部自我技能生产相匹配的制度环境（见图2-7）。

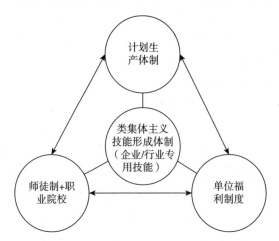

图2-7 计划经济体制下的配套性制度安排

与协调市场经济体的不同之处在于，计划经济时期我国企业的治理机制和职业教育与培训体系之间的匹配不是通过企业间或者政府与社会合作伙伴之间的高度协调实现的（Estevez-Abe，Iversen，and Soskice，2001），而是通过国家行政性协调实现的。国有企业之间是行政关系，在单位制内以行政等级进行资源配置（王星，2009b）。劳动力市场的取消和行政性的技能协调方式对技能供给产生了严重影响。

由于企业治理机制、社会保障和技能形成之间的张力，企业缺乏必要的经营自主权，这对技能均衡产生了长期影响。技能失衡体现为行业专用技能和企业专用技能的供给不足。首先，技术工人总量不足，高技术工人数量的增长速度慢于职工总量的增速。其次，师徒制和职业院校提供的技能劳动力远远不能满足社会经济发展的需求，呈现过度需求和供给不足并存的短缺经济学的典型特征（科尔内，1986）。这集中表现在技能供给不稳定。此外，计划经济体制下通适性技能存量也严重不足，城镇和农村人口的文化素质与学历水平普遍偏低。经过中华人民共和国成立初期十余年的建设，1964年第二次全国人口普查数据显示，全国人口中高中和大学毕业生仅占1.7%，初中文化程度者占7.6%，高小文化程度者占10.0%，初小文化程度者占8.5%，初识字人口占2.4%（国家统计局人口统计司，1989：382~383）。1982年第三次全国人口普查时，社会劳动者的文化素质有了较大幅度的提升，但总体仍然较低。在非农业社会劳动者中，大学和高中文化程度者占 28.0%，初中文化程度者占 38.7%，小学文化程度者占 26.6%，文盲和半文盲占 6.7%（国家统计局社会统计司，1987：88）。

计划经济时期，依靠行政关系协调的企业内部技能养成体系有很大的内部张力。计划调节的师徒制培训与国有企业关系不密切，抑制了企业参与的积极性，增加了系统的不稳定性。系统内部张力最直接的表现是师徒制培训规模在短时期内剧烈变化。计划经济时期出现了多次学徒规模大幅缩减。系统张力的另一表现是企业内部技能养成体系加剧了城乡技能差距，形成了技能的城乡区隔。计划经济时期，企业内部的师徒制是为了解决城市工业企业的技能积累问题，这与当时的计划用工政策有很大关系[①]。城市中企业的内部技能形成与农村劳动力无关，扩大了城乡劳动力的技能差距。企业内部培训一般要求具备最低受教育水平，农村劳动力的低受教育水平使得他们无缘参与师徒制或技工培训（徐金林，2013）。职业教育与城镇居民就业政策相配合，成为城镇人口进入工厂就业的重要途径（张宁，2009），也造成职业教育对农村户籍人口的系统性排斥。

建立在户籍和学历基础上的企业内部技能养成体系扩大了城乡的技能差异。1982 年第三次全国人口普查显示，农业和非农业劳动者的文化程度差异较 1964 年第二次全国人口普查大。农业劳动力中 35.9% 的人为文盲或半文盲，而非农业劳动力中这一比例仅为 6.7%；农业劳动力中 37.2% 的人为小学文化程度，而非农业劳动力中这一比例为 26.6%；农业劳动力中初中文化程度者占 21.5%，而非农业劳动力中这一比例占 38.7%；农业劳动力中高中及以上文化程度者占 5.4%，而非农业劳动力中这一比例为 28.0%（国家统计局社会统计司，1987：88）。

（二）市场经济转型时期的配套性制度安排

在市场经济转型时期，我国引入市场化机制来调节企业生产、技能供给和社会福利保障。中华人民共和国成立初期被取消的市场机制渐渐恢复，国家通过用工制度改革、国有企业产权改革等重新建立了产品市场和劳动力市场。行政力量不再是协调供求关系的主要力量，新的企业

---

① 为了限制"跳厂"和"挖人"，1951 年劳动部的《讨论防止挖工跳厂办法的通知》提出要对劳动力流动进行限制，后来发展为档案户籍控制。1958 年我国开始实行城乡人口登记制度，此后农村劳动力向城市的转移受到了极大限制（王星，2014：229）。

治理机制逐步形成。作为"制度包"的单位制不再是社会保障的来源，原先国有企业和事业单位提供的高水平就业保障和失业保障随着单位制的解体而式微。近年来，国家建立起全面的社会保障制度，涵盖了就业、失业、养老和医疗各个领域（岳经纶、刘璐，2016）。

市场经济转型时期，我国采用了类国家主义技能形成体制。企业内部的师能养成方式逐步被外部技能养成方式取代，中等和高等职业院校成为技能供给的主体。国有企业改制使得企业卷入职业教育的程度逐步降低，职业教育出现了通适化的趋势（刘明兴、田志磊、王蓉，2014b）。技能形成领域中，与职业教育培训体系配套的是市场化企业治理机制和市场化社会保护制度（见图2-8）。

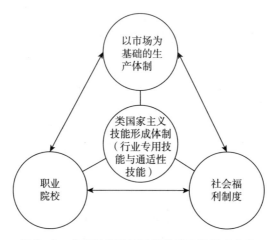

图2-8　市场经济转型时期的配套性制度安排

市场化企业治理机制与企业外部技能养成体系形成了互补关系。首先，1983年建立的企业自主用工制度恢复了企业外部劳动力市场，鼓励它们通过员工流动获得新技能，这刺激了企业对外部技能的需求。其次，灵活用工制度扩大了工资级差，削弱了薪酬安全程度（刘玉照、苏亮，2016），抑制了企业内部技能的自我生产，为外部技能劳动力的引入提供了空间。再次，职业资格认证打破了以技术等级为基础的八级工资制度，改变了技能与工资的关系，剥夺了技术工人的工作岗位安全，刺激他们寻求通适性技能培训（王星，2009a）。最后，市场经济转型时期新的社会保护制度对就业安全的保障水平低于单位制时期，鼓励个人通过频繁跳槽来实现技能回报的最大化。这增加了劳动力市场的流动性，进一步刺激了个人对通适性技能的需求。

在市场经济转型时期，行政主导的技能形成与市场需求之间存在张力。在这一阶段，我国外部技能形成体系以中等职业教育为主体。这是一个由行政主导的技能形成体系，对市场信号不敏感，由各级政府通过政策调节。政府卷入中等职业教育体系的程度非常高，同时扮演主办者、管理者和经费提供者三重角色，运用科层制来管理中等职业教育学校。中央政府、省级政府、地市级政府和县级政府均不同程度地介入了中等职业教育的供给，并以行政化的方式调剂技能供给①。国家直接调控技能供给相当于取消了外部技能形成体系中的市场竞争。在微观层面，中等职业学校和技工学校可以通过调整专业结构和培养方案来积极应对市场的变化。在宏观层面，由于缺乏竞争，以中等职业学校和技工学校为基础的外部技能养成体系无法对市场信号做出敏感反应，易导致技能失衡与错配的出现。首先，由于国家的高度卷入，中等职业教育以通适性技能教育为本位，导致技能供求脱节。随着中等职业教育规模的扩大，校内通适性技能培养的比例不断提升，不少中等职业教育机构甚至以升学为目标（祁海芹，2006）。当中等职业教育转变为升学教育时，职业院校对产业需求的敏感性显著下降，导致培养模式与产业发展的脱节（王志华、贝绍轶、董存田，2014；于志晶等，2015）。其次，在国家行政调控之下，中等职业教育供给经常参照普通教育体系的发展规模，而不是产业的需求。这具体表现为将中等职业教育规模与普通高中规模硬挂钩，提出了"普职比"概念②。"普职比"的提法相当于将技能形成体系外的信息作为调整技能供给的参考，脱离了产业的需求（刘丽群、周立芳，

① 以中等职业教育招生为例，可以说明国家如何以行政逻辑而非市场化逻辑来控制外部技能养成体系中的技能供给。在计划经济体制向市场经济体制转轨的过程中，国家逐步把中等职业教育的管理权限从行业、企业及其行政主管部门调整到中央、省级和地方政府的教育部门。当各级政府教育部门接管多数中等职业教育学校以后，教育部门通过专业设置和招生指标控制直接调节中等职业学校和技工学校的技能供给结构与数量，逐步形成了从教育部到省教育厅再到地市级教育部门的招生配额制度。教育部代表中央政府提出中等职业学校的招生规模目标，然后经过层层分解下达到各个省和地市政府教育部门，形成各级政府的招生指标配额，此后再通过教育部门划拨给各个学校。通过这种行政化的指令方式，国家完成了外部技能形成体系中技能生产配额的行政性安排（孙翠香、张雪芹，2013）。

② 2002年的《国务院关于大力推进职业教育改革与发展的决定》第二条明确提出"要以中等职业教育为重点，保持中等职业教育与普通高中教育的比例大体相当，扩大高等职业教育的规模"。2005年的《国务院关于大力发展职业教育的决定》、2010年的《国家中长期教育改革和发展规划纲要（2010～2020年）》、2014年的《国务院关于加快发展现代职业教育的决定》等政策文件都有强调中等职业教育规模和普通高中规模要大体相当。

2017；孙翠香，2018；谢良才、和震，2016）。这种由教育部门推动的行政性调整有可能使技能供给进一步偏离需求。最后，公共财政对中等职业教育的渗透不断增强，将许多不属于职业教育的社会政策目标强加给职业教育，使得职业教育肩负多重使命，如精准扶贫、区域建设、社会保障等（龙跃、陈晓莉，2009；吴燕霞，2005；向瑞、吴明海，2016；许锋华，2016）。这些有潜在冲突的使命使得市场和产业信息在调节职业教育规模和结构方面的重要性进一步下降（王蓉，2012）。

此外，社会保护的不足可能遏止技能投资。在我国向市场经济体制转轨的过程中，单位福利体制向社会福利体制的转型使福利分配的基础从"单位人身份"变为"户籍"。这使社会保护的提供也出现了"属地化"倾向。户籍身份、所有制、职业和行政等级等把人划分为多种社会身份，割裂了社会福利制度（岳经纶、刘璐，2016）。由于农民不签订劳动合同，参与社会保险的比例低且职业资格对城乡身份转化的贡献低，当前的社会保障体系抑制了他们的技能投资，迫使其采取短期化行为，甚至采用"去技能化"的策略。

近年来，参加社会保险的农民工比例不断提升，但是大部分农民工并未被社会保险覆盖。2008年以来，我国农民工参加基本养老保险、基本医疗保险、失业保险和工伤保险的人数和比例不断上升。目前覆盖面最广的是养老保险和工伤保险，2015年参与基本养老保险的农民工比例达到20.1%，参加工伤保险的比例达到27.0%。在农民工参与的各类社会保险中，养老保险的参与比例增长最快，覆盖面从2008年的10.7%上升到2015年的20.1%。医疗保险的参与比例一直保持在18%～19%，工伤保险参与比例从2008年的21.9%小幅上升到2015年的27.0%。我国仍有80%左右的农民工未参与城镇职工养老保险，81%的农民工未参与城镇职工基本医疗保险，85%的农民工未参与失业保险，73%的农民工未参与工伤保险[①]。除了较低的社会保险参与率外，高比例的农民工未签订劳动合同，完全暴露在市场风险下，无法享受社会保险待遇。不签订劳动合同就完全没有就业保障，企业可以不受法律约束随时解聘农民工。历年《农民工调查监测报告》显示，2013年与雇主或单位签订了劳动合同的农民工比例为41.3%，未签劳动合同的比例为58.8%；2014年与雇

---

① 笔者根据人力资源和社会保障部2008～2015年的《人力资源和社会保障失业发展统计公报》整理和计算。

主或单位签订了劳动合同的农民工比例为38%，未签劳动合同的比例为62.0%；2015年与雇主或单位签订了劳动合同的农民工比例为36.2%，未签劳动合同的比例为63.8%[①]。

如此高比例的产业工人被排斥在社会保险和劳动合同之外，无疑会增加社会的整体风险，并降低这些劳动力参与技能投资的意愿。缺乏劳动合同保障的工作岗位安全，农民工就没有动力参与企业专用技能投资；缺乏社会保险保障的薪酬安全，农民工就不会参与行业专用技能的投资。一旦失业，他们会选择迅速转换行业以谋求工作，而不是等待本行业新的工作机会，这会侵蚀行业技能的积累（Estevez-Abe，Iversen，and Soskice，2001）。当前城乡割裂的社会保险体系和劳动保障的缺失降低了农民工投资技能的可能性，他们转而采取机会主义行为，通过不断变换雇主来谋求低端通适性技能收益的最大化。

妨碍农民工技能投资的另一个壁垒是职业资格认证体系的"失灵"。首先，近年来我国职业资格证书的社会功能发生了极大的变化。1956～1985年，我国实行以技能等级标准为基础的八级工资制度，技能认证兼具薪酬保障和工作岗位保障的双重功能。1985年国务院的《关于国营企业工资改革问题的通知》打破了全国统一的以工人技术等级为基础的八级工资制度，企业开始实行多元化的薪酬体系。1995年新的五级职业资格认证制度取代了升级考评制度，成为技术晋升制度的基础。它系统性地切断了工资与技术等级的联系。职业资格证书不再具有分配工作机会和保证薪酬安全的双重作用，而是变为获取工作机会的筹码（刘玉照、苏亮，2016）。其次，随着国家职业资格证书体系的无序扩张，其合法性大打折扣。在实行工人技术等级标准的"行业归口管理"以后，各个地区和行业纷纷成立职业资格鉴定机构，采用市场化的运作方式来运营，追求利润最大化，这些做法破坏了职业资格证书的合法性基础，鉴定的权威性在下降。由于国家职业资格证书的合法性和社会功能双双降低，职业资格证书在农民工社会经济地位转化中的贡献弱化。妨碍农民工利用技能实现社会流动的最大障碍是技术晋升制度的重大变迁和不稳定特征，它使得职业资格证书促进社会流动的功能弱化。目前我国开始推行由教育部门主导的"1＋X证书"，这一改革有可能进一步弱化职业资格证书与社会流动的联系（郭建如、杨钋、田志磊，2019）。

---

① 笔者根据国家统计局2009～2015年的《农民工调查监测报告》整理和计算。

第三章　央地关系与校企合作

政府在技能形成领域扮演了多种角色，中央政府与地方政府发挥了不同的作用（Marques，Remington，and Bazavliuk，2020；Remington，2017a）。中央政府和地方政府的关系不仅决定了两者在技能形成领域的分工，而且影响了职业教育财政投入的来源与规模，以及职业院校获得的资源和校企合作表现。然而，已有研究尚未涉及中央政府和地方政府在职业教育领域财政事权和支出责任的划分及其对校企合作的影响。更重要的是，当前研究未能解释中央政府如何激励地方政府大力发展职业教育，以促进本地企业与职业院校的技能合作。

为填补上述空白，本章首先分析了在职业教育领域中央政府和地方政府财政事权与支出责任的划分；其次分别讨论了央地分工下职业教育领域财政安排对高等职业教育资源配置和校企合作的影响；最后，考察了中央政府如何在职业教育领域通过财政事权调整、财政投入和项目制对地方政府做出大力发展职业教育培训的可信承诺。

一　职业教育领域央地财政事权与支出责任的划分

（一）理论探讨与相关政策

职业教育领域政府投入的变化与职业教育领域财政事权和支出责任的划分密切相关，后者决定了各级政府在职业教育领域中财政投入的合法性基础、形式、规模和央地关系。根据魏建国的分析框架，教育事权包括"教育服务的提供（举办）"和"对教育服务提供的监管和调控"两部分，前者指职业教育事权的具体实施，后者指基于追求均等化、意识形态培养、教育标准等方面的政策目标，对教育服务提供过程中相关事项的监督、管理、规划和调控等安排（魏建国，2019：76）。各层级政府承担教育财政支出责任的依据不完全相同①。党的十八届三中全会提出的"事权与支出责任相适应"的原则意味着，若教育服务提供、监管与调控职责由同一层级政府行使，相关的财政支出责任就都应该由该层级政府承担。若教育服务提供、监管与调控职责由不同层级政府行使，承担教育服务提供职责的相关层级政府基于服务提供者角色，承担相应的财政支出责任；承担教育监管与调控职责的相关层级政府基于监管者、调控者角色，承担相应的财政支出责任（魏建国，2019：79）。

《职业教育法》较好地体现了"教育服务提供 – 监管与调控"的框架。该法第十一条规定，国务院教育行政部门和县级以上各级地方政府承担教育服务提供的监管与调控职责②。第十七条提出县级以上地方各级政府应当举办职业学校，相当于承担教育服务的提供（举办）职责③。在支出责任方面，第二十七条提出职业学校举办者应当按照学生人数平均经费标准足额拨付职业教育经费（魏建国，2019）④。在 2019 年的《职业

---

① 若提供某项教育服务的职责在原则上属于该层级政府，相关的财政支出责任也应由其承担；其上级政府承担财政支出责任的依据在于上级政府对该层级教育的提供进行了监管和调控，此类监管和调控须与一定的财政支出责任相配合，通常是通过财政转移支付的方式来实现。

② 在《职业教育法修订草案（征求意见稿）》中，将第十一条修订为第十条"职业教育实行在国务院领导下，分级管理、地方为主、政府统筹、行业指导、社会参与的管理体制。建立国务院职业教育工作部际联席会议制度，加强对职业教育工作的领导，统筹全国职业教育工作，部署职业教育改革创新重大事项。国务院教育行政部门负责职业教育工作的统筹规划、综合协调、宏观管理。国务院教育行政部门、人力资源社会保障部门和其他有关部门在国务院规定的职责范围内，分别负责有关的职业教育工作。省、自治区、直辖市人民政府领导区域内职业教育工作，确定省级以下地方各级人民政府管理职责，统筹职业教育资源，加强协调管理，组织开展督导评估"。

③ 在《职业教育法修订草案（征求意见稿）》中，将第十七条修订为第十八条"县级以上地方各级人民政府应当举办、参与举办发挥骨干和示范作用的职业学校和职业培训机构；对社会力量依法举办的职业学校和职业培训机构给予指导和支持。国家根据产业布局和行业发展需要，重点支持建设高水平职业高等学校"。

④ 在《职业教育法修订草案（征求意见稿）》中，将第十七条修订为第四十八条"各级人民政府应当建立与职业教育办学规模、培养成本和办学质量相适应的财政投入制度，提高资金使用效益。省、自治区、直辖市人民政府应当制定本地区职业学校生均经费标准或者公用经费标准。职业学校举办者应当按时、足额拨付经费，不断改善办学条件。民办职业学校举办者应当参照同层次职业学校生均经费标准，以多种渠道筹措经费。地方人民政府按照管理权限，可以按照当地公办职业学校标准或者一定比例，向企业举办的职业学校和其他非营利性民办职业学校拨付生均经费。财政专项安排、社会捐赠指定用于职业教育的经费，任何组织和个人不得挪用、克扣"。

教育法修订草案（征求意见稿）》中，不仅规定了举办者的支出责任，还对各级政府的相关财政支出责任进行了规定，如"各级人民政府应当建立与职业教育办学规模、培养成本和办学质量相适应的财政投入制度，提高资金使用效益"（教育部，2019）。

自党的十八届三中全会以来，我国政府加快了事权与支出责任划分法治化的进程。2016年国务院出台了《关于推进中央与地方财政事权和支出责任划分改革的指导意见》（国发〔2016〕49号）。2018年国务院办公厅印发了《基本公共服务领域中央与地方共同财政事权和支出责任划分改革方案》（国办发〔2018〕6号）。2019年国务院办公厅印发了《教育领域中央与地方财政事权和支出责任划分改革方案》（国办发〔2019〕27号）。表3-1总结了三个文件中各级各类教育领域财政事权和支出责任划分的相关规定。

表3-1 教育领域财政事权和支出责任划分的相关规定

年份	政策文件	义务教育	学生资助	其他教育
2016	国务院《关于推进中央与地方财政事权和支出责任划分改革的指导意见》（国发〔2016〕49号）	义务教育整体作为共同事权		高等教育作为共同事权
2018	国务院办公厅《基本公共服务领域中央与地方共同财政事权和支出责任划分改革方案》（国办发〔2018〕6号）	义务教育包括公用经费保障、免费提供教科书、家庭经济困难学生生活补助、贫困地区学生营养膳食补助4项	学生资助，包括中等职业教育国家助学金、中等职业教育免学费补助、普通高中教育国家助学金、普通高中教育免学杂费补助4项	
2019	国务院办公厅《教育领域中央与地方财政事权和支出责任划分改革方案》（国办发〔2019〕27号）	涉及学校日常运转、校舍安全、学生学习生活等经常性事项；涉及阶段性任务和专项性工作的事项	覆盖学前教育、普通高中教育、职业教育、高等教育等	学前教育、普通高中教育、职业教育、高等教育等其他教育，实行以政府投入为主、受教育者合理分担、其他多种渠道筹措经费的投入机制，总体为中央与地方共同财政事权

就职业教育而言，2019 年《教育领域中央与地方财政事权和支出责任划分改革方案》将中等职业教育免学费补助、国家助学金和国家奖学金与高等职业教育的国家助学金和国家奖学金纳入共同事权范畴，还一般性地提出"学前教育、普通高中教育、职业教育、高等教育等其他教育，实行以政府投入为主、受教育者合理分担、其他多种渠道筹措经费的投入机制，总体为中央与地方共同财政事权，所需财政补助经费主要按照隶属关系等由中央与地方财政分别承担，中央财政通过转移支付对地方统筹给予支持"。这意味着中央政府将职业教育的部分事权纳入自己的管辖范围，并承担了相应的支出责任。这与《职业教育法》的规定较为一致。该法提出中央政府基于"教育服务提供的监管与调控"承担对职业教育的支出责任，主要通过转移支付来履行。目前中央政府在职业教育领域的转移支付覆盖了学生资助、基础能力建设、示范引领和生均拨款标准等领域。地方政府基于"教育服务的提供（举办）"承担相应的财政支出责任，主要履行方式是作为举办者提供职业学校的运营经费。2019 年《职业教育法修订草案（征求意见稿）》的第三十一条、第四十七条、第四十八条和第五十一条对地方政府的职业教育投入体制机制进行了规范，明确了各级政府按照职业学校的隶属关系提供生均经费，并采用省级统筹的机制。

（二）央地财政事权与支出责任划分的历史变迁

当前对职业教育领域财政事权和支出责任的划分是历史发展的产物。从我国职业教育发展的历史来看，依据财政事权和支出责任划分的变化周期，大致经历了三个发展阶段。2004 年以前是"以地方政府承担为主"的第一个阶段，总体财政教育投入水平较低，由地方政府承担各级各类教育的支出责任。2004～2016 年是中央政府加大投入的第二阶段。在实现"4% 目标"的过程中，中央政府的财政责任迅速扩大，中央政府投入的范围和程度具有较大灵活性。2016 年至今是第三个阶段，中央政府明确提出了"中央－地方共同事权"框架，并在此框架下进行相关教育财政体制机制的完善。

职业教育的发展阶段基本和上述依据财政事权与支出责任划分的变化周期一致。最为关键的变化出现在 2004～2016 年中央政府加大投入的阶段，这一阶段也被认为是职业教育体系的关键重塑阶段（田志磊、赵晓堃、张东辉，2018）和教育财政发展的"2.0 时代"（王蓉、田志磊，

2018）。2004～2016 年是国家财政教育经费维持高速稳定增长、教育财政制度高速建设的时期。在此阶段中出现了三个相互支持的重大政策和制度。首先是实现了"4%目标"，2012 年我国实现了国家财政教育经费支出占国内生产总值达到 4% 的目标。其次是建立了教育财政制度，实现了将义务教育全面纳入公共财政保障范围、将学前教育纳入公共财政支持范围、实行普通高中以财政投入为主的投入机制、完善从学前到研究生教育各阶段全覆盖的学生资助体系。最后是中央财政责任迅速扩大，中央财政教育经费的投入从义务教育领域逐步扩展到中等职业教育、学前教育和学生资助等领域（王蓉、田志磊，2018）。2004 年之前中央政府教育支出的内容以本级支出为主，2004 年以后转变为以转移支付为主，中央政府实质性地承担了各级各类教育相应的支出责任。上述三项重大进展彼此支持，成为建立和完善教育基本公共服务体系的战略性基础。

在此过程中，职业教育财政的体制机制也逐步完善，这既包括职业教育培训体系建设，也包括教育财政政策的发展。表 3-2 总结了在中央财政加大投入时期，指导职业教育财政体制机制建设的政策文件。

表 3-2 职业教育财政政策变迁

	文件名称	文件号	涉及领域
学生资助			
2007 年	《国务院关于建立健全普通本科高校、高等职业学校和中等职业学校家庭经济困难学生资助政策体系的意见》	国发〔2007〕13 号	学生资助
2009 年	《关于中等职业学校农村家庭经济困难学生和涉农专业学生免学费工作的意见》	财教〔2009〕442 号	学生资助
2010 年	《财政部、教育部、人力资源社会保障部关于印发〈中等职业学校免学费补助资金管理暂行办法〉的通知》	财教〔2010〕3 号	学生资助
2010 年	《财政部、国家发展改革委、教育部、人力资源社会保障部关于扩大中等职业学校免学费政策覆盖范围的通知》	财教〔2010〕345 号	学生资助

	文件名称	文件号	涉及领域
2012 年	《关于扩大中等职业教育免学费政策范围　进一步完善国家助学金制度的意见》	财教〔2012〕376 号	学生资助

生均拨款标准

	文件名称	文件号	涉及领域
2014 年	《财政部、教育部关于建立完善以改革和绩效为导向的生均拨款制度　加快发展现代高等职业教育的意见》	财教〔2014〕352 号	生均拨款标准
2015 年	《关于建立完善中等职业学校生均拨款制度的指导意见》	财教〔2015〕448 号	生均拨款标准

职业教育基础能力建设

	文件名称	文件号	涉及领域
2004 年	《教育部等七部门关于进一步加强职业教育工作的若干意见》	教职成〔2004〕12 号	职业教育实训基地建设
2004 年	《国家发展改革委、教育部、劳动和社会保障部关于组织制订推进职业教育发展专项建设计划的指导意见》	发改社会〔2004〕2073 号	职业教育实训基地建设
2006 年	《教育部、财政部关于实施中等职业学校教师素质提高计划的意见》	教职成〔2006〕13 号	中等职业师资培训
2011 年	《教育部、财政部关于实施职业院校教师素质提高计划的意见》	教职成〔2011〕14 号	职业院校师资培训
2013 年	《职业院校教师素质提高计划、中等职业学校专业骨干教师培训项目管理办法》	教师厅〔2013〕3 号	职业院校师资培训

示范引领建设

	文件名称	文件号	涉及领域
2006 年	《教育部、财政部关于实施国家示范性高等职业院校建设计划、加快高等职业教育改革与发展的意见》	教高〔2006〕14 号	示范性高等职业院校建设
2010 年	《教育部、财政部关于进一步推进"国家示范性高等职业院校建设计划"实施工作的通知》	教高〔2010〕8 号	骨干高等职业院校建设

续表

	文件名称	文件号	涉及领域
2010 年	《关于实施国家中等职业教育改革发展示范学校建设计划的意见》	教职成〔2010〕9 号	中等职业教育示范学校建设
2011 年	《教育部、人力资源社会保障部、财政部关于印发〈国家中等职业教育改革发展示范学校建设计划项目管理暂行办法〉的通知》	教职成〔2011〕7 号	中等职业教育示范学校建设

注：笔者根据王蓉、田志磊（2018）和田志磊（2018）整理，有增减。

　　首先，在职业教育财政体制机制建设方面，政策内容涉及学生资助和生均拨款标准。2007～2012 年，中央政府及国务院相关部门发布了多项学生资助政策，逐步将中等职业学校和高等职业学校学生纳入资助体系。2007 年国务院发布的《关于建立健全普通本科高校、高等职业学校和中等职业学校家庭经济困难学生资助政策体系的意见》首次将中等职业学校学生纳入学生资助体系。2009～2012 年，中央政府又提出为中等职业学校农村家庭经济困难学生和涉农专业学生减免学费，后逐步扩大到中等职业学校学生群体。2014 年财政部、教育部提出在高等职业教育领域实施生均拨款制度，从 2015 年开始建立中等职业学校生均拨款制度。学生资助和生均拨款制度成为职业教育领域多元化筹资机制的有力支持，保障了公共财政性经费投入逐步增长。

　　其次，在职业教育体系建设方面，政策内容涉及基础能力建设和示范引领项目①建设。基础能力建设包括实训基地建设和教师培训。中央政府从 2004 年开始强调加快职业教育实训基地建设。2004～2007 年，中央安排 20 亿元专项资金实施"推进职业教育发展专项建设计划"；2004～2013 年，中央财政共投入专项资金 78 亿元，支持建设 4556 个职业教育实训基地。2004～2013 年，各级政府参与了多项职业院校教师素质提高计划，组织职业院校骨干教师参与国家级培训、省级培训、企业实践和出国进修。2006～2013 年，中央政府还组织了示范引领项目建设，包括 2006 年的国家示范性高等职业院校（以下简称示范校）建设、2010 年的国家骨干高等职业院校（以下简称骨干校）建设，以及 2010 年的国家中等职业教育示范学校建设。在经费方面，2006～2013 年，中央财政共投

---

① 本书交替使用"示范引领项目""示范项目""示范建设项目"等概念。

入专项资金 46 亿元，分两期实施，支持建设了 200 所示范校/骨干校。2010 ~ 2013 年，中央财政共投入专项资金近 100 亿元，分三批支持示范中等职业学校建设（田志磊、赵晓堃、张东辉，2018）。

二 央地关系与职业教育资源配置

中央财政加大投入时期，职业教育投入增加，有力支持了职业教育体系自 20 世纪 90 年代末开始的大规模扩张，提升了职业教育的基础设施水平和师资能力，建设了一大批高水平的职业院校。这些政策也强化了职业教育资源配置的两大倾向：一是地方政府在本级财政分配中按照隶属关系来配置非竞争性的财政资源；二是中央政府在转移支付领域采用项目制来配置竞争性的财政资源。

首先，地方政府在财政事权和支出责任的范围内，一般依据"举办者"职责原则来履行职业教育投入的责任。省市两级政府教育部门、非教育部门分别负责资助所属学校，行业和企业负责资助所属学校，民办职业院校举办者负责资助民办职业院校。研究证实，地方政府职业教育领域内财政性经费的分配主要依据的是院校隶属关系（刘云波、郭建如，2015）。在这种制度安排下，各级地方政府偏好基于"教育服务提供"的职责履行财政支出责任，忽视基于教育服务提供的监管与调控的职责履行财政支出责任，即坚持优先发展本级政府直属的高等职业院校，"肥水不流外人田"。这种偏好可能导致公共财政教育资源在公办高等职业院校聚集，民办高等职业院校被边缘化。此外，地方政府难以坚持"财政中立"原则，即财政资源的配置与政府财政能力无关。在公办高等职业院校之内，财政统筹能力更强的省级政府向省属高等职业院校配置了更多的资源，地市级高等职业院校从地市级政府得到的公共财政投入相对较少。这种按照隶属关系和办学体制进行财政资源配置的方式在长期可能导致职业院校间经费结构、经费水平和经费增长率的差异，从而导致资源差距拉大，并有可能影响校企合作与教学质量，进而造成职业院校学生发展和就业质量的差异。

实证研究发现，职业院校间收入的不均等与职业院校的隶属关系和办学体制高度相关。根据"事权与支出责任相适应"的原则，职业教育领域内财政性经费的分配依据的是院校隶属关系。有研究者采用 2009 年"全国高等职业教育经费统计报表数据"，研究分析了不同隶属关系和公办、民办高等职业院校的收入情况（杨钋、刘云波，2016）。表3-3显示，院校隶属关系与资源汲取能力相关，公办高等职业院校的财政拨款显著高于民办高等职业院校。2009年省属高等职业院校的生均预算内财政拨款为8973元，显著高于地市属高等职业院校（6558元）和民办高等职业院校（759元）。这表明公共财政性经费配置偏向于省属高等职业院校。刘云波和郭建如（2015）的研究也得出了类似结论。此外，该研究还发现省级教育部门和省级非教育部门的高等职业院校获得的生均预算内财政拨款数量相似，两者均远高于国有企业举办的高等职业院校和民办高等职业院校。可见，按照隶属关系配置公共财政资源会拉大公办高等职业院校和民办高等职业院校之间的差距以及公办高等职业院校内部的差异。

表3-3 不同隶属关系院校投入的差异（2009年）

		生均预算内财政拨款（元）	生均学费（元）	样本数（个）
省属高等职业院校	均值	8973	4895	509
	标准差	（35034）	（1931）	
地市属高等职业院校	均值	6558	4611	302
	标准差	（11941）	（2134）	
民办高等职业院校	均值	759	9247	279
	标准差	（4068）	（7045）	

资料来源：笔者基于杨钋、刘云波（2016）表3整理。

其次，职业教育作为共同事权领域，中央政府通过转移支付承担与"教育服务提供的监管与调控"职责相应的财政支出责任。转移支付制度的首要目标是实现基本公共服务均等化（谷成，2010；罗辉，2008）。为了达到这一目标，中央政府既可以进行一般性转移支付，也可以进行专项转移支付。中央政府因职业教育作为政府间共同事务而向地方政府拨付补助金，在专项转移支付的资源配置中，项目制最有利于贯彻中央政府的政策意图。

项目制是财政资金以项目形式进行分配管理的行政运作机制，即一种兼有财政分配方式与公共管理手段双重意蕴的国家治理模式（渠敬东，2012）。政府引入项目制的目的是克服以往科层制的局限，在短时间内集中资源完成既定的目标（史普原，2015）。面对项目制导致的资源竞争和资源过度集中，一些学者开始反思国内高等教育的项目治理模式（李福华，2014；张应强、张浩正，2018），有研究提出，"项目制度下的高等教育资源竞争实质是完成了对高等教育的地位传递与再制"（熊进，2019；游玉佩、熊进，2017）。除了社会再生产功能，项目制还可能改变高等职业院校的激励机制，降低高等职业院校通过校企合作从市场获取资源和合法性的动力，转而鼓励院校通过争取专项经费来获取政府的财政性经费（刘云波，2019）。这种转变可能抑制高等职业院校参与校企合作的动机。因此，以项目制配置财政转移支付资源会加剧高等职业院校的分化，进而影响校企合作水平和院校产出水平。

实证研究发现，专项转移支付已经扩大了高等职业院校间的经费差距。获得更多央财专项的高等职业院校，其公共财政总投入水平和生均投入水平都高于其他院校。基于 2005 年、2010 年和 2015 年"全国高等职业教育经费统计报表数据"的学生规模和经费数据，以及教育部网站历年公布的四大专项资助①名单，研究者发现院校资源汲取能力随获得央财专项数的增加而增强（刘云波、杨钋，2020a）。2015 年未获得专项、获得 1~4 个专项院校的生均财政拨款均值分别为 4141 元、8330 元、10057 元、12678 元和 11780 元。生均经费收入均值分别为 12345 元、14955 元、15908 元、18554 元和 17998 元。若依据院校所获得的央财专项数（0~4 个）分别对 2015 年的经费收入指标进行方差分析，可以发现获得不同央财专项数院校的组别间存在差异。经费总收入、生均经费收入、生均财政拨款指标在获得不同央财专项数的院校之间均存在显著的差异（见表 3-4）。

表 3-4 获得不同央财专项数的高等职业院校的各指标均值（2015 年）

获得专项数（个）	院校数（个）	经费总收入（万元）	生均经费收入（元）	生均财政拨款（元）
0	320	4223	12345	4141
1	350	7458	14955	8330
2	536	11105	15908	10057
3	76	17276	18554	12678
4	49	18111	17998	11780

资料来源：笔者基于刘云波、杨钋（2020a）表 4 整理。

---

① 本书交替使用"专项资助""央财专项""专项""央财项目"等概念。

三 央地关系对校企合作的影响

基于目前中央政府和地方政府在职业教育领域的分工，无论是地方政府按照隶属关系和办学体制来配置非竞争性公共财政资源，还是中央政府在共同事权领域通过项目制进行竞争性资源的配置，都可能导致高等职业院校在办学水平、校企合作和产出水平方面出现分化。以下分别讨论这两种资源配置方式对校企合作的影响。

（一）地方政府资源配置与校企合作

依据资源依赖理论，地方政府公共财政投入的增加可能改变高等职业院校与企业合作的意愿和能力。地方政府按照隶属关系来分配公共财政教育经费已造成公办高等职业院校相对于民办高等职业院校的资源优势、省属高等职业院校相对于地市属和企业属高等职业院校的经费优势。那么，获得更多财政教育经费的高等职业院校在校企合作方面的表现是否与其他院校有显著差异？为了检验隶属关系和办学体制对校企合作的影响，有研究采用2009年"全国高等职业教育经费统计报表数据"、2009年"高等职业教育人才培养工作状态数据采集与管理平台"数据和多水平模型进行了量化分析（杨钋、刘云波，2016），结果如表3-5所示。在控制其他变量的条件下，省属高等职业院校的合作企业数平均比民办高等职业院校多34.0个，地市属高等职业院校的合作企业数比民办高等职业院校多23.5个。显然，获得更多公共财政投入的省属高等职业院校在校企合作方面的表现优于地市属高等职业院校，公办高等职业院校的整体表现好于民办高等职业院校。

表3-5 院校隶属关系对院校平均表现的影响（HLM模型）

	新生报到率		合作企业数	
	系数	标准误	系数	标准误
院校层面				
举办主体（以民办高等职业院校为参照组）				
省属高等职业院校	0.062***	（0.013）	33.960***	（4.660）
地市属高等职业院校	0.051***	（0.013）	23.470***	（7.660）
高级职称教师比例	0.049***	（0.016）	13.630	（14.070）

续表

	新生报到率		合作企业个数	
	系数	标准误	系数	标准误
专业广泛度	0.030	(0.021)	147.210 ***	(20.990)
院校位于省会城市	0.011	(0.011)	−6.260	(7.460)
院校成立时间	0.001	(0.001)	0.630	(0.350)
区域层面				
地市属高等职业院校所占比例	0.060	(0.053)	52.310 **	(20.930)
民办高等职业院校所占比例	−0.025	(0.086)	30.350	(34.330)
每十万人中在校大学生数	0.001	(0.001)	0.001	(0.006)
人均GDP	0.001	(0.001)	0.001	(0.001)
二产所占比重	0.206	(0.321)	44.620	(133.610)
三产所占比重	0.224	(0.353)	26.602	(156.188)
样本数	861		820	

注：*** 表示在 0.01 置信水平上显著，** 表示在 0.05 置信水平上显著，* 表示在 0.1 置信水平上显著。括号内为标准误。本模型在第一层用学生数做了加权处理。

资料来源：笔者基于杨钋、刘云波（2016）表6整理。

（二）中央政府资源配置与校企合作

为讨论央财项目的示范效应，即获得央财项目资助院校的绩效是否高于其他院校，研究者比较了未获得央财项目与获得不同央财项目的高等职业院校在毕业生就业率和起薪（月工资）方面的差距。利用2015年"全国高等职业教育经费统计报表数据"的学生规模和经费数据，以及2016年全国各高等职业院校质量年报的2015年度院校毕业生就业率和月工资信息，研究者发现院校获得央财项目数对毕业生就业率和月工资均有显著的正向影响（见表3-6）。在控制其他变量的条件下，院校每多获得一个央财项目，其毕业生的平均就业率会显著提高0.43个百分点、毕业生平均月工资会显著提高71元。在毕业生就业率方面，以没有任何央财项目资助的院校作为参照组，获得了四类央财项目资助的院校毕业生的就业率显著高出1.9个百分点，同时获得"示范项目"和"专业项目"资助院校的毕业生就业率显著高出2.1个百分点。在月工资方面，相比没有获得任何央财项目资助的院校，获得多个央财项目资助的示范校毕业生的月工资平均高出200~300元（刘云波、杨钋，2020a）。

表 3 - 6　不同项目资助对就业产出的影响（OLS 回归）

	毕业生就业率		月工资	
变量	（a）	（b）	（c）	（d）
获得央财项目数	0.434 ** (0.210)		70.85 *** (16.32)	
示范 + 教学 + 实训 + 专业		1.868 ** (0.815)		303.4 *** (84.79)
示范 + 实训 + 专业		1.304 (0.971)		228.1 *** (78.14)
示范 + 教学 + 专业		1.408 (0.977)		267.5 *** (78.07)
示范 + 专业		2.089 *** (0.726)		226.8 *** (58.34)
实训 + 专业		0.609 (0.631)		74.60 * (40.49)
实训		0.851 (0.731)		43.76 (62.00)
专业		− 0.110 (0.772)		− 25.41 (43.88)
其他控制变量①	是	是	是	是
样本数	1157	1157	1096	1096
R^2	0.232	0.236	0.255	0.265

①其他控制变量包括省份、学生规模和经济区域。

注：$*** p < 0.01$，$** p < 0.05$，$* p < 0.1$；括号中为稳健性标准误；月工资以 2005 年为基年，进行了 CPI 通货膨胀调整。

资料来源：笔者基于刘云波、杨钋（2020a）表 6 整理。

为检验央财项目资助对校企合作的影响，研究者将 2008 年立项的第一期第三批示范校作为实验组，以 2010 年立项的第二期第一批骨干高等职业院校（以下简称骨干校）作为对照组，采用倍差分析方法考察了示范校建设项目对课程开发和校企合作两方面的影响。分析结果显示，示范校建设对项目院校受资助专业课程建设的影响仅体现为总课程数量的增加，而校企合作课程占比和实践类课程占比并没有明显提升（涂晓君、刘云波，2019：51）。在校企合作方面，第一期第三批示范校的受资助专业与第二期第一批骨干校相比，在校企合作水平的各指标上，只有合作开发课程数有了显著增加。实验组其他指标（如合作企业数、企业订单培养学生数、合作开发教材数、企业支持院校兼职教师数和接受顶岗实习学生数）与第二期第一批骨干校相比均无显著差异。

综上所述，央财项目制支持的示范校在就业产出方面优势明显，但是在校企合作课程占比、实践类课程占比、合作企业数、订单培养学生数、合作开发教材数、企业支持院校兼职教师数和接受顶岗实习学生数等校企合作的过程性指标上均无显著优势。由此可见，示范效应未能传导到校企合作中，接受大量公共财政支持的示范校并未能与企业建立更加密切的合作关系。这一结论支持了资源依赖理论对替代性资源功能的假设，即若组织可获取替代性资源，那么对合作方的依赖性降低，组织间的合作会趋于松散和短暂。示范校以公共财政资源替代了企业提供的各种资源，在这一过程中，示范校原有的校企合作方面的优势逐步弱化，与普通高等职业院校的差距不再显著。这一发现也得到其他案例研究的支持（Remington，2017a；田志磊、赵晓堃、张东辉，2018；雷明顿、杨钋，2019）。

相对于示范效应，中央财政投入的引领和辐射效应更加间接和难以测度。示范校建设总体目标是促进高等职业教育整体质量的提升。示范校建设的引领和辐射效应本质上属于一种知识外溢现象，关键要素是地理邻近性。近期研究对示范校建设引领和辐射效应的讨论聚焦于在地理上与示范校邻近的普通高等职业院校。基于2016年全国各高等职业院校发布的《企业参与高等职业教育人才培养年度报告》所提供的2015年院校数据、百度地图官方网站提供的全国高等职业院校的地理信息数据和《中国区域经济统计年鉴2006》提供的高等职业院校所在地市的数据，研究者考察了示范校对邻近院校校企合作的影响（刘云波，2019）。在控制地市和院校等一系列特征的条件下，周围10公里内有示范校的普通高等职业院校和周围10公里内没有示范校的普通高等职业院校相比，在生均教育财政经费和企业兼职教师专业课课时占比方面没有显著差异（见表3-7）。但是周围10公里内有示范校的普通高等职业院校专任教师人均企业实践时间显著多出3.6天。周围10公里内示范校数量每增加1所，普通高等职业院校的专任教师人均企业实践时间平均增加2.3天。这意味着示范校对周边院校财政资源获取和兼职教师的聘用没有显著帮助，但是会带动周边院校教师更长时间地参与企业实践。

表 3 - 7　普通高等职业院校的资源和校企合作差异

变量	生均财政经费对数	企业兼职教师专业课课时占比	专任教师人均企业实践时间	专任教师企业实践时间
周围 10 公里内有无示范校	0.316 [0.334]	-0.644 [1.478]	3.647 * [1.954]	
周围 10 公里内示范校数量				2.270 ** [0.928]
控制变量	是	是	是	是
样本数	876	876	876	876
调整后 R^2	0.664	0.069	0.053	0.056

注：（1）［ ］中数字为稳健标准误；（2）*** $p < 0.01$，** $p < 0.05$，* $p < 0.1$；（3）其他控制变量包括一产占比、二产占比、人均 GDP 对数、财政自给度、商品房销售均价对数、普通本科院校数量、城市等级、年末人口对数、学生规模对数、生师比、是否地市属高等职业院校、是否国企办学、是否民办、是否新建校、是否在东北地区、是否在东部地区、是否在西部地区等。
资料来源：笔者根据刘云波（2019：70）表 4 整理。

综上，央财项目打造的示范校对周边院校的产出和校企合作水平的影响不显著。在项目制的推动下，公共财政资源逐步向示范校集聚，这种集聚造成了示范校和非示范校之间在经费水平上的差距。尽管周边院校可以基于地理邻近性获得示范校的知识外溢，但是这种间接帮助不足以使它们在毕业生产出和校企合作方面形成显著优势。从资源依赖理论视角来看，组织依赖是相互的，当一个组织的依赖性大于另一个组织时，权力变得不平等，会出现竞争性互依和共生性互依，前者指组织间竞争，后者指组织交换资源对于各自生存而言极其重要（Pfeffer，1972）。示范校与周边院校处于竞争性互依的状态，当示范校从政府获得大量替代性资源时，周边院校就难以获得这些资源。当企业挑选合作伙伴时，会倾向于选择政府背书的示范校，而非周边院校。因此，示范校的引领和辐射效应并不显著。以项目制来分配中央财政转移支付资源强化了示范校在资源和产出方面的优势，弱化了这些院校的校企合作参与，同时对周边院校的资源形成挤压，对周边院校的产出和校企合作没有显著帮助。

四　央地关系与可信承诺

中央和地方政府在职业教育财政事权和支出责任方面的划分从根本

上决定了职业教育中竞争性和非竞争性公共财政资源的配置，并通过经费配置直接影响高等职业院校校企合作绩效。更为重要的是，这种财政事权与支出责任的划分及其财政安排使中央对地方政府大力发展职业教育、积极促进校企合作做出可信承诺。

（一）可信承诺问题

在非联邦制国家中，中央政府推动地方政府实现自身的政治目标需要解决可信承诺问题。资本主义多样性理论提出技能形成领域合作的最大障碍是可信承诺问题，即确保参与技能合作的各方能够信守自己的承诺来实现高质量的技能产出（Hall and Soskice，2001a）。在协调市场经济体中，中央政府通过授权方式将部分监督和问责的权力赋予社会组织，如商会和行业协会，由后者监督技能合作参与者实现各自的承诺。这种以企业为中心的分析方式关注对地方政府的问责，强调第三方机构可以承担监督、制裁、协调的角色。在自由市场经济体中，由于缺乏第三方机构问责，所以难以达成技能合作的可信承诺，导致广泛的技能市场失灵和产业的"去技能化"。

除了政府、企业与社会合作伙伴之间的承诺，技能形成领域的另一个重要问题是解决中央对地方政府的可信承诺问题。在缺乏不同层级政府间可信承诺的条件下，中央政府的政策动员往往难以收到效果，这在新兴市场经济国家的技能形成领域尤为明显（雷明顿、杨钋，2019）。政治经济学文献提出，可以通过联邦主义（federalism）等多层级治理方式解决中央对地方政府的可信承诺问题。多层级治理是指权力在多个政府层级中的扩散（Hooghe and Marks，2003）。不同领域的学者对此进行了研究，包括对欧盟、国际关系和高等教育的分析（Benz，2000；Fumasoli，2015；Hooghe and Marks，2001；Ongaro，2015）。在多层级治理的多学科讨论中，财政联邦主义文献聚焦于多层级政府间权力的最优配置，以及不同层级政府如何在多层级治理体系中互动，其核心问题是跨区域竞争和公共产品供给。为了鼓励投资、促进经济发展，国家必须做出保护财产私有权的可信承诺。可信承诺需要制度保障，这项制度要能够自我执行而不需要第三方执行，联邦主义就是制约政府权力的有效机制之一（张长东，2014）。

在我国的语境中，第一代财政联邦主义文献认为中国属于"市场维护型联邦主义",① 国家对维护市场的承诺真实可信,不会因政府自身利益而干预市场乃至掠夺市场创造的财富。中央与地方的财政分权改革成功地促进了地方经济的快速增长 (Qian and Weingast, 1997)。第二代财政联邦主义文献强调国家可以激励地方政府参与"晋升锦标赛",从而发展地方经济 (周黎安, 2007)。第三代财政联邦主义文献认为在政党精英内部可以通过派系实现政治动员,从而促进区域竞争和精英流动 (Shih, Adolph, and Liu, 2012)。

比较政治经济学研究将派系观念拓展为"纵向精英网络",以此来解释俄罗斯的中央政府如何向地方政府做出可信承诺。Krug 和 Libman (2015) 提出跨越中央和地方层次的、以寻租为目的的政治联盟可以激励地方政府官员促进本地社会经济发展。在租金足够高的政策领域中容易出现这种纵向精英网络,且财政分权使得租金迅速上升的政策领域也会吸引纵向精英网络的注意力。这种网络可以在客观上帮助中央政府激励地方政府官员,促使其关注地方经济发展和民生发展。

(二) 央地财政事权调整与可信承诺

从传统上看,涵盖技能形成在内的劳动力市场政策不属于高租金的政策领域,难以吸引纵向精英网络的注意力。但随着产业转型升级的压力、破坏性技术创新的冲击和人口红利的消失,我国基于"低成本竞争"的大规模标准化生产体制遭到前所未有的冲击,技能短缺和技能错配成为制约企业和行业发展的巨大障碍 (杨钋、王星、刘云波, 2017)。由此,技能形成逐步与经济新常态下产业发展议题紧密交织在一起,甚至成为由经济发展部门主导的"产业公地"的有机组成部分 (Pisano and Shih, 2012)。例如,以《中国制造 2025》为代表的一系列产业政策,已将技能发展作为制造业转型升级的九大支持性政策领域之一,并由经济和产业发展部门(国家发展改革委和财政部等)而非技能相关部门(教育部、人力资源和社会保障部)来协调国家技能发展政策和职业教育改革。

在此背景下,中央政府尝试通过相互配合的三种政策工具(职业教育领域的财政事权调整、财政投入和项目制)来激励地方政府进行人力资本

---

① 财政联邦主义是指各级政府财政收入和支出的划分,以及由此产生的相关制度。简言之,财政联邦主义是指财政分权,即赋予地方政府一定的税收权力和支出责任,并允许地方政府自主决定预算支出规模和结构。

投资，使地方政府成为技能形成领域的"帮助之手"而非"掠夺之手"。这三大工具调整了国家技能形成领域中生产体制、财政体制、社会保障制度和技能形成领域之间的衔接边界，尤其是中央和地方政府与职业教育培训体系的关系。

首先，中央政府对财政事权和支出责任的调整明确表达了中央政府对技能形成的重视，是中央政府为鼓励地方政府发展职业教育而做出的可信承诺。如前所述，中央政府通过一系列改革调整了职业教育领域财政事权和支出责任的分工，这些措施赋予地方政府——尤其是省级和省级以下地方政府——职业教育服务提供的职责，而中央政府更多地履行教育服务提供的监管与调控职责。党的十八届三中全会以来，央地事权与支出责任划分的法治化进程①进一步调整了职业教育领域的财政事权划分，强化了中央政府的财政投入责任。

其次，以项目制方式实施的财政转移支付有助于调动地方政府发展职业教育的积极性，体现了中央政府承诺的可信性。技能形成领域内中央政府以项目制为载体的财政投入，为地方政府制定了较为明确的考核指标；且中央政府能够围绕这些考核指标，有效地根据下级政府的绩效进行奖惩，这成为可信承诺的基础。从实施效果来看，省级政府为争取示范校建设和骨干校建设等项目动员了省内高校、企业和大量的其他社会资源，展开了区域竞争（刘松林，2009；肖凤翔、于晨、肖艳婷，2016；周建松，2017；壮国桢，2012）。由此可见，基于项目制的中央财政转移支付使中央政府对地方政府做出了可信承诺，增强了地方政府参与本地技能投资的意愿。

最后，对合法性的关注也会促使地方政府积极回应中央政府的技能发展政策。2019年，国务院以部门规章的形式规定了地方政府在职业教育中的教育服务提供职责和相应的支出责任，中央的财政转移支付制度又为地方政府履责提供了财力上的支持。中央政策构成了地方政府生存环境中的管制性和规范性因素，地方政府要遵循合法性机制的要求来履行自身的职业教育服务提供的职责。合法性是组织生存的基础，它也使得中央鼓励地方政府发展职业教育的承诺变得可信。

---

① 2016年国务院出台了《关于推进中央与地方财政事权和支出责任划分改革的指导意见》；2018年国务院办公厅印发了《基本公共服务领域中央与地方共同财政事权和支出责任划分改革方案》；2019年国务院办公厅印发了《教育领域中央与地方财政事权和支出责任划分改革方案》。

　　特别值得注意的是，与财政联邦主义一样，事权与支出责任划分的法治化是建立各级政府问责机制的基础。职业教育领域财政事权与支出责任划分带来的制度环境变化改变了地方政府的行为约束，成为一种事实上的对地方政府的问责机制，也使中央政府的技能发展政策成为对地方政府的可信承诺。

　　综上所述，中央政府在技能形成领域通过职业教育领域的财政事权调整、财政投入和项目制对地方政府做出了可信承诺，推动地方政府履行自身教育服务提供－监管与调控的职责、承担相应的财政责任，并积极响应中央政府提出的技能发展政策。

第四章 国家技能发展政策与区域政校企技能合作

一 技能挑战

职业教育是国家技能形成体制的重要组成部分，是推动中国从人力资源大国发展为人力资源强国的主要动力之一（刘淼，2008；周远清，2007；朱其训，2009）。当前我国职业教育发展面临严峻挑战。我国职业教育的社会认可度不高、办学特色不鲜明、各地发展不均衡，特别是企业参与办学的积极性不高（王继平，2019）。针对这些问题，2019 年 1 月 24 日，国务院印发了《国家职业教育改革实施方案》，明确了全面深化职业教育的顶层设计和蓝图。职业教育制约了一国技能形成体系与劳动力市场需求的匹配程度。从供给侧来看，近年来中国职业院校年均向社会输送 1000 万名毕业生，每年培训上亿人次。在现代制造业、战略性新兴产业和现代服务业领域，70% 以上的一线新增从业人员为职业院校毕业生（教育部职业技术教育中心研究所，2019；上海市教育科学研究院、麦克思研究院，2018）。从需求侧来看，当前职业教育迅猛发展仍不能满足劳动力市场需求。随着中国宏观经济结构转型和产业升级进程的不断深化，劳动力技能供需错配问题日益凸显（复旦大学、清华大学，2016）。北京大学、南开大学等联合发布的《中国制造业 2025 和技能短缺治理》报告指出，当前中国的职业技术教育难以承担匹配技能供求的重任（参见杨钋、王星、刘云波，2017）。

技能供求不匹配对处于不同发展水平的社会构成了严峻挑战。低收入国家面临的问题是高校毕业生无法找到工作，而农业和制造业企业管理者面临技能劳动力短缺的问题；除非相信对子女的教育投资能带来有价值的回报，否则家庭会拒绝参与教育培训投资（Estevez-Abe, Iversen and Soskice, 2001）。当现有制度无法弥补劳动力供求缺口时，一些行业部门和地区会出现贫困、失业和就业不足问题，而另一些行业部门和地区无法满足劳动力需求。刘易斯早在几十年之前就已将这种现象命名为"二元经济"（Lewis, 1954）。技能市场失灵同样也是陷入"中等收入陷阱"国家的特征，这些国家在全球产品市场上无法再以廉价劳动力优势来参与竞争，同时也没有能力在需要高技能劳动力的市场中竞争（Doner and Schneider, 2016）。上述市场失灵现象可以归因于制度失灵。

发达国家同样面临类似的制度失灵。例如，2017 年美国失业人口达到 680 万，同时 670 万人处于就业不足或正在寻找全职工作状态。同时，企业提供了 610 万个空缺的工作岗位（Fuller and Raman, 2017）。技能错配的原因是许多企业雇主利用自动筛选算法进行简历筛选，尽管他们提供的工作并不需要求职者拿到学士学位，但仍将大学本科学历作为拥有基本技能的代理变量。这种做法的结果是许多没有大学本科学历者被筛选出去，许多因拥有大学本科学历而被聘任的员工处于就业不足状态。这导致大规模的经济无效率和社会异化（Burrowes et al. , 2014；Hoffman, 2011；Hoffman and Schwartz, 2017；Schwartz, 2016）。

新古典经济学提出劳动力市场与其他市场一样最终会实现出清，然而不良的制度可在长时期内阻碍供给和需求发挥作用（North, 1990）①。当不完善的劳动力市场导致摩擦出现时，会出现雇主和潜在劳动力对所需技能投资的严重不足。为了解决这种市场摩擦，许多国家政府和有组织的社会合作伙伴会创建新制度，以便促进劳动力市场中技能供给与技能需求的匹配。

从理论视角出发，当知识和技能供给与需求相匹配时，教育和培训同时产生私人和社会回报（Easterly, 2002）。技能的互补性——例如鼓励制造业企业扩张和创新所需技能的可及性——可以经济增长的形式带来积极的社会外部收益（Streeck, 1992）。同理，若投资者对投资能否带来积极回报持怀疑态度，就会出现技能供给不足。例如，雇主可能担心自

---

① 20 世纪 50 年代后期，Kenneth Arrow 提出技能市场的供给滞后于需求，这是由于劳动力市场短缺或声誉的信息在社会中传播需要时间，且教育机构适应变化的需求做出调整相当缓慢。

已培训的雇员会被竞争企业挖走，而雇员担心在接受培训后找不到合适的就业机会（Acemoglu and Pischke，1998），在这种情况下，社会无法获得受教育劳动力带来的公共收益，个人也丧失了从接受教育中受益的机会。

本章比较了中国、俄罗斯和美国三国的技能发展政策与实践，这些国家制定了明确的国家层面的政策来协调雇主与教育机构的激励机制，以弥合技能供给与技能需求之间的鸿沟。在此基础上，本章聚焦于区域技能合作创新。具体而言，本章归纳了三个国家的若干案例来说明这些国家中政校企合作模式的多样性，提出了一种对政校企技能合作伙伴关系进行分类的方法，并尝试解释某种特定合作形式出现的原因。

二　国家技能发展政策

（一）中国

中国的职业教育改革日益受到政府重视。2016 年，中外专家团队发表题为"人力资本危机逼近中国：高中完成率和中等收入陷阱"的文章（Khor et al.，2016）。该文指出 2010 年中国只有不足 1/4 的劳动力接受过高中教育。他们将技能短缺与中国可能陷入"中等收入陷阱"的威胁论联系起来。尽管面临这种危机，但历年来中国职业教育政策的频繁出台也让多数观察家相信中国已经成功建立起全国性职业教育培训政策框架。早期改革致力于建立促进职业教育培训发展的法律框架，高层领导很早采纳了校企合作的原则。1993 年，国务院颁布的《中国教育改革和发展纲要》第一次将校企合作定义为全国职业教育部门的发展战略。1996 年颁布的《职业教育法》进一步指出，政府、社会、企业、学校和个人都是职业教育培训的参与主体，学校应该与行业在技能培训和认证方面进行密切合作。2005 年，国务院决定扩大中等职业教育就学人数，进一步促进校企合作示范校（Stewart，2015）。①

随着时间的推移，中国的政策重点逐步从扩张职业教育规模转向加强校企在技能形成方面的合作。2013 年，在党的十八届三中全会上习近平总书记提出"加快现代职业教育体系建设，深化产教融合、校企合作，

---

① 本文部分内容引自雷明顿、杨钋《中、美、俄职业教育中的校企合作》，《北京大学教育评论》2019 年第 2 期。

培养高素质劳动者和技能型人才"①。2014 年 3 月，李克强总理在《政府工作报告》中呼吁发展就业为导向的现代职业教育体系②。这些呼吁集中反映在 2014 年的《国务院关于加快发展现代职业教育的决定》（以下简称《决定》）中，《决定》提出选拔一批企业参与"现代学徒制"。为了响应这一号召，2014 年教育部开展了"现代学徒制试点项目"；国家发展改革委等五部门也于 2015 年实施《老工业基地产业转型技术技能人才双方培育改革试点方案》；人力资源和社会保障部于 2015 年联合财政部开展"企业新型学徒制"试点工作。但是在全国范围内"现代学徒制试点项目"的推进非常缓慢。农民工的高流动性导致企业不愿意为低技能生产的劳动力提供培训；同时企业希望与中等和高等职业教育机构发展双边合作，提供企业专用或者行业专用技能培训。

　　除了各部委开展的试点项目，2017 年，党的十九大报告明确提出了深化校企合作与产教融合的国家战略。2017 年国务院出台了《关于深化产教融合的若干意见》。2018 年，教育部等六部委联合制定了《职业学校校企合作促进办法》。2019 年，国务院出台了《国家职业教育改革实施方案》，倡导"职业教育基本完成由政府举办为主向政府统筹管理、社会多元办学的格局转变，由追求规模扩张向提高质量转变，由参照普通教育办学模式向企业社会参与、专业特色鲜明的类型教育转变，大幅提升新时代职业教育现代化水平，为促进经济社会发展和提高国家竞争力提供优质人才资源支持"③。2019 年 3 月，李克强总理在《政府工作报告》中提出投资 1000 亿元用于 1500 万人次以上的职工技能提升和转岗专业培训。④

　　与全球其他地区一样，中国在提高入学率、提升教育质量和促进校企合作等方面，面临着制度性和非制度性挑战。传统文化赋予非体力劳动和学术教育较高的社会声誉，贬低体力劳动和职业教育，这导致职业教育被视为失败学生和流动人口家庭子女的教育选择。这种逆选择和职

---

① 《中共中央关于全面深化改革若干重大问题的决定》，中国共产党新闻网，http://cpc. people. com. cn/n/2013/1115/c64094 - 23559163. html，2013 年 11 月 15 日。

② 《政府工作报告》，http://www. gov. cn/guowuyuan/2014 - 03/14/content_ 2638989. htm，2014 年 3 月 14 日。

③ 《国家职业教育改革实施方案》，http://www. gov. cn/zhengce/content/2019 - 02/13/content_ 5365341. htm? from = singlemessage&isappinstalled = 0，2019 年 12 月 13 日。

④ 《政府工作报告》，http://www. xinhuanet. com/politics/2019lh/2019 - 03/05/c_ 1124194454. htm，2019 年 3 月 5 日。

业教育吸引力的缺乏，在很大程度上应被归结为中等职业教育互补性制度的断裂。计划经济时期国有企业提供师徒制培训和技工教育，职业教育提供了一条通向终身雇佣和相对高收入的制造业岗位与城市户籍的通道。完成在国有企业附属中等职业学校的双元学徒制培训后，毕业生可以直接被培训企业聘任或者被分配到其他国有企业工作。在市场经济转型时期，1995 年修订的《劳动法》解除了国有企业运营中等职业学校的义务，1996 年的《职业教育法》进一步将中等职业教育与城乡户籍转变脱钩。此后，中国的职业教育从制度上与高质量的就业和户籍转变脱节，进而在与普通高中的竞争中失利。由于这些原因，以及地域竞争和企业参与培训的激励有限，中央政府产教融合的激励政策在落地过程中进展缓慢。

（二）俄罗斯

为了解决广泛存在的熟练技能工人和工程师的短缺问题，特别是为了提升劳动生产力及技术改造升级，普京和梅德韦杰夫在分别担任总统和总理期间，为俄罗斯职业教育体系的升级制定了雄心勃勃的目标。梅德韦杰夫担任总统期间，倡导对职业教育进行大幅升级改造："我们各级各类职业教育系统仍然很不均衡，在花费预算方面效率低下……"[1] 普京总统在 2012 年呼吁"恢复工人阶级的'贵族地位'"，他提出 2020 年的工人队伍应包括 1/3 的熟练技能工人，约 1000 万人[2]。在 2016 年 12 月的讲话中，普京总统宣布"俄罗斯需要有技能的干部、工程师和工人，他们将在新的经济发展水平上肩负重任。为此，我们正与商业界一起发展现代中等职业教育体系，以先进的国际标准来组织对中等职业学校教师的培训"[3]。2012 年 5 月，普京颁布总统令，计划到 2020 年创造 2500 万个新的高生产力工作岗位。在 2012 年的讲话中，他再次呼吁政企合作制定新的专业人员标准，建立新的"全国专业标准委员会"。他要求对

---

[1] 梅德韦杰夫：《国务院与俄罗斯经济现代化与技术发展委员会联席会议讲话》，2010 年 8 月 31 日，https：//ipleer．com/song/89661581/D．A．＿Medvedev＿－＿Vystuplenie＿na＿sovmestnom＿zasedanii＿Gosudarstvennogo＿soveta＿i＿Komissii＿po＿modernizac/，最后访问日期：2020 年 6 月 20 日。

[2] 《普京竞选承诺 8 年后俄罗斯人平均工资将达到 4 万卢布，退休年龄不会延迟》，2012 年 2 月 29 日，http：//www．newsru．com/finance/29feb2012/pusuppose．html，最后访问日期：2020 年 6 月 20 日。

[3] 《联邦议会讲话》，https：//rg．ru/2013/12/12/poslanie．html，2013 年 12 月 12 日。

职业教育体系进行升级改造，将其转变为以实践性培训为基础的职业教育培训体系，"在真实生产中培训，以实践技能来支持理论"。①

在德国政府的建议和支持下，俄罗斯政府积极推动地方政府教育部门与行业合作，以便促进双元学徒制教育模式的发展（Remington，2017a；Remington and Marques，2020）。2014 年政府制订了改革中等职业教育机构的方案，提出到 2020 年能够"展现出与世界技能标准相适应的培训水平"的毕业生数量将达到 5 万人。2016 年政府开展了"先进技术的工人干部"项目，为此投资了 240 亿卢布。2013 年俄罗斯战略倡议署——该署是普京总统为激励俄罗斯商业发展而设立的跨政府部门的机构——向地方政府征集项目计划书，鼓励它们通过整合德国的双元学徒制教育模式来推动职业教育培训体系升级。项目特别要求行业参与课程更新并监督实践培训。其目标是激励职业学校和企业提供类似德国风格的双元学徒制培训。战略倡议署优先考虑高技术行业以及承诺捐赠大量经费的企业。13 个地区被选为双元学徒制项目试验区。然而，企业调查显示，在项目试验区只有少数企业采用了双元学徒制教育模式。尽管多数企业以某种形式参与了与职业学校的合作，但只有不到一半的地区中超过 20% 的职业学校与企业进行了深度合作（Marques，Remington，and Bazavliuk，2020；Remington and Marques，2018）。

（三）美国

多数美国专家和政策制定者认为，联邦政府的劳动力发展计划是分裂的、无效率的。2011 年，联邦政府问责办公室报告指出，2009 年美国联邦政府各个部门主持的 47 个劳动力培训项目共计提供了 180 亿美元的培训经费支持（GAO，2011）。该问责报告指出这 47 个项目中几乎没有一个项目实现了有效的运营。20 世纪 90 年代，克林顿政府提出了若干劳动力发展培训项目，但是这些项目在众议院、行业协会和商会之间引发了冲突（Martin，2000）。目前的趋势是每一任总统都会提出新的劳动力发展培训项目，取代原有项目，并将投入原有项目的资金转移出来。2017 年 6 月特朗普发布总统令，成立专门工作小组来扩张双元学徒制培训。2017 年 11 月双元学徒制专门工作小组成立，该小组由劳动部部长负

---

① 《普京总统在联邦议会的讲话》，https://rg.ru/2013/12/12/poslanie.html，2013 年 12 月 12 日。

责、总统女儿伊万卡亲自参与。该小组共组织召开了四次会议。2018 年 5 月小组工作任务结束后，发布了呼吁扩张双元学徒制培训的报告。2018 年 7 月，特朗普总统签署行政命令，责令开展新的双元学徒制项目，目标是培训 3800 万工人①。特朗普总统对扩张双元学徒制培训的兴趣代表了一种典型的美国模式，即新任总统提出新项目来促进培训和劳动力发展，以取代或者忽视之前类似的众多项目（Hamilton，2017）。这种政策模式的效果有限：尽管 2012 年以来参与注册双元学徒制项目的人数一直在增加，但该项目的参与人数仍然很少，2018 年仅有 58.5 万人参加了该双元学徒制项目（全美劳动力总量为 1.63 亿人）。

多数美国联邦政府的劳动力发展培训项目由州政府负责实施，经费由州政府和联邦政府提供。例如，联邦政府的《劳动力创新和机会法案》（Workforce Innovation and Opportunity Act）邀请州政府申请联邦政府经费来提供有价值的就业。在州政府层面，此类项目多由代表雇主、教育者、公民社会和政府利益的州与地方劳动力发展委员会主持。除了少数例外，州与地方劳动力发展委员会与中等和高等职业教育机构没有联系，致力于独自为边缘化群体提供就业机会（Hoffman，2015）。只有少数州与地方劳动力发展委员会和其他中介组织利用联邦政府经费来联结中等和高等教育职业机构及雇主组织。

与其他两国情况相似，美国国家层面的政策鼓励以就业为导向来激励技术教育和职业教育，并以经费支持企业与教育机构建立合作伙伴关系。当经济体向技术更先进的生产模式转移时，美国的企业雇主和政策制定者都强烈地感到需要提升技能劳动力供求的匹配度，但实际的回应远远滞后于这种紧迫感。2018 年，《纽约时报》报道了美国历史最悠久的职业培训项目"就业工作团"（Job Corps）如何成为一大败笔。这个设立于 1964 年的项目是"伟大社会计划"的一个组成部分。项目审计督导报告认为，该项目毕业生在长期产出（如就业和福利）方面与未接受高等教育的人群相比没有显著差异。然而，强大的政治和官僚压力使得政府无法取缔此项目，该项目成本每年高达 17 亿美元（Thrush，2018）。

三国国家层面政策的实践呈现惊人的相似性。俄罗斯和中国计划经

---

① 《特朗普总统将为美国学生和工人提供成功所需的技能》，2018 年 9 月 4 日，https://www.whitehouse.gov/briefings-statements/trump-administration-equipping-american-students-workers-skills-need-succeed/，最后访问日期，2020 年 6 月 20 日。

济的终结、美国政治经济的强烈自由主义倾向，使得这三个国家不具备协调市场经济体特有的、国家层面的致密协调制度，例如强制参与的商会、集权化的行业工会组织、强有力的行业协会，以及双元学徒制教育的传统。替代这些制度的是竞争性的劳动力和教育市场，这些市场容忍相当大程度的技能投资无效率和市场失灵。这具体表现为雇主面临填补高技能工作岗位的极大困难、众多个人缺乏在劳动力市场中制胜的技能。

致力于解决这些问题的国家层面政策不断出台，但是美国中央政府可以使用的工具不多，因而国家层面的政策仅取得了有限的成功。美国经验表明，仅仅利用财政方式难以支持弥合教育机构和企业之间深刻制度分歧的劳动力发展培训项目。中国和俄罗斯所采用的实验性校企合作项目往往难以扩张或者扩散。部门之内和部门之间的官僚体系竞争经常使得建立复杂制度安排的努力难以实现，这些制度安排本来可以通过引入和强化合作来克服集体行动的困境。在此条件下，地方政府和地方的努力常常更为成功，因为地方政府的努力可以嵌入政校企现有的激励机制之中。相互依赖合作的历史、相同的区位优势或劣势，可以驱动形成新的、更有效的政校企合作关系。

三 区域政校企技能合作

政治学中关于技能发展的政治经济学分析，多将教育培训体系与更广泛的社会与经济生活的制度模式联系起来讨论。这类学术讨论涉及的理论被称为资本主义多样性理论，这一理论有助于对资本主义国家中不同类型的制度安排进行分类（Hall and Soskice，2001b；Iversen and Soskice，2001）。该理论强调一国的经济、政治和社会之间存在很强的制度互补性，这种互补性是三者之间关系协同进化的历史结果。不同类型资本主义国家可以基于自身的"制度比较优势"在经济增长方面取得成功。

不同国家分配风险和奖励的方式不同。自由市场经济体的特征包括"破坏性创新"、更高水平的劳动力流动和更高程度的不稳定与不平等。与协调市场经济体相比，自由市场经济体的市场主体（工人和企业）承担了更多的市场风险，得到了更高的市场回报。协调市场经济体建立在有组织利益集团的长期战略合作伙伴关系基础之上，其中有组织的利益集团包括工会、雇主协会、商会、银行、企业和政党。高水平的社会保障支出可以减轻经济下行、自动化和全球化带来的投资贬值威胁，鼓励企业和个人参与高成本的企业和行业特定技能的联合投资。

转型时期的俄罗斯和中国具备很多自由市场经济体的特征，例如它们缺乏有组织的利益集团和政府就社会保障与技能形成进行长期协调。资本主义多样性理论的一个关键假定是存在制度互补性，即每一项制度安排在其他制度存在的条件下更有效。协调市场经济体的若干特征鼓励个人、企业和政府在技能发展投资领域合作。这些特征包括：（1）针对下岗、残疾和退休导致的收入风险的慷慨社会保险保障，鼓励投资行业特定技能；（2）以集中化的雇主－劳动力组织工资谈判来联结工资和技能（特别是行业专用技能和企业专用技能）形成的联合投资；（3）强调对企业专用和行业专用技能的培训，激励持续的技术升级，较少出现破坏性技术创新带来的激进型创新；（4）协调工资谈判和以慷慨的社会保险保障来降低收入不平等和社会不稳定程度，鼓励长期雇佣和技能积累；（5）双元学徒制培训——衔接技能需求和供给——广泛存在。

（一）政校企技能合作伙伴关系的分类

资本主义多样性理论的另一个关键假定是国家层面的技能发展政策在全国范围内完全一致。例如，德国和瑞士的联邦政府通过立法来规制全国范围内的双元学徒制。同样，美国的法律禁止企业拉帮结派来干预劳动力市场，强制企业为争取熟练技能劳动力开展竞争。遗憾的是，由于缺乏互补性的社会制度，国家层面的技能政策在落实过程中遇到多种挑战。值得思考的问题是技能形成领域的协调型制度安排能否在自由市场经济体的地方政府层面建立起来？地方性公私合作伙伴关系能否成为协调市场经济体中促成高成本技能联合投资的功能等价物？

有几大因素可能促成地方层面的有效技能合作，其中最重要的是地方政府提供的对校企合作的地方化产权保护。例如，像中、美、俄这样的幅员辽阔、异质性强的国家，国内各个地区的经济和社会条件差异较大。一些地方政府经常向投资者提供富有吸引力的条件，出台创新性的制度安排，以区别于其他地区。地方政府可以设计出协调市场经济体中互补性制度包的功能替代物。例如，地方政府资助的社区和技术或职业学院可以发挥商会和工会的角色，协调职业教育和培训供给与本地企业的需求。企业可以提供职业晋升阶梯、社会保障计划和退休养老金计划，以此来鼓励技能投资。地方政府可以成立或者支持中介组织来监督和保障合作各方实现自己的承诺。在地方层面，企业、地方政府和职业教育培训机构之间的协调制度有助于提升技能供给和技能需求之间的匹配度。地方政府提供的上述公共产品、准公共产品以及发挥的中介组织功能，形成了事实上的对本地校企技能联合投资的地方化产权保护（章奇、刘明兴，2016），降低了技能投资的风险。

借鉴资本主义多样性理论的划分方法论（Busemeyer and Trampusch，2012a），可以通过两个维度来划分企业、职业教育培训机构和地方政府之间技能合作伙伴关系的类型：一是在同一劳动力市场中企业之间合作的程度；二是参与协作各方承诺投入资源的成本。为了简化，不妨将第一个维度命名为技能合作伙伴关系的"广度"，将第二个维度定义为技能合作伙伴关系的"深度"。从理论上看，合作关系的广度和深度之间存在此消彼长的关系。无论是提供内部培训，还是利用职业教育培训机构和其他机构来进行培训，企业对最大限度地控制培训内容和最小化培训成本感兴趣。因此，为了加强对内容的控制，企业必须在一定程度上牺牲成本；反之亦然。同样的逻辑也适用于职业教育机构和地方政府。对区域技能合作的参与者而言，与各方更广泛的合作意味着放松对培训内容的控制，但是可以显著节约投资成本。相反，小范围合作会导致更强的控制权和更高的成本（Remington，2017a，2018）。根据技能合作伙伴关系的深度和广度，可以划分出四种类型的技能合作伙伴关系。图 4 - 1 给出了技能合作伙伴关系的理想类型，它们有助于对多样性的地方实践进行分类。

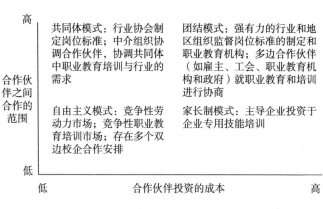

图 4 - 1　技能合作伙伴关系的分类

图 4 -1 的右上角是团结模式。团结模式意味着合作伙伴之间高度的协调和各方高水平的投资。这种模式通常得到覆盖全国范围的组织的支

持，在小规模的北欧国家更常见。这些国家高度融入全球化市场，且在合作伙伴和纳税人之间分摊技能形成的成本并分配收益。团结模式经常出现在协调市场经济体中。该模式的特征是在国家层面上提供就业教育与培训的资助，并建立公私合作伙伴关系，合作伙伴包括中央政府、学校、雇主和工会。法律规定雇主有责任决定它们所在领域岗位所需的资格证书，它们通过覆盖全国范围的行业组织和商会来参与职业教育课程的设置、制定和管理技能鉴定标准。政府教育部门负责职业学校教育的标准化和质量。属于团结模式的德国还有另外两个特征，即传统上赋予职业高度的社会声誉，以及"二战"后企业在劳资冲突中达成的对"社会合作伙伴"重要性的社会共识。

图 4-1 的左下角是自由主义模式。该模式中各方的合作水平和投资水平都很低。自由主义模式经常出现在自由市场经济体中。企业间的合作和企业与地方政府之间的协作都处于低水平。一般来说，由个人支付自己接受义务教育后的教育和培训费用。该模式的特点是劳动力流动性高、收入不平等程度高。企业为专用技能培训付费，个人和企业分担技能培训的大部分风险并分配收益。公办教育体系重视通适性知识，职业教育培训由市场提供。

图 4-1 的左上角是共同体模式。该模式中多方参与协作，但是各方投资有限。共同体模式既存在于协调市场经济体中，也出现在具备自由市场经济体特征的一些国家。多家企业与一个或多个教育机构合作进行培训，协调各方对行业技能组合的兴趣。同一地区、同一行业企业之间"相互挖人"的风险被建立共享劳动力蓄水池的共同利益缓解。中介组织提供信息，监督共同体的成员企业实现承诺，它们为企业间合作提供了强有力的支持。地方政府经常扮演"会议召集人"的角色，致力于吸引商业和教育机构进行协作。在共同体模式下，代表特定行业、聚集在特定地区的集群企业可就该行业的认证和许可标准达成一致意见，并提供实习机会或者其他形式的工作场所学习机会。校企合作有赖于类似行业理事会的组织，后者与大批本地中等和高等职业教育机构合作，以便确保职业教育培训课程能够与行业初级和中等技能岗位的需求相匹配。例如，在美国马萨诸塞州的西马萨诸塞市，纳米技术和生物工程领域的小企业组织成立了"马萨诸塞州先进制造业协作联盟"，该组织的使命之一是协调职业教育培训机构的课程，以满足成员企业的需求，以及开展双元学徒制培训项目的试点（Jackson，2015）。

图 4 - 1 右下角是家长制模式。该模式参与者较少，但是参与各方投入水平高，该模式下常有一家大企业扮演主导角色。若一家企业主导了本地劳动力市场，就可能出现家长制模式。通常在地方政府的支持下，本地教育部门与该主导企业合作以确保教育和培训不仅能够提供企业专用技能，也能够提供可以迁移到行业内其他企业的行业专用技能。在此模式中，职业教育机构高度依赖扮演家长角色的企业提供的物质支持，例如培训设备、设施维护、教师津贴等。主导企业确保职业教育机构中的指导与企业内的工作场所学习形成互补关系。家长制模式一般出现在自由市场经济体中。值得注意的是，在德国也存在家长制模式，小企业依赖于大型领导企业来满足技能需求。

当欧洲制造业企业在其他国家建厂时，也会采用家长制模式。例如，大众汽车等大型德国企业在欧洲之外投资建厂时，会竭力复制本国的双元学徒制模式。大众汽车的海外培训模式包含三个互补性成分，即技术大学中开展的教室内教学、位于或者靠近工厂的实训中心内的在职培训以及生产线上的"学习站"中师傅/教师的监督指导。这种培训制度安排在各地都很相似。例如，大众汽车在美国田纳西州的查塔努加建立了组装厂，该厂与查塔努加社区大学建立了密切的合作伙伴关系。大众汽车在俄罗斯的卡卢加州建立了组装厂，该厂与卡卢加州汽车行业培训中心合作。大众汽车在中国拥有近 30 个生产企业，至 2011 年，已与 29 个当地的高等职业院校建立了合作关系。当大众汽车在其他国家建厂时，若周边没有合适的技术大学，企业就会与其他汽车制造企业合作建立培训中心，或者开展企业内部培训。在每次合作中，大众汽车都尝试将开展双元学徒制培训作为与教育伙伴合作投资的条件。在每一个案例中地方政府官员的支持都是成功的主要条件。①

（二） 地方技能合作的案例

1. 美国

美国若干地区存在着家长制模式的技能合作伙伴关系。一个引人注目的例子是 IBM、纽约市教育局、纽约市政府合作的 P-Tech 项目，该项目为中等技能工作岗位提供知识和技能培训。在为期六年（9～14 年级）

---

① 本段内容基于笔者对查塔努加、卡卢加州、长春、北京和沃尔夫斯堡的大众汽车代表、地方政府官员和专家的访谈。

的项目中，每个毕业生都可以获得高中毕业文凭和技术领域的副学士学位（如计算机或者工程副学士学位）①。此外，学生也有机会获得工作场所实习经验，如合作企业提供的实习机会。IBM 是 P-Tech 项目在纽约市布鲁克林实施过程中的领导企业，项目的成功已使纽约州在全州推广此项目。在佐治亚州的卡罗尔县，大型铜丝电缆制造企业 Southwire 与本县学校设立了双元学徒制项目，该项目激发本地其他企业（例如卡罗尔电力合作社）参与双元学徒制培训。

　　美国南卡罗来纳州的格林维尔县和马萨诸塞州的马尔伯勒均出现了共同体模式的合作。作为对 20 世纪 50~60 年代以来农业和纺织行业长期衰退的反应，格林维尔县当地商业组织和县政府致力于吸引高技能、高工资行业的外来投资。县、州两级的商业领袖意识到税收优惠不足以吸引制造业的外商直接投资，而人力资本是吸引外商投资的关键，因此他们对本地的高等职业教育进行了大力投资。格林维尔技术大学成为该县经济发展战略的引擎。县政府任命的格林维尔技术大学理事会成员包括本地学区、县劳动力发展和投资委员会代表以及大企业代表。企业帮助大学调整课程以适应企业需求。与仅满足特定企业需求的定制化培训不同，大学将新的课程设定为可以满足同一行业内多家企业需求的课程。县政府和州政府密切合作，将地方层面的成功实践扩散到州内其他地区，同时将州层面的项目（如为提供双元学徒制培训企业提供补贴）扩散到县域。同时，县、州两级政府也引入了联邦政府的劳动力发展和职业教育培训资金，来支持职业教育的转型升级。虽然格林维尔县比其他地区更为成功，但其共同体模式与美国南部的此类共同体模式有诸多相似之处：缺乏工会参与，本地（公办）社区大学是商业、政府和教育合作的中心；多家企业与政府合作以便从本地经济发展中受益；与其他县和州的竞争促成了跨政府层级和跨行业部门的合作。通过沟通企业与潜在的外国投资者，并确保他们的技能需求得到满足，县劳动力发展和投资委员会的能力得到了增强。这种共同体模式与团结模式的区别在于企业自己不提供工作场所学习形式的培训，企业依赖本地政府调整社区大学的课程体系来满足自己的技能需求。

　　另一个采用共同体模式的例子来自马萨诸塞州马尔伯勒的 STEM

---

①　IBM，"What is P-Tech?"，https://www.ibm.com/thought-leadership/ptech/index.html，最后访问日期：2020 年 3 月 20 日。

（Science Technology Engineering Mathmatics）项目（Beadle，2019）。这个高中项目为高中生提供早期大学课程学分，以及大量参与职业导向学习的机会。本地区的经济发展情况欠佳，近半数学生属于经济弱势群体或者属于高风险群体，超过 1/4 学生的母语不是英语。本地高中和初中联手与当地一些企业（包括卫生保健、先进制造业和信息技术企业）结成合作伙伴关系，帮助学生获得结构化的学习机会，例如工作实习、做小组项目和顶岗实习。两个本地组织在合作中扮演了中介角色：一个组织是"熟练劳动力合作伙伴"，它在学校中配置了几个专职人员以支持校企合作；另一个组织是"领导力组织委员会"，它由密切参与该项目的雇主构成。

近年来，美国一些州政府开始在全州范围内推行双元学徒制培训，如科罗拉多州的"科罗拉多择业"项目就是推行双元学徒制培训的项目。该项目致力于帮助州内每个公立学区设立有效的双元学徒制项目，该双元学徒制项目为期三年，培训涉及三个地点：高中、社区大学培训中心、在职培训的企业。个人在接受双元学徒制项目培训后，可以选择立即接受工作机会或者继续完成大学学位。双元学徒制的工作岗位领域包括先进制造业、商业运营、金融服务、卫生保健和信息技术。州政府资助的中介组织成为雇主、企业、学校和学区、学徒个人之间的中间人。由于该项目设立不久且规模不大（截至 2017 年 6 月，共有 40 家企业和 116 名学徒参加），现在评估其结果还为时过早。科罗拉多州的实验表明美国各州对开展双元学徒制培训较为关注。佐治亚州、田纳西州和南卡罗来纳州也设立了类似的项目，以开放职业教育培训机会，联结学生与企业。

2. 俄罗斯

真正德国风格的双元学徒制教育在俄罗斯极为少见，在美国和中国也是如此。多数雇主和雇员像自由市场经济体的劳动力一样为自己的培训需求付费。企业与职业教育机构建立双边合作伙伴关系或者集中于企业内部培训。有些企业参与了双元学徒制教育要求的深度合作，在这些案例中，可以看到单一职业教育培训学校与多个企业合作，为学生提供在职培训。例如，坦波夫贸易、公共餐饮和服务业学院与 112 家企业建立了合作伙伴关系，为学生提供实习实训，同时学院与 5~7 家大企业建立了深入的合作关系。调查数据显示，只有 10%~15% 的俄罗斯企业与学校建立的合作伙伴关系涉及合作课程研发和双元学徒制指导。

俄罗斯部分地区和行业的合作伙伴关系类似多企业共同体模式。例如乌里扬诺夫斯克"集群发展中心"和"人力资本发展机构"、坦波夫的"集群委员会"。大企业偏好定制培训项目，特点是高水平的企业投资和对培训内容的高度控制。俄罗斯企业提供内部培训的主要障碍是，法律要求所有提供教育文凭或者证书的机构必须有许可证。一些俄罗斯大企业已经有自己的培训设施并可提供教育资格证书，这促进它们与特定技术大学开展双元学徒制方面的密切合作。

在共同体模式下，俄罗斯出现了形式多样的中介组织，行业或者地方政府机构担任中介组织的情况最为常见。为制定职业教育培训政策，坦波夫州州长在六个行业创建了行业协会。州长监督委员会和职业高中董事会负责监督这些行业协会，每个行业协会都有自己的协调委员会。乌里扬诺夫斯克的航空产业组建了行业委员会来协调培训和雇佣关系。克拉斯诺亚尔斯克的灯具行业协会与本地技术高中合作，为协会的十个成员企业提供教育和培训。萨马拉的机械制造业协会在当地技术高中创建了机电一体化培训中心，并说服其成员企业和地方政府各负担一半的费用。佩尔姆的巨型企业 Proton 制造火箭、汽车和其他先进设备，该企业建立了一个培训中心以满足整个地区的行业技能需求。

3. 中国

中国职业教育领域也出现了家长制模式和共同体模式。与俄罗斯相似，中国的战略产业中经常出现家长制安排，例如铁路产业。产业协会和大企业为本地区的技术学校制定岗位与教育标准，致力于协调学校课程与行业需求。例如，中国中车集团有限公司（以下简称中车）与株洲市的两所高等职业院校（湖南铁路职业技术学院和湖南铁路科技职业技术学院）形成了密切的合作伙伴关系，这两所院校为其提供培训、鉴定服务并颁发技能资格证书。值得注意的是，这两所院校与铁路行业的国有企业有长期合作历史，两者可按照国内和国外市场需求提供双元学徒制培训。作为垄断性企业，中车控制了培训项目的课程内容，同时也提供有经验的培训师、捐赠实训设施、为高等职业院校毕业生提供有吸引力的初级工作岗位。除了中车，其他国有企业也利用这两所高等职业院校进行内部培训。此外，这两所高等职业院校还代表轨道交通企业进行初级和高级的技师和工程师技能资格测试。当受训者通过考试后，这些高等职业院校颁发行业范围内认可的资格证书。

中国的消费品领域出现了共同体模式的探索。广东省专业特色小镇与本地职业院校合作为本地企业提供行业范围内的培训，同时镇政府与高等职业院校、企业和个人分担培训成本。例如，中山市古镇镇与中山职业技术学院合作建立了古镇灯饰学院，该学院得到了镇政府和灯饰产业协会的支持。镇政府投资了价值2100万元的土地、建筑物和设备设施，中山职业技术学院投资了价值850万元的教学设施、师资和学生服务设施。古镇灯饰学院也为灯饰行业中小企业的设计师、生产线管理人员和其他专业人员提供在职培训。

四　公私合作伙伴关系

（一）　构建公私合作伙伴关系的关键因素

上述案例研究呈现出两个构建公私合作伙伴关系的关键因素。第一个因素是地方政府领导的积极参与，特别是地方政府主要领导。在一些案例中，新任州长或市长可以为已有机构（如美国州政府、地方政府的劳动力发展和投资委员会或本地技术大学的咨询委员会）带来活力。地方政府领导还可以将现有项目（如双元学徒制培训项目）拓展至新的行业，或者扩大项目实施的区域范围。另一些案例中的市长或者州长直接领导成立新的委员会，召集商业、教育、其他公民领袖参与从培训到就业新途径的讨论。

值得注意的是，地方政府领导的积极干预并不是技能发展领域公私合作伙伴关系形成的必要或充分条件。领导者的能力和动机不同，他们可以选择将自己的时间和精力聚焦于一系列可能的政策领域。如果他们认为通过协作来提升本地区技能水平是政治上有吸引力的政策建议，他们就有可能建立新组织或者为已有组织带来新活力。地方政治精英的积极参与使学校、企业和政府之间形成了有组织的合作。地方政治精英参与或者推动建立的一系列中介组织可以发挥积极的协调作用，为校企合作提供所需的合法性资源、经济和社会资源，从而降低合作的不确定性。这种努力实际上形成了对校企技能投资的地方化产权保护（章奇、刘明兴，2016）。

第二个因素是精英合作历史。在开展技能领域的新合作时，应对变化的精英合作历史也大有帮助。一个结构合理的跨越教育、市民社会、商业和政府部门的精英网络，有助于一个地区进行制度创新。精英网络中过去精英合作的历史，会使相互间建立信任，形成凝聚力和对本地需求的共同认知。对上述案例的研究发现，美国南卡罗来纳州的格林维尔县、田纳西州的查塔努加和中国湖南省都出现过精英网络的合作。近期对美国制造业衰落地区的研究分析了俄亥俄州扬斯顿和宾夕法尼亚州阿伦敦的案例，讨论了两地精英网络的不同结构，并用精英网络结构的不同解释了两地政府在钢铁行业衰落后寻求经济增长新机会的能力差异（Safford，2009）。近期 Andrei Yakovlev 等的研究倡导关注俄罗斯部分地区——如沃罗涅日和塔塔斯坦——的精英网络在促进经济发展方面的贡献（Yakovlev，Freinkman，and Ivanov，2018）。

挖掘地方精英合作的历史有助于发掘本地区已有的制度资源，并将其用于促进技能形成领域的联合投资。地方政府与企业的合作、企业与企业的合作、地方政府与高等职业院校的合作等，均可以成为校企合作的信任基础，有助于跨组织合作网络的形成，后者被证明是制度创新的有效推动力量（Fortwengel，2017）。简言之，地方政治精英提供的地方化产权保护以及基于精英合作历史形成的组织间合作网络，有利于技能形成领域出现校企合作。

（二）市场结构与校企合作

除了构建公私合作伙伴关系的关键因素外，还有一些因素决定了校企合伙的广度和深度。首先，跨企业组织广泛合作的出现有赖于竞争性的市场结构。广泛的公私合作伙伴关系要求多家竞争性企业合作来扩建可用劳动力的蓄水池，这可以减轻相互挖人和工资竞争的问题。当同一行业、同一劳动力市场中竞争的多家企业尝试与职业教育机构合作，来设立合适的培训项目以满足自身培训需求时，最常出现广泛参与的合作安排。在技能短缺或技能错配的情况下，本地行业协会或者政府机构可以促成多家企业合作设立新的培训项目。在美国南卡罗来纳州格林维尔县的案例中，商会和政府做出了战略性决策，投资于本县的技术学院以扩建当地汽车行业熟练技能劳动力的蓄水池。这意味着商会和政府做出了集体承诺，决定以"高工资、高技能"的经济发展模式取代以往以"低工资、低成本"的纺织业和农业为基础的经济发展模式。简言之，广泛的合作关系一般出现在区域性劳动力市场中，其特点是同一行业的多家企业相互竞争，但未出现垄断性企业。

其次，垄断性市场结构有利于深度合作的出现。若劳动力市场中出现了主导企业，此类企业有时愿意扮演家长角色，承担大部分培训投资成本，这时会出现深度合作。其条件：一是与职业教育机构合作、扮演家长角色的企业在社区中长期经营。与社区的紧密联系使得这些企业愿意内化部分培训成本。高成本合作远远不只是支付部分培训成本或者是企业向院校捐赠设备，它还常常包括在生产现场投入人员担任培训师、支持自己有经验的员工在合作教育机构授课、为受训者和学校实训基地教师支付津贴。二是深度合作需要企业做出持续的组织承诺，通过与职业教育机构合作来协调课程内容和实训内容。这要求雇主承诺付出大量的时间。三是深度投资可以确保雇主对培训内容拥有相当大的控制权。为了实现技能投资收益的最大化，培训企业必须确保自己在招聘过程中享有优先权。工作场所实习使得企业可以在培训期间评价受训者的质量，并为那些最符合企业需求的受训者提供工作岗位。

五　结论

区域层面的公私合作伙伴关系可以通过建立特定地区政府、企业和职业教育机构领导面对面的联系，来部分克服转型经济体的市场失灵。在校企深度合作案例中，在社区深耕多年的企业可选择内化部分外部成本，并与本地职业教育机构合作投资于高成本的联合培训。在广泛的共同体合作关系中，竞争性企业之间以及企业与地方政府、社会组织和职业教育机构之间的联系，有助于说服企业——特别是当它们面临共同的聘用技能劳动力的挑战时——与本地职业教育机构合作设立新的培训项目。恰恰是由于这种合作关系的本地属性，使得企业愿意在技能投资中做出长期承诺。地方政府在校企合作中可以发挥积极的作用，它可以提供经费和激励，也可以召集各方进行讨论，还可以监督和履行共同承诺。地方政府有可能通过提供税收减免、规制和管理程序的简化、贷款补贴和其他物质激励等方式来促进合作关系的形成。地方政府的上述行为形成了事实上对技能合作投资的地方化产权保护。

无论集体行动的主要问题是促成竞争性企业之间的合作，还是激励校企之间进行深度合作，案例研究表明，监督和执行公私合作伙伴关系的制度是关键。正如 Hoffman 和 Schwartz 的观点，中介组织的角色是"教育机构与行业之间的翻译或者联络员"（Hoffman and Schwartz, 2017）。研究者通过案例研究和访谈发现，校企合作初期教育者和行业代表常常"各说各话"。行业以有效生产必备的软能力和硬能力来定义技能，这些能力蕴含在资格证书、认证和"可堆叠"的不同层级的技能（如一级焊接工、二级焊接工）中。教育者面临地方政府规定的毕业要求的限制，这些要求通常围绕特定学科的学分而设定（如代数Ⅰ、代数Ⅱ）。因此协调职业标准和教育标准是一大挑战。以往经验表明这需要大量耗时的讨论和协商，中介组织可以帮助维系校企之间的合作伙伴关系。中介组织可以采取多种形式，但是它们在公私合作伙伴关系中发挥着相似的功能。中介组织可以是政治领袖直接指导下的委员会，也可以是行业协会或商会。在一些案例中，教育机构的理事会或者监督委员会扮演了中介组织的角色。这类中介组织能促成职业标准和教育标准间的协调，监督各方承诺的实现，并制定共同目标。这些区域层面的组织创新可以创造出比较制度优势，正如资本主义多样性理论所倡导的国家层面的政策能带来比较制度优势。

尽管协调市场经济体中双元学徒制培训的地方实践不易扩散，但这种地方创新可以经由其他地区的学习和模仿实现迁移。例如美国马萨诸塞州马尔伯勒的 STEM 项目已吸引了一些其他地区的注意；俄罗斯卡卢加州成功的技能发展模式也吸引了不少其他地区的政府官员来学习。中、美、俄三国的多案例分析表明，基于校企间制度性联系的地方技能合作可以满足多种需求：企业和行业的创新和技能升级；经济和社会发展目标的和谐；劳资双方分担合作的成本、风险和收益；引导全社会对共享利益的关注。中、美、俄三国高度异质性的经济地理环境为多种以技能为导向的校企合作伙伴关系的建立奠定了基础。但是，同样的理由也使得三国最终不可能采用一种统一的模式。

案例研究的发现有助于完善有关的国家和地方政策。当前中国政府正致力于继续搭建技能形成领域国家层面的政策框架，建立激励机制，试图通过中央部委来推动产教融合发展，并激励企业参与职业教育的供给侧结构性改革。本章对中、美、俄三国既有国家层面政策的梳理表明，在高流动性的劳动力市场中，仅仅利用财政激励方式难以支持弥合职业教育机构和企业之间深刻制度分歧的技能发展项目，而地方创新模式可能为促成国家层面政策框架的落地提供一定的借鉴。

第五章　公私合作伙伴关系的协调模式

技能形成领域中，政、校、企三方的合作不只是为了简单的技能生产，也是涉及多利益主体的劳动力市场匹配过程（Marques, Remington, and Bazavliuk, 2020；Remington, 2017b；Yang, 2017）。一方面，政府和公办职业教育院校是公共部门代表，企业和其他社会资本是民营部门代表，三者合作属于公私合作伙伴关系（Public-Private-Partnership，以下简称 PPP）；另一方面，政校企合作会使合作者之间形成复杂的委托 - 代理关系。校企合作不仅涉及基础设施建设，还会涉及教育和培训内容的设计、实施与评价；对校企合作的评价常常是以绩效为基础，基于合同执行；校企合作成本主要由政府经费承担，受训者和企业有时也分担部分成本；校企合作可以提供准公共产品和私人产品，满足个人、企业和行业发展需求。这些特征符合 PPP 项目的特点，因而可以将校企的合作视为特定类型的 PPP 项目，其目标是为产业提供高技能劳动力（Marques, Remington, and Bazavliuk, 2020）。

近年来，我国政府率先在职业教育领域引入 PPP 项目，尝试将社会资本引入技能投资领域，借用市场机制降低政府技能投资的财政压力、提升职业教育和培训的市场相关性，同时提升技能生产的效率和效益（韩凤芹、史卫，2016；韩凤芹、尤伯军，2016）。已有研究尚未从政治经济学视角分析 PPP 项目所面临的集体行动困境，也未能对 PPP 项目实施过程中的协调模式进行"深描"。本章的目标是分析我国职业教育领域 PPP 改革的背景、PPP 项目的特征，并基于案例探讨 PPP 项目的协调模式。

一 PPP 改革的背景

（一）国家技能形成体制的转型

过去数十年来我国技能形成体制的转型是近期职教部门 PPP 改革的主要驱动力之一。国家技能形成体制是指一国职业教育部门的制度环境，它塑造了一国职业教育的发展路径（Blossfeld，1992；Crouch，Finegold，and Sako，1999；Finegold and Soskice，1988；Greinert，1998；Lynch，1994；Ryan，2010）。当今发达工业化国家中存在四种主要的国家技能形成体制。

这种分类方法为理解市场化改革前后我国技能形成体制的变化提供了有益的参考。近年来对计划经济和市场经济转型时期技能短缺的分析，强调我国技能形成体制发生了显著变化（杨钋、王星、刘云波，2017）。20 世纪 50 年代，我国政府采用苏联模式（Remington and Marques，2014），在政府的严格监督和控制下建立起了类集体主义技能形成体制，由国家劳动部门负责匹配国有企业的技能需求和公办职业学校的技能供给（王星，2014）。政府取缔了市场，鼓励国有企业进行内部双元学徒制培训，同时由本地职业学校提供理论课程。这基本上属于企业内部技能养成模式。

20 世纪 80 年代早期的市场经济改革和开放政策，放松了对劳动力市场的管制，取消了国有企业的培训职责。多数国有企业和部委所属的职业教育培训机构被移交给教育行政部门，新职业教育培训体系的特征是以学校为基础的职业技能教育和培训。因此，我国的技能形成体制逐步向国家主义技能形成体制靠拢，即由政府为职前训练提供全方位支持，而企业角色被边缘化（Yang et al.，2016）。与集体主义技能形成体制相比，国家主义技能形成体制下的技能培训由政府提供和资助。以学校为基础的培训替代了原有的工作场所学习，受训者接受了更多的通适性技能培训，而不是行业或者企业专用技能培训。由于企业的边缘化角色和校企联系的疏离，技能错配问题十分严峻（王星，2016a）。在技能市场中，政府、企业和培训机构之间缺乏集体合作，导致职业教育培训提供的技能与市场需求的相关性下降。如何将企业重新纳入职业教育培训体系成为我国技能发展面临的挑战。

（二） 扩招和职业教育发展的财政压力

我国率先在职业教育领域引入 PPP 模式有社会经济和财政原因。人口结构变化和政府面临的高财政压力，为职业教育领域引入公共部门与社会资本的合作奠定了基础。20 世纪 80 年代中期至 90 年代早期，中央政府决定加快发展职业教育，职业教育培训部门开始扩张。至 90 年代中期，中央政府在教育体系中引入了"多元化筹资战略"，允许公办职业学校收取学费，这刺激了 20 世纪 90 年代后期和 21 世纪早期职业教育的扩张。高等职业院校数量从 2000 年的 442 所激增到 2016 年的 1359 所，中等职业教育招生数从 2000 年的 470 万人增加到 2009 年的 870 万人（Ministry of Education，2016）。

随后，人口结构变化和高等教育扩张给职业院校带来了入学人数不足和财政投入不足的双重压力。随着适龄人口总量减少以及普通高中与普通高等教育的扩张，中等职业教育总在校生人数从 2010 年的 2230 万人减少到 2016 年的 1590 万人。中央政府从 2007 年开始实施中等职业学校学生资助政策，2012 年将免学费政策扩展到所有农村和城市低收入家庭学生。这导致公办职业学校收入结构的显著变化。2008～2015 年，政府拨款比例从 55% 提升到 74%，学费比例从 40% 降到 20%，社会资本比例从 1.6% 降到 1.1%（韩凤芹、尤伯军，2016；韩凤芹等，2016）。政府投入增加和社会收入下降产生了两个重要后果。一方面，职业院校不再依赖市场收入，它们缺乏与企业合作来提升教学质量的动力；另一方面，职业院校收入结构的变化给中央和地方政府带来了极大的财政压力。对公共财政收入的严重依赖与职业教育机构的可持续发展相悖。因此，有必要将社会资本重新引入培训市场。

（三） 克服集体行动困境的方式

由于企业被制度性地排斥在职业教育体系之外，政府又面临沉重的财政压力，国家开始考虑将 PPP 作为解决培训市场问题的新方式。在我国，PPP 是指为了提升公共产品和服务的供给能力、提升服务效率，政府通过特许经营、服务购买和股权合作等方式来建立与社会资本的长期、互利和风险共担的合作（韩凤芹等，2016）。

2014 年，职业院校成为首批尝试利用 PPP 的公共服务领域（陈晟 、韩凤芹，2016）。进行 PPP 试点背后有三大原因。一是 PPP 可能改变政府在职业教育中的角色，提升培训的质量和效率。传统上政府在职业教育中扮演三种角色：所有者、规范者和职业教育服务的供给者。政府直接介入公办职业学校的日常运营，将科层制逻辑扩散到学校的行政和教学过程中。通过与社会资本合作，可以将市场机制重新引入职业教育部门的资源配置、行政管理、运营和评价体系。社会资本可以带来管理和运营方面的市场经验，提高公办职业学校运营方面的效益。二是 PPP 可以整合职业教育和产业需求。通过与社会资本合作，公办职业学校可以与企业合作来调整人才培养方案、课程和教学。与遵从地方政府的指导相比，PPP 允许公办职业学校更密切地跟随市场需求，通过提供市场相关技能来获得合法性。三是 PPP 可以拓宽公办职业学校的收入来源。通过允许社会资本投资于职业教育部门，PPP 使公办职业学校建立起多元化筹资渠道，减轻了地方政府财政负担。社会合作伙伴还可以通过 PPP 项目在公办职业学校中获得与政府相似的话语权。

总而言之，PPP 项目通过给地方政府、企业、学校和其他社会合作伙伴带来合作激励克服了职业教育部门集体行动的困境。PPP 项目要求社会资本与地方政府一起投资职业教育，这种合资形式可以确保双方做出可信承诺。PPP 项目同样强制社会资本与地方政府签署具有法律效力的合同，使得它们在合同期内的合作制度化。这些机制有助于克服技能投资的集体行动困境。

二　我国职业教育领域的 PPP

PPP 是教育体系中的新现象，教育类 PPP 的目标是扩大教育机会供给和改善教育产出质量（刘明兴、田志磊，2017）。对教育类 PPP 可以从两个角度进行分类。一种是从国际经验来看，教育类 PPP 可以分为三大类：一是教育基础设施类，指教学楼、宿舍、实训基地等基础设施的建设和维护；二是"基建＋运行"的捆绑式合同，指社会合作伙伴既负责基建，也负责学校运营；三是非基建类，包括管理服务（提供财务管理和人力资源管理服务）、专业性服务（提供教师培训、课程设计、教材交付和附加服务）、支持性服务（提供早餐、校车等）、运营服务（过程服务，承担学校日常运营的全部责任，包括教学、财务管理、教师聘任、专业性服务和建筑维护等）、教育服务（提供产出服务，民办职业学校提供就读机会）（Patrinos，Barrera-Osorio，and Guaqueta，2009）。另一种是考虑产权（涉及产权和不涉及产权）和生产者（公共部门和私营部门）这两个维度，将教育类 PPP 划分为四种类型：公共部门提供、私营部门部分出资模式（如印度和牙买加的国家培训基金体系）；政府提供、私营部门参与学校运营（如美国和新加坡的校企合作项目）；私营部门提供、回归公共部门模式（如印度尼西亚和尼日利亚的 BOT 和 BOOT 模式）；私营部门提供、政府出资模式（如政府减免学费、提供专项补贴、税收减免等方式资助民办职业学校等）（刘云波、涂晓君，2019）。

近年来，我国政府颁布了多项政策来支持校企合作、规范 PPP 项目的发展。2005 年的《国务院关于大力发展职业教育的决定》、2010 年的《中等职业教育改革创新行动计划（2010～2012 年）》都强调加强职业院校和产业伙伴的合作。2014 年的《国务院关于加快发展现代职业教育的决定》呼吁通过混合所有制建立新型民办职业院校。2014 年教育部等六部门印发了《现代职业教育体系建设规划（2014～2020 年）》，进一步鼓励社会资本投资职业教育，建立多元化的投资机制（韩凤芹等，2016）。2002 年的《民办教育促进法》及 2016 年的《民办教育促进法实施条例（修订草案）征求意见稿》明确了混合所有制学校和以 PPP 作为社会资本进入教育部门形式的合法性。这些政策为 PPP 在职业教育部门的试点奠定了政策基础。除了国家政策框架外，不少地方还出台了地区性 PPP 政策。

国务院和教育部是职业教育政策的主要制定者，财政部和国家发展改革委也在 PPP 政策实施中扮演了重要角色。财政部于 2014 年颁布了《政府和社会资本合作项目政府采购管理办法》，2016 年又起草了《政府和社会资本合作项目财政管理暂行办法》，推动了国务院出台规范 PPP 的规章制度。从 1995 年开始，财政部与 19 个部委合作实施 PPP 试点项目，从各个地区选择了 700 个项目。截至 2017 年 6 月，已经实施 495 个项目（71%），涉及 15 个行业的 785 个社会合作伙伴。2015 年财政部政府与社会资本合作中心成立，该中心建成了全国 PPP 公共服务项目数据库。截至 2017 年 8 月，该数据库中共有 658 个教育类 PPP 项目，其中 7 个为全国 PPP 示范项目，9 个为省级 PPP 示范项目。国家发展改革委也建立了 PPP 项目数据库。截至 2015 年 5 月，该数据库中有 1043 个项目，其中 47 个为教育类 PPP 项目，来自江苏、山东、贵州、云南等省。

职业教育领域的 PPP 采用了多种模式，例如校园基础设施建设、实训基地和宿舍建设、购买设备和设施、师资培训、课程设计和后勤服务等。目前，从内容来看，主要有三种模式（陈晟、韩凤芹，2016；韩凤芹、史卫，2016）：一是教育服务类 PPP，这类 PPP 主要为人才培养提供教育服务。这类 PPP 的目标是提升教学服务质量、提升毕业生就业前景。公办职业院校一般与产业伙伴、行业协会或者企业签订教育服务合同，服务内容涉及专业和课程设计、考试管理和评价、教学评估、实习安排，以及教学资源合作等。公办职业院校与企业开展的校企合作属于教育服务类 PPP，其中包括企业设置冠名班、企业设置冠名学院、开展双元学徒制项目等。二是基础设施类 PPP。对新学校与社会资本的合作，政府选择 BOT 模式（建设－运营－转交模式）。地方政府先与社会资本合作建立特殊目的合作企业，然后再与特殊目的合作企业签订 PPP 合约，后者负责筹资、设计项目及建设、运营和维系基础设施。地方政府监督和评价建设结果，并以财政拨款和支付设施使用费的方式向社会资本付费。合同终止后，社会资本将运营的设施转交给学校或地方政府。对现有学校与社会资本的合作，地方政府常选择 TOT 模式（转交－运营－转交模式）。在此模式下，地方政府或者学校将基础设施转交给社会资本，后者负责运营或管理。在合同期间，社会资本收取管理费。当合同终止时，社会资本将设施转交给政府或学校。三是整体运营类 PPP。在这种模式下，地方政府将职业学校的运营全部交给社会合作伙伴，包括教学和设施建设。

在地方实践中，上述模式与当地具体情境结合，发展出多种模式，其核心是盘活职业教育存量资源。我国中西部地区先后出现了三种合作模式。第一种是模块式外包模式，将学校运营的某一个子系统剥离出来，转交给更具有专业优势的私营部门来承包。其内容包括管理服务、专业性服务和支持性服务。第二种是专业层面的整体式外包模式。在具体分工方面，公办职业学校提供基本办学条件、承担文化基础课和专业基础课的授课以及学生管理工作，民办职业学校提供实训设备、专业师资和符合行业需要的课程。第三种是公办职业学校的改制模式，地方政府将学校产权让渡给私营部门，地方政府继续予以人力、财力支持，同时对改制学校拥有不同程度的控制权（刘明兴、田志磊，2017）。值得注意的是，同一种合作模式在不同环境中可能成功，也可能失败，这与社会合作伙伴能否做出可信承诺，以及地方政府能否积极协调公办职业学校与社会合作伙伴的关系高度相关。已有研究指出职业教育领域 PPP 的最大贡献在于通过引入社会合作伙伴，补充职业教育发展的关键要素，唤醒沉睡的存量资源,为职业教育发展注入活力(田志磊,2015)。

三 PPP 项目的协调模式及其特征

目前,多数财政部和国家发展改革委运营的 PPP 属于基础设施类 PPP,而非教育服务提供或者委托管理类 PPP。尚未有研究讨论包括校企合作在内的教育类 PPP 项目的协调模式。本章发展出一种对教育类 PPP 项目的协调模式进行分类的方法,力图刻画企业和地方政府在 PPP 中的角色。

(一) 研究方法和数据收集

本章基于笔者在全国四省、七个城市开展的多案例研究。多案例研究是应用多种数据收集方法,从多个实体(个人、群体或组织)获得信息,并在某种现象的自然环境内调查这种现象的研究方法。它是对定性理论假设的验证,在很大程度上是探索性的,回答"如何"以及"为什么"的问题(Benbasat and Goldstein,1987;Lee,1989)。多案例研究不仅允许跨案例比较,以帮助明晰案例现象或事件可能会在何种情境下发生,还可以帮助研究者基于收集到的经验数据生成具有较高普适性的类属,有助于准确了解特定条件和类属之间的关系(Yin,1993;休伯曼,2008)。这种方法在社会科学研究中得到了广泛的应用(胡查平、汪涛、胡琴芳,2019;严玲、崔健,2011;张喆、黄沛、张良,2005)。

本研究采用理论抽样方法,考虑以下几个方面的因素。一是遵从可复制的逻辑原则,即选择多个案例作为一系列独立的实验进行研究,可使案例之间进行反复验证,为证实或者驳斥其他案例不断产生的新概念提供服务(胡查平、汪涛、胡琴芳,2019)。二是所选择的城市和产业具有一定代表性。这些城市包括广东省中山市、福建省晋江市和泉州市、湖南省长沙市和株洲市、江苏省苏州市和太仓市。上述城市是中国沿海和内陆制造业发达地区的代表性城市,分别代表了珠三角经济区、长三角经济区、长株潭经济区。这些城市经济发展较好,有强大的制造业和服务业生产能力,技能劳动力供求矛盾突出。研究团队在中山市考察了五大行业,包括灯具、电梯制造、白色家电、家具、纺织行业(2016 年12 月);在晋江和泉州考察了集成电路、纺织面料和鞋服、卫生用品和化学纤维行业（2017 年 4 月）；在太仓访问了精密仪器制造和汽车配件行业（2016 年 4 月和 2017 年 7 月）；在苏州考察了电子和汽车配件制造行业（2016 年 4 月和 2017 年 7 月）；在株洲和长沙主要访问了铁路、服务业和汽车配件行业（2016 年 12 月和 2017 年 6 月）。这些行业也是上述城市的代表性行业。研究希望通过对这些典型城市和行业的分析，找出成功实施职业教育领域 PPP 的一般规律和原则。

开展多案例研究需要运用多元方法，采用多样的理论视角，从不同信息源收集数据，以实现三角互证（Milner，2007）。因而，研究者选择了多个数据源，包括对政、校、企、行业协会或商会等的代表进行访谈，广泛收集案例企业和职业院校的档案等二手资料，还对相关企业和院校进行了实地调研。本研究涉及不同行业企业，以及中等职业学校、高等职业院校和应用技术大学。具体而言，在每个城市，研究者访谈了企业的负责人或人力资源部门负责人、职业教育培训机构负责产教融合的副校长、教育局与人力资源和社会保障局的相关负责人、当地商会或产业协会负责人，以及当地工业园或其他中介组织的负责人。访谈的目的是了解该地方政府、企业、职业院校之间 PPP 的特征，以及地方政府或企业如何协调它们之间的合作。

在案例分析中，研究者基于备忘录、田野笔记、录音资料和档案绘制了结构性图表，并在此基础上进行了主轴编码分析。通过开放性翻译编码、主轴编码和选择性编码，逐步挖掘原始数据的属性、类别及其相互关系（胡查平、汪涛、胡琴芳，2019），最后建立理论框架，并通过与文献的对话得出分析结论（Corbin and Strauss，1990）。

（二）PPP 项目的协调模式

职业教育领域的 PPP 是一种政府与社会合作伙伴间的特定合作，其目标是提供技能劳动力。本部分基于多案例分析和政治经济学与集体行动相关的文献（Remington，2016；Thelen，2004），发展出一种对此类 PPP 项目的协调模式进行分类的方法。本研究从两个维度出发对 PPP 项目的协调模式进行分类。

第一个维度是企业间协调水平，它衡量了企业参与 PPP 的程度，以及同一行业内企业联盟的范围。这种联盟是提升职业教育与劳动力市场匹配度的重要工具，此外，它也能促成技能培训中的集体行动，防止在同一行业内部相互挖人（Hall and Soskice，2001b；Thelen，2004）。这种协调会涉及行业协会，得到行业协会的支持。若缺乏企业间协调，就会出现分割主义技能形成体制的一些特点，其中大企业利用内部培训来满足自己的技能需求，或者与职业学校建立一对一的合作关系（Remington and Marques，2017）。

第二个维度是地方政府协调水平。资本主义多样性理论认识到地方政府作为技能投资者的角色，而组织学分析的三螺旋理论强调了地方政府在创新中的协调者角色（Etzkowitz，2008；Etzkowitz and Leydesdorff，2001；Thelen，2004）。这些研究将地方政府视为技能形成场域中的关键行动者，而不是外部规范力量。高水平的地方政府协调意味着地方政策制定者能够直接支持职业教育领域的PPP。例如，地方政府可以为当地产业园或者高科技园区内中的多家企业提供技能培训；为校企合作提供优惠的税收政策、资金和设施；设立准市场化的人力资源机构来为相关企业提供培训，或者将本地企业的技能需求与本地职业教育机构的人才培养方案相匹配。反之，低水平的地方政府协调意味着地方政府较少与行业进行技能发展合作，偏向于引入市场机制来满足本地技能需求。上述两个维度定义了四种PPP项目的协调模式，见图5-1。

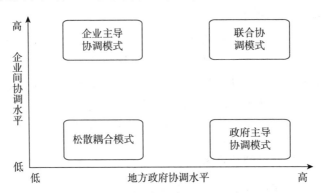

图5-1　四种PPP项目的协调模式

图5-1的左上角是"企业主导协调模式"，其特点是高水平的、同行业企业间的协调和较少的地方政府协调。在此模式下，培训被视为商品市场中的俱乐部产品，企业在此市场中参与"有组织的竞争"，即同行业企业在行业或产业协会的支持下形成技能联盟。这种协调模式有两种典型的运行方式。第一种是由行业或产业协会与本地大企业合作，提供行业专用技能培训来满足产业链企业的需求。这经常出现在垄断性行业内，如株洲市轨道交通行业中出现了这种模式（雷明顿、杨钶，2019）。

第二种是由行业协会协调本地中小企业的技能培训，如江苏省太仓市精密仪器制造行业出现的情况。太仓高新技术开发区欧商投资企业协会在技能协调方面发挥了积极的作用，它们与中等职业学校合作设立双元学徒制培训项目，满足了德国中小企业的技能需求。

图 5-1 的左下角是"松散耦合模式"，其中企业间协调水平低、地方政府参与程度也较低，实际上缺乏对 PPP 项目的协调。在这种模式下，培训被视为竞争性市场中的私人产品。这种模式导致职业教育培训领域出现大量一对一的校企合作。地方政府为校企合作提供一般性指导，但是未提供具体激励机制。中国多数地区存在这种模式。

图 5-1 的右下角是"政府主导协调模式"，该模式中地方政府协调水平高、企业间协调水平低。在此情况下，技能培训被认为是市场中的准公共产品，由地方政府负责提供。这种模式是计划经济时期政府主导培训传统的产物。与计划经济时期的政府管控不同，当前地方政府不再直接匹配行业需求和职业院校的供给，而是扮演着产业园区内跨企业培训中介机构的角色。广东省中山市和江苏省苏州市都出现了此类协调模式。在苏州工业园区，出现了一家准市场化运营的人力资源机构，它负责协调园区内制造业企业的技能培训。国家中山火炬高技术产业开发区内也出现了培训委员会，它负责公共实训基地和创新试验区的运营，其成员来自多家政府机构和本地职业院校。

图 5-1 的右上角是"联合协调模式"，其中地方政府协调和企业间协调的水平都很高。培训被看作市场中的准公共产品，地方政府通常将培训作为其产业政策的有机组成部分，优先为本地主导企业提供培训服务。作为回报，主导企业负责协调自己产业链上、下游企业的培训需求。典型的案例是福建省晋江市的卫生用品行业，其中福建恒安集团有限公司与政府合作建立起区域卫生用品行业的技能培训体系。

（三）PPP 项目协调模式的特征

基于多案例分析，本研究发现每种协调模式的协调者、参与者不同，导致培训合作类型、成本分担方式、技能形成主体和生产所需的技能类型不同。本研究尝试归纳出企业主导协调模式、政府主导协调模式和联合协调模式三种模式的主要特征（见表 5-1），并通过案例加以说明。

表 5 - 1 三种 PPP 项目协调模式的主要特征

城市	协调者	参与者	培训合作类型①	成本分担方式	技能形成主体	生产所需的技能类型
政府主导协调模式						
中山市	工业园区管委会、镇政府	大型国有企业、中小私营企业、职业院校	产品混合、组织混合（高等职业院校的产业学院）	地方政府投资，产业支持	以职业院校为基础的培训，广泛的企业实习	行业专用技能
苏州市	工业园区管委会	私营大中小型企业	产品混合、产权混合（孵化器）	地方政府、职业院校和企业	以职业院校学校为基础的培训，校内跨企业实训中心	行业专用技能
企业主导协调模式						
株洲市	行业协会、大型国有企业	中小企业、职业院校、市政府	产品混合、组织混合（创新平台、职教集团）	企业和地方政府	以学校为基础的培训，深度工作场所培训	行业和企业专用技能
太仓市	行业协会、县政府	职业院校、德国工商大会、德国中小企业	产品混合、组织混合（跨企业培训中心、双元学徒培训中心）	以企业投资为主，地方政府支持	企业双元学徒制培训	企业和行业专用技能
联合协调模式						
晋江市	大型国有企业、市政府	职业院校、研究型大学、行业组织、产业组织	产品混合、组织混合（产业学院、企业二元制培训中心）	企业和地方政府	企业双元学徒制培训，以职业院校为基础的培训	企业和行业专用技能

1. 政府主导协调模式

在制造业高度集中地区常出现政府主导协调模式，当地产业集聚导致对行业专用技能的高需求。一般来说，地方经济开发区或者工业园区管委会是培训的主要协调者，本地行业和职业院校积极参与技能生产。在这种协调模式下，地方政府通过公办职业学校为企业提供行业和企业

---

① 高等职业院校和企业的合作一般采用三种形式：一是产品混合，其中高等职业院校为企业提供熟练劳动力；二是组织混合，即出企业和高等职业院校联合建立特定的产业学院；三是产权混合，即企业或者其他社会合作伙伴成为混合所有制高等职业院校的股东或者董事会成员。

专用技能。有时地方政府也投资共享公共实训基地，或者为同一行业的多家企业提供跨企业培训中心。苏州市和中山市都出现了由当地政府积极协调的 PPP 项目。

中国和新加坡两国政府于 1994 年联合创办了苏州工业园区。在新加坡政府建议下，1997 年工业园区建立了自己的高等职业院校——苏州工业园区职业技术学院，园区管委会通过一家中介机构来协调园区的技能培训。学院与园区的中介机构密切合作，后者同时履行当地人力资源和社会保障部门与教育部门的职责。中介机构通过与学院和其他营利性培训机构合作来组织跨企业培训。园区管委会通过中介机构为现有劳动力提供培训，或者通过学院提供学位项目、技能认证和在职培训。苏州案例的特点是利用中介机构解决技能投资难题。在缺乏行业协会和商会参与的条件下，中介机构可以通过识别紧缺培训需求和定期发布人力资源供求信息来促进技能供求信息的流动，通过建立主导企业和职业院校之间的策略性合作来满足区域培训需求，并代表政府解决劳资矛盾。与促进校企一对一合作不同，中介机构可以收集跨企业的市场需求，并与本地供给相匹配。

国家中山火炬高技术产业开发区建立于 1990 年，是中国最早的国家级高科技园区。园区管委会与国有企业和私营企业在不同行业密切合作。2004 年园区管委会建立了中山火炬职业技术学院，并通过为学院和跨企业公共实训基地提供运营经费，承担了本地职业教育培训的主要成本。除了为园区内企业提供熟练技能劳动力外，在园区管委会支持下，中山火炬职业技术学院成立了六个专门化的产业学院，这些学院提供多种类型的培训，包括双元学徒制项目培训、合同培训、企业培训等，这些培训吸引了更多的企业落户园区。

2. 企业主导协调模式

在产业集聚区，有时企业通过"有组织的竞争"来实现技能合作。在企业主导协调模式下，行业协会或者商会可以扮演协调者角色，此时中小企业、大企业和职业院校是培训的关键参与者。企业和地方政府分担多类型培训项目的成本，包括院校内培训、高强度的工作场所培训，甚至企业双元学徒制培训，重点发展行业专用技能和企业专用技能。江苏省太仓市出现了企业主导协调模式。

自 1990 年以来，德国制造业中小企业逐渐迁移到太仓市，之后在太仓的中德（太仓）中小企业合作示范区开始运营。德国中小企业开始与太仓中等专业学校合作建立跨企业培训中心。2001 年学校在克恩－里伯斯（太仓）有限公司的帮助下，建立了"德国技师培训中心"。2007 年 AHK－上海与苏州健雄职业技术学院合作建立了德国工商大会跨企业专业技术工人培训中心。行业协会也可以促使主导企业与当地职业院校合作设立双元学徒制培训项目。例如，苏州健雄职业技术学院 2005 年与舍弗勒（中国）有限公司合作建立了舍弗勒（中国）培训中心，2013 年与海瑞恩精密技术（太仓）有限公司合作建立了海瑞恩学院。2015 年苏州健雄职业技术学院、同济大学和舍弗勒（中国）有限公司合作设立了本科层次的双元学徒制项目。

3. 联合协调模式

当企业间协调和地方政府协调都处于高水平时，可能出现联合协调模式。在此情况下，大型国有企业或者私营企业与地方政府合作来促进特定行业的培训。职业院校、研究型大学、产业组织和中小企业都可以参与此类技能合作。培训一般采用双元学徒制模式或者以职业院校为基础的培训。这种模式有助于行业和企业专用技能的生产。

晋江市的卫生用品行业与纺织面料和鞋服行业出现了联合协调模式。在晋江市科技局、教育局与人力资源和社会保障局的支持下，恒安集团有限公司（以下简称恒安集团）联合福建省卫生用品商会、泉州理工职业学院联合培训卫生用品机械制造和维修专业学生。此外，恒安集团和其他 39 家卫生用品商会成员成为泉州理工职业学院卫生用品学院的理事会成员。该卫生用品学院的毕业生可进入恒安集团的上游企业（卫生用品机械制造企业）和下游企业（后勤和销售企业）工作。地方政府通过促进此类校企合作支持了卫生用品行业的自动化和产业升级。

为促进纺织面料和鞋服行业的产业升级和自动化，晋江市政府鼓励并支持建立了泉州轻工职业学院。该学院成立于 2009 年，属于混合所有制院校，由五家企业筹资建立。该学院的课程和专业反映了投资企业的需求，许多毕业生也在当地企业就业。地方政府通过促进这个学院的发展促进了跨企业培训和当地产业的转型升级。

四　结论

我国职业教育领域的 PPP 并非新现象，职业院校与企业之间的技能合作是涉及多利益主体的 PPP（韩凤芹、史卫，2016；韩凤芹、尤伯军，

2016；韩凤芹等，2016）。当前，财政部和国家发展改革委支持的 PPP 多是职业教育领域的基础设施类 PPP，较少关注教育服务类 PPP，学界也缺乏对此类 PPP 合作机制的讨论。以校企合作为代表的教育服务类 PPP 可以通过为政府、企业、职业院校和其他社会合伙伙伴提供激励，有效解决技能合作的难题。它需要社会合作伙伴与地方政府一起投资职业教育，这种联合投资可确保双方做出可信承诺。

从历史上看，由于"挖人"风险的存在，企业之间难以在培训投资方面达成合作（Finegold and Soskice，1988；Hall and Soskice，2001b）。职业教育领域 PPP 项目的协调模式，有助于克服此类集体行动困境。本研究定义了四种 PPP 项目的协调模式，即政府主导协调模式、企业主导协调模式、联合协调模式和松散耦合模式。在企业主导协调模式中，行业协会或商会协调同一行业中企业的技能培训需求，并与本地职业院校合作提供培训。企业分担培训成本，并能以较低的成本获得高质量员工。这种跨企业合作的实现依赖于特殊的环境条件。在太仓案例中，德国中小企业长期在本国的集体主义技能形成体制中运营，并将此传统带到了东道国的生产基地。在这两个案例中，禁止挖人策略不仅是可行的，而且对成员企业有益。

政府主导协调模式的特征是利用培训市场中的中介机构来进行协调。这种半市场化的中介机构发挥了双重作用：作为政府部门来为本地企业和居民提供社会保障服务；作为营利性机构为雇主和员工提供人力资源服务。苏州工业园区的中介机构收集行业技能需求信息，并与本地职业院校和培训企业合作提供跨企业培训。在联合协调模式中，地方政府促成行业协会与主导企业合作，来为上游和下游企业提供技能培训。

从效果上看，本研究的多案例分析表明职业教育领域的 PPP 有可能缓解中国的技能短缺和错配情况。除了传统的校企合作，2014 年以来中国政府在中等和高等职业教育中引入了多种新型 PPP。本研究认为成功的 PPP 依赖于其背后的协调模型，后者可以帮助克服培训市场中的集体行动困境。本研究表明行业协会和商会可以促进跨企业培训；地方政府支持的中介机构可以匹配本地培训的供求；主导企业可以与地方政府合作提供正式的学位培训项目。

从理论视角来看，政府主导协调模式和联合协调模式在一定程度上促成了地方化产权保护。本研究认为，在给定的激励机制和约束条件下，地方政府可以提供公共产品（如信息、社会保障、优惠信贷、优惠合同、财政投入、土地用地优惠和税收）来支持企业和职业院校的合作，类似于它们为民营经济提供了"帮助之手"（章奇、刘明兴，2016）。地方政府采取的各种策略和提供的公共产品形成了对企业和职业院校技能投资事实上的地方化产权保护。这种因地制宜的地方化产权保护可以降低企业参与技能合作的收益不确定性，降低投资成本，克服跨企业技能合作和校企合作的集体行动困境。各个区域技能形成领域 PPP 协调模式效果的差异，在很大程度上反映了地方政府提供地方化产权保护能力的差异，以及区域禀赋的不同。

遗憾的是，PPP 协调模式在中国属于特例，而非普遍情况。它们通常涉及特殊行业（例如天然具有垄断性质的行业）、特殊类型企业（例如有长期双元学徒制培训经验的德国中小企业）、特殊地理区域（例如苏州和晋江等经济发达地区的工业化集聚区）。在未能建立有效的地方化产权保护的地区，就很难将这些成功经验进行复制。地方化产权保护有助于社会合作伙伴与政府技能合作的制度化，这也是下一章关注的内容。

尽管如此，职业教育领域的 PPP 在中国仍然大有可为。首先，深化PPP 改革，允许社会资本采用整体运营方式参与 PPP 项目，可能会创建更好的协调模式。晋江案例表明，本地主导企业可以在政府的支持下投资混合所有制高等职业院校或者混合所有制产业学院。在整体运营 PPP模式下，这些企业可以一方面投资校园建设和设施建设，另一方面通过教育服务收费，在获得高技能人才的同时回收基础设施投资。通过这个方式，大企业为整个产业提供了行业专用技能，并以较低的成本获得熟练技能劳动力。

其次，发展职业教育领域 PPP 的另一种选择是促进培训市场中介机构的发展。正如雷明顿所言，"职业教育培训中的中介组织衔接企业与雇主组织、教育和培训机构、政府部门，有时还有其他组织（如工会、非营利性组织、智库等），以便匹配职业教育机构的教育和培训活动与雇主对高质量雇员的需求……它们追求三个目标：服务于雇主对合格劳动力的需求，提升产业、地区或国家整体的生产力和竞争力，以及社会整合"（Remington，2017c）。在我国的语境中，随着政府角色的调整，政府逐步向社会放权，职业教育领域中准市场化的中介机构有望发展为有效匹配培训需求和供给的组织。

第六章　校企合作创新的制度化

如何实现可持续的区域内校企合作呢？一种可行的方式是促进校企合作的制度化。制度化是指某一具体社会现象或者组织由非正式形式发展为正式系统，或在组织内部或者组织之间扩散，并取得合法性的过程（张创新、赵蕾，2005；朱亚鹏，2014）。校企合作的制度化是指双方合作逐步规范化和有序化的变迁过程。本章将技能形成领域的校企合作视为高等教育领域的一项创新政策，应用高等教育创新制度化的理论框架，重新审视了我国校企合作创新如何实现制度化。

一　高等教育创新政策

创新体系和创新政策是国家、地区或产业提升经济竞争力的重要工具（Cantwell，2006）。国家、市场和社会的关系决定了创新体系和创新政策的多样性和后果（顾昕，2017）。创新政策不仅出现在政治和市场领域，在社会发展领域也广泛存在，例如高等教育、卫生和社会保障领域等。高等教育在国家和区域创新中发挥着日益重要的作用（Etzkowitz，2004，2013；Mowery and Sampat，2005）。近年来，各国高等教育改革的目标之一是推动高校与创新体系中的其他主体互动（Dill and Vught，2010）。以创新为目标的高等教育改革不仅推动了高校定位和功能的转变，还改变了高校与政府和市场的关系。学术界广泛采用"学术资本主义"（Slaughter and Leslie，1997）、"创业型大学"（Clark，1998；Etzkowitz，2004）、"知识生产模式"（Gibbons，1998）、"作为产业的高等教育"（Gumport，2000）和"高校的第三种使命"（Etzkowitz，1994）等来描述高校对创新体系的贡献和高等教育部门的内部创新，以及高校与其他创新主体的互动。

在创新型国家的建设过程中，各国政府逐步采用新公共管理理论来指导高等教育创新政策的制定（Clarke and Newman，1994）。高等教育创新政策既包括研究型大学的发展战略，也涉及高等职业教育的扩张和产教融合政策。近年来，我国初步形成了高等职业教育的创新政策体系。2006 年，教育部和财政部正式启动了"国家示范性高等职业院校建设计划"。2010 年，《教育部、财政部关于进一步推进"国家示范性高等职业院校建设计划"实施工作的通知》提出，在原有已建设 100 所国家示范性高等职业院校（以下简称示范校）的基础上，新增 100 所左右的国家骨干高等职业院校（以下简称骨干校）。2019 年的《教育部、财政部关于实施中国特色高水平高职学校和专业建设计划的意见》以及《中国特色高水平高职学校和专业建设计划项目遴选管理办法（试行）》[1] 提出，国家要围绕办好新时代职业教育的新要求，集中力量建设 50 所左右的高水平高职学校和 150 个左右的高水平专业群。上述政策构成了高等职业教育领域创新政策的主体脉络。

高水平高职学校与专业群建设的基础是校企深度合作、产教高度融合（王继平，2018）。教育部与财政部遴选高水平高职学校和专业群的条件之一是校企深度合作，即通过高质量的校企合作为高等职业学校和专业群发展提供所需的资源、师资、课程、实习实训、管理服务等[2]。发展高质量、深层次的校企合作是中国特色高水平高职学校和专业建设的必由之路，是高等职业教育创新的突破口。

校企合作深化需要理论的引导。已有研究分析了校企合作形态与国家技能形成体系的关系（马凯慈、陈昊，2016；雷明顿，2016；王星，2016c）。另一些研究关注公私合作伙伴关系在职业教育领域的应用，深入讨论了政治、经济和社会因素对校企合作成本及深度的影响（Remington，2017a，2017b；Remington and Marques，2020；Yang，2017）。通过对跨国企业人力资源战略的分析，有学者讨论了双元学徒制等高质量校企

---

[1] 本书将上述两个文件所指的项目简称为"双高计划"。

[2] 例如，《中国特色高水平高职学校和专业建设计划项目遴选管理办法（试行）》第十一条和第十二条明确提出，进入"双高计划"的学校必须达到"学校人才培养和治理水平高，在产教融合、校企合作方面成效显著，对区域发展贡献度高"的标准，专业群必须达到"专业群定位准确，对接国家和区域主导产业、支柱产业和战略性新兴产业重点领域……与行业企业深入合作开展科技研发应用，科研项目、专利数量多"。

合作模式的制度化和跨国迁移（Fortwengel and Jackson，2016；Pilz，2009，2016b）。遗憾的是，尚未有研究深入讨论在"双高计划"背景下，校企合作创新如何制度化，以及校企合作创新制度化的现状和影响因素。

为填补上述研究空白，本章讨论了高等职业院校中校企合作的创新过程及其影响因素。首先，本章对高等教育创新文献进行综述。其次，本研究基于文献综述讨论了校企合作创新制度化的过程。再次，采用量化方法评价了合作形式和院校类型对校企合作创新制度化的深度和广度的影响。最后，结合国家相关政策讨论了如何促进校企合作质量的提升。

二 高等教育创新与技能合作

（一）高等教育的创新过程

高等教育创新是复杂的过程，需要从创新理论视角进行分析。在综述了 60 余篇创新过程研究的基础上，Baregheh、Rowley 和 Sambrook（2009）提出了创新的六大特征，即创新本质、创新类型、创新阶段、社会情境、创新方式和创新目标。Cai 等利用上述框架，将高等教育创新过程分为四个阶段，即识别需求、规划、实施和制度化（Cai，Zhang，and Pinheiro，2015）。无论是在教学、科研还是在社会服务领域，制度化都是高等教育创新的重要发展阶段。这是因为高等教育创新实质上是知识创新，它开始于各种领域知识的融合，此后知识领域边界出现互动，最后创新本身成为新的、制度化的知识。[①]

基于新制度理论（Greenwood et al.，2008）和创新理论（Levine，1980），有学者提出高等教育创新的制度化受到三大因素的影响（Cai et al.，2016；Cai，Zhang，and Pinheiro，2015）。首先是营利性，指创新为组织成员带来有形和无形的利益；其次是兼容性，即创新的规范、价值和目标与组织环境或者社会情境的一致性（Levine，1980）；最后是主观能动性，或称"制度企业家"，即个体改变现有制度规则以促进创新的行为（Cai and Liu，2015）。

校企合作是高等职业教育创新的核心，它是高等职业教育机构与政府、企业之间的互动（Yang，2017）。创新系统研究将高校放在知识经济

---

① 本章部分内容引自杨钋、孙冰玉（2019）。

创新活动的中心位置（Edquist，1997；Lundvall，1992），研究者发展出三螺旋模型来描述产学研三方在创新体系中的互动（Etzkowitz and Leydes-dorff，1997）。近年来，研究者逐步采用三螺旋模型来分析中国研究型大学（Cai and Liu，2015）和应用科技大学参与的产学研合作。对中国高校的分析表明，目前居于主导地位的是国家主义的三螺旋互动模式，即政府通过行政、财政、金融等多种激励手段促进校企深度合作。

（二）职业教育领域的校企合作

职业教育领域的校企合作是政策制定者和社会关心的热门话题。查看百度指数，不难发现社会对高等职业院校与企业合作的关注度持续上升："校企合作"一词的关注度指数从 2011 年 1 月的 214 上升到 2019 年 6 月的 2267，增长了近 100 倍①。

学术界重点分析了校企合作创新的绩效。部分学者从人才培养的角度评价校企合作，评价指标涉及学校人才培养过程的专业人才培养方案制订、课程改革与教材建设、师资队伍培养、实践教学条件建设等（赖永辉，2013）。其他学者从科技研发的角度评价了校企合作的产出（金芙蓉、罗守贵，2009）。文益民、易新河和韦林（2015）将学生、学校、企业和政府定义为利益相关者主体，提出了评价校企合作的 4 个一级指标和 32 个二级指标。

应用新制度经济学理论，研究者从人力资本专用性角度出发，讨论了校企合作水平的影响因素（吴冰、刘志民，2014，2015）。研究发现，企业与高等职业院校的校企合作水平是合作专业的人力资本专用性与市场需求共同作用的结果。刘志民和吴冰（2016）随后提出，企业所属行业（产业）、规模、所有制、技术的差异，导致企业对专用技能人力资本的需求存在差异，该差异引发了企业与高等职业院校的校企合作行为与合作水平的差异。只有兼具专用技能人力资本需求和技能投资策略的企业，才倾向于和高等职业院校开展实质性校企合作。同时，"非投资策略企业"的校企合作动力在于获得专用技能人力资本以降低企业生产成本。

上述研究注意到学校和企业的动机以及市场环境对创新的作用，然而它们忽视了国家和区域层面宏观环境的影响，以及技能形成体系与其

---

① 笔者用"校企合作"一词在百度指数中进行搜索，时间为 2011 年 1 月 1 日到 2019 年 10 月 1 日，范围为全国，搜索范围是 PC + 移动端，最后搜索日期为 2019 年 10 月 2 日。

他社会制度的匹配性。比较政治学的理论为理解宏观环境与技能形成体系的互动提供了帮助。该理论认为一国的经济、政治和社会之间存在很强的制度互补性，这种互补性是三者之间关系协同进化的历史结果（Hall and Soskice，2001b）。因此，制度互补性意味着每一项制度安排在其他制度存在的条件下更为有效，技能形成制度也不例外。例如协调市场经济体鼓励个人、企业和政府就技能发展投资进行协作，这有利于发展高成本、高度制度化的双元学徒制（雷明顿、杨钋，2019）。遗憾的是，比较政治学分析未能说明校企合作创新如何成为一种合法性的、制度化的组织实践，以及不同合作形式对校企合作制度化的贡献。

三　校企合作创新制度化的理论分析

（一）校企合作创新制度化的影响因素

校企合作如何获得合法性，成为被广泛接受的社会实践。换言之，校企合作创新是如何制度化的？组织创新的定义是"对传统组织实践过程的任何偏离"（Levine，1980：4）。高等职业院校参与的校企合作就是一种偏离传统组织实践的组织创新。三螺旋理论强调，在政府、高校和企业互动的过程中，三个组织都需要开放组织边界，通过"扮演其他组织角色"的过程，实现各种资源的交换和功能的拓展，达到创新的目标（Cai，2017）。成功的组织创新必须通过制度化的过程，获得合法性，并成为一种"理所当然"的组织实践和社会现实（Meyer et al.，2007）。深度产教融合是校企合作制度化的结果，必须从高等职业教育创新制度化的视角来进行分析。

本研究采用 Cai、Zhang 和 Pinheiro（2015）及 Cai（2017）提出的分析框架，细化了高等职业教育创新制度化的影响因素，并参考 Remington（2017a）的研究，加入了校企合作成本维度。首先，本章将影响高等职业教育创新制度化的营利性维度细分为自利性收益（它可以鼓励组织中各个部门或者个体采纳组织创新）和一般性收益（它鼓励组织选择或者持续创新）（Levine，1980：18）。其次，本章将兼容性分为外部兼容性（即创新与外部社会合法性机制一致）和内部兼容性（即创新与组织内部价值观和规范一致）。最后，再加入校企合作成本维度，即校企双方对合作投入的资源水平。

采用上述定义，表6-1将校企合作创新制度化的五大影响因素具体罗列出来。外部兼容性衡量高等职业院校或企业参与校企合作的目标与国家政策和产业期待一致性的程度。内部兼容性衡量高等职业院校或企业参与校企合作的实践与组织内部规范一致性的程度。自利性收益表明高等职业院校或企业内部人员能够从校企合作中获得有形或者无形收益的程度。一般性收益表明高等职业院校或企业从校企合作中获得有形或者无形收益的程度。前四个影响因素分别对应组织的制度环境和技术环境中的若干核心要素。例如，国家政策激励程度和法律规范影响校企合作的外部兼容性，同时产业需求也影响创新的外部兼容性。这个框架可以用来评价高等职业教育中各种创新的制度化程度：同时具备这些条件，创新的制度化程度较高；反之亦然。

表6-1　影响校企合作创新制度化的因素

因素	定义	技术环境中的核心要素	制度环境中的核心要素
外部兼容性	高等职业院校或企业参与校企合作的目标与国家政策和产业期待的一致性	国家政策激励程度、法律规范	产业需求
内部兼容性	高等职业院校或企业参与校企合作的实践与组织内部规范的一致性	组织行政结构、组织规范和使命	
自利性收益	高等职业院校或企业内部人员能够从校企合作中获得有形或者无形收益	组织内部人员参与校企合作活动、个人收益	声望
一般性收益	高等职业院校或企业从校企合作中获得有形或者无形收益	组织声望、收入或其他资源	声誉
校企合作成本	高等职业院校或企业在校企合作中付出的有形或者无形成本	时间、经费、人力资源；组织声望	成本

基于 Cai（2017）提出的高等教育创新分析框架，图6-1描述了校企合作创新发展的阶段。（1）校企双方识别彼此合作的需求；（2）双方就合作开展规划；（3）在规划的基础上，双方开展各种形式的合作；（4）这些合作形式影响创新的自利性和一般性收益、内部和外部兼容性以及校企合作成本，并通过这些因素促进或者阻碍校企合作的制度化。

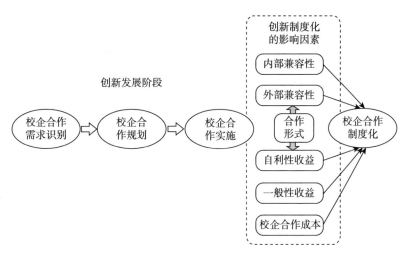

图 6-1 校企合作创新发展阶段

（二）合作形式对校企合作创新制度化的贡献

校企合作可以采取多种形式。究竟哪些合作形式有利于这种创新的制度化呢？参考 Cai、Zhang 和 Pinheiro（2015）的分析框架，本研究认为可以通过校企合作模式与校企合作创新制度化影响因素的关系来判断。具体可分为以下四个步骤。

第一步，确定高等职业院校与企业的合作模式。本研究采用杨钋和岳铮男（2018）的分类方法，将高等职业院校与企业的合作分为 5 大类 18 种合作形式。

第二步，分析每一种合作形式对校企合作创新制度化影响因素的作用，分为积极、一般和消极三类。在具体操作中，首先，根据《教育部、财政部关于实施中国特色高水平高职学校和专业建设计划的意见》以及《中国特色高水平高职学校和专业建设计划项目遴选管理办法（试行）》，判断每种合作形式对校企合作创新的外部兼容性或内部兼容性的影响。若特定合作形式能够提高校企合作创新的外部兼容性和内部兼容性，则有利于校企合作创新的制度化；反之亦然。其次，根据每种合作生产技能的人力资本专用性程度（吴冰、刘志民，2014，2015）和资源流动情况，判断合作形式能否为高校带来有形或者无形的自利性收益或者一般性收益。若合作形式能够带来显著的收益，则有利于校企合作创新的制度化；反之亦然。

第三步，分析每一种合作形式的成本。借鉴 Remington（2017b）的方法，本研究将校企合作分为高成本合作和低成本合作。高成本合作有利于校企合作创新的制度化，因为组织退出合作的沉没成本高；低成本合作易于解体，不容易制度化。

第四步，基于上述判断，若特定合作形式能够提升创新的兼容性、带来收益且属于高成本合作，则判断该合作形式有利于校企合作创新的制度化；反之亦然。

表 6-2 总结了本章的分析结果。在兼容性方面，根据政策文本①和相关文献，本研究提出合作开发课程、合作开发教材、企业培训教师等 9 种有助于提高创新的外部兼容性的合作形式。例如，《中国特色高水平高职学校和专业建设计划项目遴选管理办法（试行）》明确提出，专业群建设任务包括校企联合设计开发课程模块、校企合作共建共享资源。有鉴于此，合作开发课程和教材符合国家相关政策，可以推进校企合作创新的制度化。基于对高等职业院校领导的访谈和案例分析，本研究认为企业设置冠名学院、企业订单培养学生、合作开发课程、合作开发教材等 7 种合作形式有可能降低内部兼容性。例如，企业设置冠名班会冲击院校原有的院系组织和课程安排，为教师带来额外的工作负担，其内部兼容性较差。校企合作创新也有可能挑战组织内部原有的规范、价值观，成为破坏性创新，因此内部兼容性较弱。

表 6-2　合作形式对校企合作创新制度化的贡献

所属大类	合作形式	外部兼容性	内部兼容性	自利性收益	一般性收益	校企合作成本	对制度化的贡献
课堂培养	企业设置冠名班	一般	消极	一般	一般	低成本	一般
	企业设置冠名学院 *	积极	消极	一般	积极	高成本	积极
	企业订单培养学生 *	积极	消极	一般	积极	高成本	积极
	企业派驻员工担任教师	一般	一般	消极	积极	低成本	一般

---

① 例如，最新颁布的《国家职业教育改革实施方案》、《教育部、财政部关于实施中国特色高水平高职学校和专业建设计划的意见》等文件，均鼓励高等职业院校与企业深化合作，例如打造双师型教师队伍；校企联合设计开发课程模块、国家教学资源库、教材，校企合作共建共享资源，校企"双元"合作开发具有职教特征的活页性教材；校企共建实习实训基地；与行业领先企业合作共建技术技能平台；企业与高等职业院校合作开展多种形式的高技能人才培养；等等。

续表

所属大类	合作形式	外部兼容性	内部兼容性	自利性收益	一般性收益	校企合作成本	对制度化的贡献
技术与资金支持	合作开发课程*	积极	消极	积极	积极	高成本	积极
	合作开发教材*	积极	消极	积极	积极	高成本	积极
	企业向院校捐赠设备	一般	一般	一般	积极	低成本	一般
	企业培训教师*	积极	一般	积极	积极	高成本	积极
	企业向院校捐款	一般	一般	一般	积极	低成本	一般
	共建校企合作平台*	积极	一般	积极	积极	高成本	积极
实践培养	开设企业实习	一般	一般	消极	一般	低成本	一般
	开设顶岗实习*	积极	一般	消极	积极	高成本	积极
	接收毕业生	一般	一般	一般	积极	低成本	一般
企业接受院校服务	院校教师到企业兼职*	积极	消极	一般	一般	高成本	一般
	企业接受院校技术服务	积极	消极	一般	一般	低成本	一般
	企业接受校内教师培训	一般	一般	一般	积极	低成本	一般
联合多方合作	联合政府资助	一般	一般	积极	一般	低成本	一般
	举办行业相关领域竞赛	一般	一般	一般	一般	低成本	一般

注：*属于高成本合作形式。

在自利性收益方面，合作开发课程、合作开发教材、企业培训教师、共建校企合作平台四种合作形式能够为组织或者个人带来有形或者无形利益，提高自利性收益，从而有助于校企合作创新的制度化。例如，合作开发教材能够提高教师的课程开发和教学能力，提升教师的课程领导力，甚至能够帮助部分教师和基层管理者成为专业带头人。此外，企业设置冠名学院、企业订单培养学生、合作开发课程、合作开发教材等 12 种合作形式能够给高等职业院校带来一般性收益。例如，企业设置冠名学院或者企业订单培养学生、企业向院校捐赠设备或者向院校捐款，都可以为院校带来经费或设备资源，改善学校人才培养的物质环境，提升学校声誉，从而促进组织对创新的接纳。在成本投入方面，本研究参考杨钋和岳铮男（2018）的分析，认为这些合作形式中有 8 种属于高成本合作形式、10 种属于低成本合作形式。

综合上述分析结果，本研究提出，若某种校企合作形式对外部兼容性、内部兼容性、自利性收益、一般性收益这四个维度中的 2 个或 2 个以上维度有积极影响且属于高成本合作，则这种合作形式能够促进校企合作创新的制度化。根据这种判别方法，本研究确定了 7 种有利于校企合作创新制度化的合作形式：企业设置冠名学院、企业订单培养学生、合作开发课程、合作开发教材、企业培训教师、共建校企合作平台和开设顶岗实习。上述 7 种合作形式可通过提升内部兼容性和外部兼容性、带来自利性收益或一般性收益、吸引高等职业院校和企业的高成本投入，促进校企合作创新制度化。

四　对校企合作创新制度化的量化分析

（一）研究假设、数据和实证模型

对校企合作创新制度化可以从深度和广度两个维度来评价。校企合作创新制度化的广度是指在特定校企合作关系中双方选择合作形式的数量。合作数量越多、形式越丰富，合作双方就越有可能建立广泛的制度性联系，在信息、经费、人员、组织等方面进行合作。校企合作创新制度化的深度是指校企双方参与合作的时间。合作时间越长，双方在合作过程中越有可能建立制度性的联系，越有可能变革组织内部机构和规范以适应组织间合作的需要。校企合作时间是衡量关系资本的代理变量（宋华、张松波，2013；薛萌等，2018）。合作时间越长、关系资本的积累越多，双方合作就越稳固。

哪些因素会促成校企合作创新的制度化呢？如图 6－1 所示，校企合作的特定形式可以直接影响创新制度化的 5 大因素，从而间接影响校企合作创新的制度化。据此，本研究提出以下假设。

假设 1：企业设置冠名学院、企业订单培养学生、合作开发课程、合作开发教材、企业培训教师、共建校企合作平台和开设顶岗实习 7 种合作形式，对校企合作创新制度化的深度和广度均有显著的积极影响。

21 世纪以来，我国高水平高职学校的建设坚持以产教融合为目标，积极促进企业与高等职业院校的合作。国家财政自 2006 年开始分批建设了 200 所高水平高职学校。研究发现，这些院校的投入和产出水平显著高于其他院校，示范校和骨干校均较好地发挥了示范作用（刘云波，2019；杨钋、刘云波，2016；周森、刘云波、魏易，2019）。示范校和骨干校不仅在生源、经费、过程性质量方面优于普通高等职业院校，在校企合作方面也处于领先地位。因此，本研究提出以下假设。

假设 2：示范校和骨干校建设对校企合作制度化的深度和广度有显著的积极影响。

为了检验上述假设，本研究采用中国高等职业高专教育网 2016 ~ 2017 年公布的各省《企业参与高等职业教育人才培养年度报告》（以下简称《企业年度报告》）中的数据进行实证分析。本研究以 2016 年和 2017 年《企业年度报告》中丰富的校企合作案例为基础，进行内容分析。通过深度编码，将《企业年度报告》中的非结构化文本数据转化为结构化数据，形成了本研究的数据分析基础。在《企业年度报告》数据的基础上，研究者利用各年度教育部职业教育与成人教育司"高等职业院校人才培养工作状态数据采集与管理平台"数据，提炼出高等职业院校的特征数据，并与《企业年度报告》数据匹配起来。研究者还通过访问"企查查""天眼查""万德数据""智联招聘""赶集网""58 同城"等招聘网站以及企业官网查询企业有关信息。《企业年度报告》数据最终与院校数据和企业特征匹配起来。

由于每年样本中院校的数量不等，本研究将各年度数据视为独立观测值，并采用多元线性回归模型进行分析。具体模型如下：

$$Y_i = \alpha_0 + \sum_{i=1}^{7} \beta_i \, Coop_i + \alpha_1 \, Col_i + \alpha_2 \, Ent_i + \alpha_3 \, Prov_i + \varepsilon_i$$

其中 Y_i 代表第 i 对校企合作伙伴参与的合作时间或选择的校企合作形式的数量，用来表明合作的深度或广度。$Coop_i$ 代表 7 种校企合作形式的虚拟变量。Col_i 代表高等职业院校是否为示范校或骨干校的虚拟变量。Ent_i 代表企业特征，包括企业所有制和规模。$Prov_i$ 表示高等职业院校所在省份的特征，包括省人均 GDP、第三产业就业比例、省城市化率、省失业率、省高校在校生人数。各个变量的描述统计分析结果参见表 6 - 3。

表 6 - 3　各变量的描述统计分析结果

变量	示范校	骨干校	其他院校	$Prob > F$
选择的校企合作 形式数量（个）	7.921 (2.81)	8.423 (3.11)	7.246 (2.84)	0.0001
校企合作时间（年）	6.605 (5.70)	6.947 (7.25)	5.784 (6.16)	0.1769

变量	示范校	骨干校	其他院校	*Prob > F*
上市企业（%）	25.248 (0.44)	22.628 (0.42)	15.406 (0.36)	0.0119
国有企业（%）	15.347 (0.36)	18.978 (0.39)	25.490 (0.44)	0.0144
民营企业（%）	54.455 (0.50)	61.314	56.863 (0.50)	0.4558
外资或三资企业（%）	22.277 (0.42)	11.679 (0.32)	13.725 (0.34)	0.0096
大企业（%）	57.426 (0.50)	54.015 (0.50)	50.700 (0.50)	0.3053
中型企业（%）	29.208 (0.46)	32.117 (0.47)	33.613 (0.47)	0.5637
省人均GDP（元）	661217 (362299)	573378 (379272)	698567 (419440)	0.0073
第三产业就业比例（%）	48.704 (0.11)	48.178 (0.10)	45.742 (0.09)	0.0011
省城市化率（%）	58.590 (0.10)	60.167 (0.12)	63.451 (0.12)	0.0000
省失业率（%）	3.949 (0.02)	4.103 (0.02)	4.222 (0.02)	0.2002
省高校在校生人数（千人）	257.7 (121.58)	252.2 (124.73)	259.5 (113.92)	0.8277
样本观测值	202	137	357	

（二）校企合作创新制度化的深度和广度

本研究发现，示范校、骨干校在校企合作创新制度化广度方面与普通高等职业院校相比有一定优势，但是在深度方面无显著差异。在校企合作创新制度化深度方面，在 2016 年和 2017 年的 696 对校企配对样本中，共有 557 对汇报了合作时间。校企平均合作时间为 6.26 年，合作时间中位数为 5 年。合作时间呈现右偏趋势，90% 的校企合作时间少于等于 12 年。考虑到所有参与合作的高等职业院校的平均运营时间为 21.8 年，中位数为 16 年，校企合作时间中位数约为院校运营时间的 1/3，相对较长。这意味着校企双方有充分的时间探索双方的需求、规划合作方式、实施合作内容，并促进校企合作的创新制度化。在校企合作时间上，院校类型差异不显著，这表明高水平高职学校在校企合作创新制度化的深度方面并未显著领先于其他院校。

在校企合作创新制度化广度方面，目前高等职业院校与企业选择的合作形式的数量相对不多。每对合作伙伴的平均合作形式数量为 7.67 种，合作形式中位数为 7 种。考虑到参与合作的高等职业院校可能选择的合作形式数量为 18 种，当前校企双方选择的合作形式的平均数量约为所有可能选择的合作形式数量的 42.6%，比例相对较高。企业在合作初期会选择成本较低的合作形式，之后随着信任的增加，会选择高成本的合作形式。在校企合作创新制度化广度上，院校差异显著。202 对示范校选择的校企合作形式数量为 7.921 种；137 对骨干校选择的校企合作形式数量为 8.423 种；其他院校选择的校企合作形式数量为 7.246 种。三者的差异在统计上显著，高水平高职学校在校企合作创新制度化的广度方面显著领先于其他院校。

表 6-4 显示，在能够促进校企合作创新制度化的 7 种合作形式选择方面，示范校和骨干校与普通院校有一定差异。一方面，在企业设置冠名学院、企业订单培养学生、合作开发教材、共建校企合作平台方面，3 种类型的院校不存在统计上的显著差异；另一方面，在合作开发课程、企业培训教师、开设定岗实习方面，示范校或骨干校的参与比例显著高于普通院校。

表 6-4　校企合作形式的院校差异

单位：%

合作形式	示范校	骨干校	其他院校	*Prob* > *F*
企业设置冠名学院	14.706 (0.36)	11.852 (0.32)	12.640 (0.33)	0.7010
企业订单培养学生	42.157 (0.50)	40.00 (0.49)	42.416 (0.49)	0.8854
合作开发课程	74.020 (0.44)	74.815 (0.44)	65.450 (0.48)	0.0382
合作开发教材	43.137 (0.50)	45.185 (0.50)	39.326 (0.49)	0.4349
企业培训教师	59.804 (0.49)	73.333 (0.44)	59.831 (0.49)	0.0144
共建校企合作平台	19.608 (0.40)	22.222 (0.42)	19.382 (0.40)	0.7714

合作形式	示范校	骨干校	其他院校	*Prob > F*
开设顶岗实习	74.020 (0.44)	75.556 (0.43)	58.989 (0.49)	0.0001
选择上述 7 种合作形式的数量	3.275 (1.44)	3.430 (1.41)	2.980 (1.51)	0.0040

本研究利用多元线性回归模型来检验校企合作形式和院校类型对校企合作创新制度化的影响。采用逐步回归的方法，模型首先加入 7 种对校企合作创新制度化有贡献的校企合作形式，以便检验假设 1；然后加入示范校和骨干校虚拟变量与企业、院校和省份特征，用于检验假设 2；最后放入所有控制变量，检验模型稳定性。表 6 - 5 呈现了分析结果。

总体而言，校企合作形式对校企合作创新制度化深度的影响不显著，但能显著影响创新制度化广度。在 7 种合作形式中，共建校企合作平台和开设顶岗实习对校企合作创新制度化深度有显著的积极影响，其他合作形式无显著作用；所有合作形式均对校企合作创新制度化广度有显著的积极影响。由此可见，理论上对校企合作创新制度化有贡献的校企合作形式的确拓展了创新制度化广度。假设 1 得到了部分支持。

本研究还发现示范校和骨干校建设有助于拓展校企合作创新制度化的深度和广度，这验证了假设 2。表 6 - 5 显示两类高水平高职学校的校企合作创新制度化深度均显著高于其他院校；同时，骨干校的校企合作创新制度化广度也显著高于其他院校。特别值得注意的是，在控制其他变量的条件下，骨干校校企合作创新制度化的深度和广度仍高于其他院校。综上，2006 年以来的高水平高职学校建设有效地增强了院校参与校企合作的意愿和能力。经过 10 多年来的努力，两类院校与企业合作的时间和合作形式都有了显著增加，且多于普通院校。这表明，财政专项资金打造高水平高职学校的方式，有助于此类院校与企业合作创新的制度化。

表 6 - 5 校企合作创新制度化的影响因素分析

变量	校企合作创新制度化深度			校企合作创新制度化广度		
	7 种合作形式	示范校	其他控制变量	7 种合作形式	骨干校	其他控制变量
企业设置冠名学院	-0.433 (0.79)		-0.105 (0.78)	1.302 *** (0.19)		1.286 *** (0.19)

续表

变量	校企合作创新制度化深度			校企合作创新制度化广度		
	7种合作形式	示范校	其他控制变量	7种合作形式	骨干校	其他控制变量
企业订单培养学生	0.396 (0.54)		0.329 (0.53)	1.476*** (0.13)		1.503*** (0.13)
合作开发课程	−0.180 (0.66)		−0.050 (0.66)	1.342*** (0.15)		1.268*** (0.16)
合作开发教材	0.116 (0.60)		0.402 (0.61)	1.434*** (0.15)		1.443*** (0.15)
企业培训教师	0.970 (0.57)		0.775 (0.56)	1.947*** (0.13)		1.951*** (0.13)
共建校企合作平台	1.136 (0.68)		1.405* (0.67)	1.631*** (0.16)		1.617*** (0.16)
开设顶岗实习	1.188* (0.58)		1.172* (0.57)	2.048*** (0.14)		2.031*** (0.14)
示范校		1.387* (0.64)	1.322* (0.64)		0.464 (0.26)	0.135 (0.15)
骨干校		1.703* (0.71)	1.524* (0.72)		1.031*** (0.29)	0.441* (0.17)
上市企业		−0.382 (0.69)	−0.696 (0.70)		0.586* (0.29)	0.039 (0.17)
国有企业		2.444* (1.16)	2.550* (1.17)		−0.007 (0.51)	0.503 (0.30)
民营企业		−0.123 (1.05)	0.040 (1.05)		−0.136 (0.47)	0.403 (0.28)
外资或三资企业		0.153 (1.18)	0.158 (1.18)		−0.160 (0.52)	0.237 (0.31)
大企业		1.610* (0.80)	1.598 (0.82)		0.248 (0.34)	−0.189 (0.20)
中型企业		0.021 (0.82)	0.054 (0.83)		−0.140 (0.34)	−0.255 (0.20)
省人均GDP		7.10e−07 (1.18e−06)	1.21e−06 (1.19e−06)		1.02e−07 (4.93e−07)	7.30e−07* (2.88e−07)
第三产业就业比例		−6.539 (4.34)	−6.686 (4.37)		1.845 (1.72)	0.569 (1.01)
省城市化率		−0.121 (2.93)	−0.237 (2.94)		−0.314 (1.16)	−1.109 (0.68)

续表

变量	校企合作创新制度化深度			校企合作创新制度化广度		
	7 种合作形式	示范校	其他控制变量	7 种合作形式	骨干校	其他控制变量
省失业率		54.393 ** (18.49)	59.924 ** (18.61)		− 24.605 *** (7.33)	− 2.590 (4.31)
省高校在校生人数		0.002 (0.00)	0.004 (0.00)		− 0.003 * (0.00)	0.001 (0.00)
常数项	4.582 *** (0.70)	4.234 (4.08)	1.441 (4.19)	2.457 *** (0.16)	8.307 *** (1.66)	2.041 * (1.00)
调整后的 R^2	0.010	0.050	0.062	0.675	0.065	0.682
样本观测值	556	557	556	695	696	695

* $p < 0.05$，** $p < 0.01$，*** $p < 0.001$。

五 "双高计划"与创新政策选择

高等职业院校在国家创新政策的指引下，在过去 20 年间与企业开展了广泛而深入的育人、研发和社会服务合作。校企合作和产教融合是当之无愧的高等职业教育创新的核心组成部分。为落实《国家职业教育改革实施方案》，教育部和财政部开始了新一轮的高水平职业院校建设，并于 2019 年颁布了相关意见和遴选管理办法，各省区市也推荐了若干院校参与评选。本章将高水平职业院校建设视为高等职业教育领域的一项创新政策，应用对高等教育创新制度化的分析框架，重新审视了作为"双高计划"载体的校企合作创新如何实现制度化。

以校企合作为基础的高水平高职学校建设作为一种公共领域的创新政策，可以通过行政机制、市场机制和社群机制来进行治理。顾昕（2017）提出了 3 种创新政策治理的理想类型，即新制度自由主义、国家引领型配置主义和协作型协调主义。国家引领型配置主义的创新政策治理的特征是选择性，它旨在促进被选定的创新活动蓬勃发展；其目标定位具有纵向性，即针对特定创新组织的特定创新活动；多采用部门性的政策工具，如金融、土地和人力政策等；以行政治理为主、市场和社群治理为辅。协作型协调主义的创新政策治理的特征是功能性，旨在弥补或矫正创新过程中的协调失灵；其目标定位是横向的，针对跨部门的创新组织；工具也具有跨部门性，包括咨询、协商、协作性活动和网络建设；以社群治理为主，市场和行政治理为辅。

校企深度合作显然涉及高等职业院校、企业、政府等多个主体，以及多个层级政府和同级政府的多个部门。一方面，校企合作创新需要跨部门的协作；另一方面，高等职业院校在创新过程中要突破本身的制度壁垒，跨越制度距离与企业合作。因此，政府要考虑综合使用国家引领型配置主义和协作型协调主义的创新政策治理方式。当前"双高计划"具备典型的国家引领型配置主义创新政策治理的特征，它是政府面对特定创新组织的特定创新活动给予的部门性政策支持，且以行政治理为主。2006 年以来的高水平高职学校建设初步显示出国家引领型配置主义创新政策治理的弊端。例如，最新研究发现高水平高职学校建设扩大了高等职业院校内部的分层，但并没有带动周边院校投入要素、教育过程质量和教育产出的发展（刘云波，2019；杨钋、刘云波，2016；周森、刘云波、魏易，2019）。因此，未来一个阶段的"双高计划"应该从鼓励校企合作的制度化出发，适当引入协作型协调主义的创新政策治理方式，促进政府、市场和高等职业院校的合作，实现高等职业院校与企业合作的长期、多样化和稳定发展。

第七章　校企合作与区域技能生态系统

技能形成领域内组织运行的宏观环境包括生产体制、劳资关系、财政金融制度、社会保障制度等。协调市场经济体和自由市场经济体分别发展出依赖企业内部技能养成和企业外部技能养成的国家技能形成体制，在各自擅长的生产体制中取得了比较优势（Hall and Soskice，2001b；Thelen，2004）。值得注意的是，该理论将国家视为整体分析单位，强调国家层面的制度匹配和互动。然而，在国家层面缺乏配套性制度的条件下，在区域层面和企业层面却可能通过制度创新发展出较高水平的多方技能合作（Remington，2017a，2018；Remington and Marques，2018；Yang，2017；雷明顿、杨钋，2019；比德尔，2019）。在管理学领域，对跨国企业人力资源实践的研究发现，部分跨国企业能够将母国的技能养成体制迁移到东道国的区域环境中（Fortwengel and Jackson，2016；Hoffman，2011；Patrinos，Barrera-Osorio，and Guaqueta，2009；Pilz，2009，2016a，2016b）。

对区域案例的分析表明，国家技能形成体制固然能够塑造职业院校与企业合作的制度环境，区域层面的政校企合作往往能克服集体行动的困境，促成技能联合投资。本章以江苏省太仓市为例，讨论地方政府、职业院校和企业如何解决技能合作的投资与积累问题。

一　区域技能合作创新

全球不同国家和区域劳动力市场都面临严峻的技能不匹配问题。有学者认为，部分国家深陷"中等收入陷阱"的原因在于部门间和区域间职业教育质量严重不均衡（Doner and Schneider，2016）。美国和其他先进工业化国家的雇主都深感技能劳动力供求的差距日益扩大（Burrowes et al. ，2014；Capelli，2014；Deloitte and Manufacturing Institute，2015；McGowan and Andrews，2015；OECD，2016；Wright，2013）。社会各界对运行良好的技能形成体制的重要性的认识逐步加深，各国和国际组织的政策制定者呼吁要更加关注职业教育培训体系的质量与有效性。部分国家在职业教育培训领域的良好实践引起了其他国家的兴趣，典型的代表是德国的双元学徒制培训（Pilz，2016b）。双元学徒制同时服务于经济和社会发展：它提供了持续的技能劳动力供给，且与先进工业化国家的技能需求相匹配。同时，它还通过帮助青年人顺利完成从学校到工作场所的转移，提升了社会凝聚力（Remington，2018）。

德国双元学徒制指学校和企业共同分担职业教育培训的责任，职业教育培训出现在两个相互联系的场所——教育机构内部和企业工作场所。双元学徒制的目的是匹配动态变化的经济体的技能需求与职业教育机构毕业生的技能供给。遗憾的是，除欧洲德语系国家外，很少有国家能够成功移植双元学徒制（Pilz，2007）。理论分析认为双元学徒制基于一系列宏观、中观和微观层面的合作（Busemeyer and Trampusch，2012b）。在宏观层面，双元学徒制是商业组织、劳工和政府就培训成本分担与收益分配进行协商的结果。在中观层面，区域、产业组织和工会组织将公共权力赋予社会合作伙伴，如行业协会和手工业组织等，来管理和监督职业教育培训。在微观层面，企业、学校和个人通过双元学徒制克服了集体行动困境，双元学徒制协调了企业之间的专业标准及培训责任分担，并将企业与政府部门及学校和教育部门联结起来。雇主和雇员为岗位专用技能和行业专用技能培训进行联合投资时，双方都需要能够长期从中获益的保障。社会保险机制能够在工人失业时提供对技能价值的保护，因而可以解决联合投资的保障问题。

然而，许多国家缺乏协调市场经济体中相互匹配的制度，因而需要替代机制来解决行业专用技能的联合投资问题。一种可能的替代性机制是寻求国家层面配套性制度安排的功能等价物，从而对经典双元学徒制模型进行本土化调整（Remington，2018）。一系列的研究发现，大规模、区域异质性强的国家比西欧小规模和同质性强的国家更容易找到这种替代性的制度安排，这种安排并非出现在国家层面，而是出现在区域或者地方层面的创新中。

在理论分析和案例归纳的基础上，有学者提出了区域技能合作创新出现的三个条件，即全国支持性的制度环境、跨区域的经济和政治竞争、地理不对称性（Remington，2017a，2018；Remington and Marques，2018，2020；雷明顿、杨钋，2019）。首先，全国支持性的制度环境是区域技能合作的首要条件。在一些国家，中央政府大力支持职业院校与企业开展技能合作投资，并通过宏观政策支持各级政府开展政策试验。这些国家的地方政府对教育和劳动力市场负有相当大的行政管理和规制责任。由于缺乏协调市场经济体中中央政府就职业教育培训政策进行的协调，这些国家的地方政府可以将职业教育和本地劳动力市场联结起来。此时国家支持性的政策环境赋予地方政府在技能形成领域创新的合法性（Remington，2018）。

其次，跨区域的经济和政治竞争。区域经济竞争激励地方政府领导围绕劳动力技能转型升级来制定经济发展策略，区域性危机和经济不景气进一步激励了地方政府进行技能合作创新。从地方政治竞争的视角来看，这些地区的领导者可能将技能形成领域的成功视为未来政治成功的源泉（Remington，2017a）。对俄罗斯双元学徒制地区试点的研究表明，地方政治环境和特征激励地方政府领导积极参与双元学徒制地区试点，并以此来提升自己的政绩（Marques，Remington，and Bazavliuk，2020）。

最后，地理不对称性。地区间自然资源、基础设施和区域资产分布的不均衡性，有可能鼓励地方政府充分利用自身的比较优势来建构职业教育培训体系。同时，一个地区的创新可能刺激周边地区借鉴和模仿其成功实践（Remington，2018）。区域禀赋不仅体现在自然资源方面，而且体现在产业集聚、经济区位、政策试点等方面（雷明顿、杨钋，2019）。

基于上述三个原因，中国、美国和俄罗斯为我们提供了分析职业教育培训与劳动力市场匹配地区异质性的有利机会。首先，中、美、俄三国的中央政府对区域技能合作创新持支持态度，并积极鼓励地方政府试点双元学徒制等高成本合作。然而，由于国家层面的劳动力市场规制、技能形成、社会保障之间制度互补性的缺乏，区域性的制度替代物——表现为地方政府、职业教育机构和雇主之间的公私合作伙伴关系（Public-Private-Partnership，以下简称PPP）——有可能促进在制度方面要求较完善的培训制度（如双元学徒制）的出现和发展。其次，这三个国家既存在跨区域的要素市场竞争（如资本和劳动力的竞争），也存在跨区域的政治竞争（如美国的竞选和中俄两国的官僚制竞争，后者参见Remington and Marques，2020；周黎安，2007）。这些竞争有力地促进了地方政府在技能领域的竞争。地方竞争被认为是中国地方经济增长的源泉之一，"为增长而竞争"是一种普遍存在的、中央默认的地方政治现象（陈钊、徐彤，2011；张军、周黎安，2008）。地方竞争也是俄罗斯中央政府实现对地方政府"可信承诺"的主要机制（Krug and Libman，2015）。此外，这三个国家在基础设施、气候、国际市场距离和自然资源等方面存在极高的地理分布差异性（Krug and Libman，2015），因此，它们具备了进行区域创新的三个条件。

近期研究为上述推论提供了支持性的证据。在缺乏配套性制度支持的自由市场经济体（如美国）和新兴市场经济国家（如中国和俄罗斯），国家层面的技能促进和校企合作政策往往难以收到实质性的动员效果；反而是区域层面的制度创新促进了各国职业教育机构与企业的联合技能投资。

以中国为例，通过地方政府支持的PPP，本地职业院校与企业发展出从产品混合到组织混合，乃至产权混合的多种合作形态，实现了技能的合作生产（Yang，2017）。在我国珠三角和长三角地区出现了共同体模式和家长制模式的区域技能协调模式，即地方政府、垄断性企业和本地职业院校联合进行技能投资。湖南株洲以中国中车集团有限公司（以下简称中车）为核心，本地两所高等职业院校在株洲市政府的支持下与该企业建立了家长制模式的合作。中车控制了培训项目的课程内容，同时也提供有经验的培训师、捐赠实训设施、为高等职业院校毕业生提供有吸引力的初级工作岗位。湖南省长沙航空职业技术学院与行业企业、研究型大学和研究机构开展共同体模式的技能合作。2013年成立的"航空职业教育与技术协同创新中心"成为企业与学院合作的中介机构。合作企业利用中心开展双元学徒制培训，建立员工和培训师的实训基地，开展联合研发，等等（雷明顿、杨钋，2019）。

在地方政府的支持下，美国部分地区也发展出高中、社区大学和企业共同参与的职业教育项目，为当地中小企业提供技能劳动力（比德尔，2019）。研究发现，制度对克服集体行动困境至关重要。考虑到制度设计涉及规范相关各方互动关系的规则，早期设计决策（如课程、工作场所学习设计、产业衔接项目选择、学生咨询与职业辅导的结构、人员配备等决策）对特定PPP的成败有重要的解释力。这些制度设计成为协调市场经济体的制度功能替代物。此外，负责促进高中、大学和雇主之间合作的中介组织对各方实现"可信承诺"很重要，中介组织对实现承诺的雇主进行奖励的能力是项目可持续发展的重要影响因素。

　　另一些研究发现了地方层面政策企业家的核心作用。美国南部地区的地方政治精英能够利用传统产业衰落的契机，利用现有资源吸引新兴产业入驻本地，并以 PPP 的形式实现本地劳动力的技能升级并吸引外来投资。例如，美国田纳西州查特鲁加市市长在本地商会和州政府的支持下，为大众汽车在本地建厂提供了物质和组织支持。在引入大众汽车之后，该市长通过竞选成为州参议员。他在参议院外交关系委员会任职期间，继续协助大众汽车在本地的发展，尤其是促成其与本地社区大学联合设立高等教育层次的双元学徒制培训项目。在此过程中，本地政治精英成功地把查特鲁加市从 20 世纪 60～70 年代的"去工业化"衰退中拯救出来，即将之前"低工资、低税收"的发展模式转变为"高技能、高工资"的发展模式。反思查特鲁加模式的成功，它符合前述区域技能合作创新出现的三个条件。首先，近年来美国联邦政府支持双元学徒制实践，从克林顿、奥巴马到特朗普总统都支持双元学徒制培训项目。其次，美国南部地区工会和行会组织衰落，基础教育和高等教育归属地方管理的程度高，因而地方政府有能力协调本地中等和高等教育机构与企业合作进行双元学徒制培训，政治压力较小。最后，田纳西州等南部地区政治竞争活跃，地方政府勇于参与教育创新（Remington，2018）。

　　在普京和梅德韦杰夫的倡导下，俄罗斯部分地区近年来的双元学徒制实践引起了学术界的关注（Marques，Remington，and Bazavliuk，2020；Remington and Marques，2018）。在共同体模式下，乌里扬诺夫斯克"集群发展中心"和"人力资本发展机构"、坦波夫的"集群委员会"都尝试促成本地职业院校与企业的技能合作。俄罗斯大企业偏好定制培训项目，特点是高水平的企业投资和对培训内容的高度控制，因而许多企业提供的内部实训是通过双元学徒制项目与当地技术大学合作实现的。俄罗斯一些大企业有自己的培训设施，可以提供教育资格证书，这促进了它们与技术大学进行双元学徒制方面的密切合作。研究发现，政府有时候会扮演中介组织的角色来促成技能合作。例如，坦波夫州州长在六个行业中创建了行业协会。州长授权成立的监督委员会和职业高中董事会负责监督这些行业集群的发展，每个行业集群都建立了自己的协调委员会。这些中介组织发挥了监督各方实现承诺、积极参与技能联合投资的职责。

二　背景和研究方法

江苏省太仓市经济发展水平高，在江苏省乃至全国都名列前茅。根据《中国县域经济发展报告（2019）》[①]，全国县域经济竞争力排名中太仓市位居第七。太仓市第二产业发达。2015 年太仓市全部工业总产值达到 2656 亿元，规模以上工业总产值达到 2118 亿元，分别比 2010 年增长了 39.8% 和 49.3%（太仓市经济和信息化委员会，2016）。该市装备制造业内部实现了产业升级，从劳动密集型向资本密集型和技术密集型方向发展。2011 年高端装备制造业产值占工业总产值的 5.07%；2015 年高端装备制造业产值比重达到了 12.09%（太仓市人民政府，2016）。

中德（太仓）中小企业合作示范区是 2012 年太仓市政府建立的一个特色产业园区。1993 年第一家德国企业——克恩 - 里伯斯（太仓）有限公司（以下简称克恩 - 里伯斯）在太仓落户。当地良好的投资环境、优质的政府服务和独特的区位优势吸引了众多德国中小企业入驻，太仓逐步成为中国德企聚集度高、发展效益最好的区域之一，被称为中国的"德企之乡"（朱仲羽，2010）。落户太仓的 220 多家德国企业技术含量较高，如舍弗勒（中国）有限公司等是世界知名企业（汪泓，2010）。中德（太仓）中小企业合作示范区在精密机械加工、汽车零配件制造和新型建筑材料三大高新技术产业集群的基础上，发展出苏州市"精密机械"和"汽车零配件"两大产业基地（太仓市史志办公室，2015）。

2016 年 4 月和 2017 年 7 月，研究团队赴江苏省太仓市和苏州市调研。调研的目的是了解两地高等职业院校与企业开展技能合作的情况，以及在产业集聚地区政府如何促进校企合作。在调研过程中，研究团队访问了三类机构。一是太仓市和苏州工业园区的若干中等职业和高等职业院校，访谈对象包括院（校）长、院系主任、学科带头人、双元学徒制培训负责人、教师和部分生产性实训基地的负责人。二是太仓市中德（太仓）中小企业合作示范区的德资企业和苏州工业园区的德资企业以及欧洲商会、外企联合会等行业组织。访谈对象包括企业负责人和人力资

[①] 中国社会科学院财经战略研究院课题组：《中国县域经济发展报告（2019）》，http://www.cssn.cn/jjx_yyjjx/yyjjx_gzf/201912/t20191207_5055155.shtml? COLLCC = 1196140954 &，2019 年 12 月 7 日。

源部门或者培训部门负责人，行业组织代表，以及 AHK - 上海等资格认证机构代表。三是苏州工业园区管委会与人力资源和社会保障部门、苏州市教育局等政府机构，访谈对象包括园区人力资源开发机构负责人、政府职业教育部门负责人等。

研究者利用调研收集的访谈资料和观察笔记，结合文献资料和档案资料，利用 NVIVO 软件进行了编码和主题分析。研究团队通过与同济大学相关研究人员的交流，验证了相关分析结论的可信性。

三 跨企业的技能协调

（一） 双元学徒制培训的发展

在太仓市运营的德资企业不仅带来了新产品、新技术、新理念，而且带来了职业教育的新模式。在德国企业的推动之下，2001 年德国的双元学徒制职业教育模式被引入了太仓市，成立了太仓德资企业专业工人培训中心（DAWT），率先在模具专业开展双元学徒制的本土化实践。DAWT 采用董事会管理制度，企业、学校和政府有关人员参与（丁锴，2007；唐林伟，2018；周新源、丁亮、侯宏强，2017）。太仓市采取"政府引领、双元参与、合同执行、成本分担"的双元学徒制本土化校企合作模式，先后成立了太仓德资企业专业工人培训中心（DAWT）、德国工商大会跨企业专业技术工人培训中心、舍弗勒（中国）培训中心、太仓欧美企业专业工人培训中心、乐客精工专业工人培训中心、海瑞恩（太仓）培训中心等职业教育培训机构。太仓市是全国最大的"德国职业资格"考试和培训基地，为德企提供紧缺的技能型人才支撑（太仓市史志办公室，2016）。

太仓市的双元学徒制培训大体分为三种模式。第一种模式是由多家跨国企业参与、为行业提供技能人才的跨企业培训模式，其代表是太仓德资企业专业工人培训中心（DAWT）、德国工商大会跨企业专业技术工人培训中心和太仓欧美企业专业工人培训中心。第二种模式是由一家德国企业参与、提供企业专用技能的单一企业单一技能模式，代表是舍弗勒（中国）培训中心和海瑞恩（太仓）培训中心等。第三种模式属于单一企业复合技能模式，其代表是舍弗勒双元制应用型本科项目。表7 - 1 归纳了太仓市双元学徒制培训模式的特征，这些模式的差别表现在培训技能类型、技能形成主体、技能认证和治理模式等方面。

表 7 - 1 太仓市双元学徒制培训模式特征

双元学徒制模式	培训技能类型	技能形成主体	技能认证	体制开放程度	治理模式
跨企业培训模式	行业专用技能和部分企业专用技能	职业院校与车间培训被整合成一体且分工明确，建立多家企业参与的跨企业培训中心	国外行业技能认证机构和中国职业院校	不限制劳动力的企业间流动，限制在不同教育体系间的流动	成立民办非企业单位，PPP模式，以企业为中心的协调
单一企业单一技能模式	企业专用技能	职业院校与车间培训被整合成一体且分工明确，在职业院校成立独立的企业培训中心	国外行业技能认证机构和中国职业院校	限制劳动力的企业间流动和不同教育体系间的流动	以企业为中心的协调
单一企业复合技能模式	企业和行业专用技能＋高端通适性技能	职业院校与车间培训被整合成一体且分工明确，依托职业院校内部的跨企业培训中心和大学的继续教育学院	中、高等职业院校和大学，国外行业技能认证机构	限制劳动力的企业间流动，但不限制在不同教育体系间的流动	以企业和职业院校为中心的协调

跨企业培训模式的特点是以行业专用技能的培训为主，在职业院校与企业车间分别进行理论学习和工作实践，由多个企业参与培训中心的建立、承接培训工作。学生参加 AHK - 上海组织的行业技能认证考试，并获得其颁发的职业资格证书。这种双元学徒制培训模式不限制毕业生在行业内企业间的流动，但是不鼓励学生升学，或者流动到普通教育体系。

跨企业培训模式接近多方合作治理模式，类似德国本土面向中小企业的跨企业培训中心。这种模式的代表是太仓德资企业专业工人培训中心（DAWT），该培训中心为民办非企业单位，由克恩 - 里伯斯、慕贝尔汽车部件（太仓）有限公司（以下简称慕贝尔）及太仓经济开发区管委会三方共同出资成立。培训中心治理结构采用董事会制度，董事会由企业、职业院校、政府有关人员组成，下设培训委员会和考试委员会，培训中心负责日常运营。人才培养过程受到 AHK - 上海的全程监督。校企共同制定课程方案和课程标准，职业院校先招生、企业后招工，企业负责实践教学的场所、设备及原材料、课程实施、培训师及工资等，职业院校负责学生管理、学籍管理、基础课程和专业理论课程实施、教师及工资等，政府给予专项经费与项目支持（李俊，2016；周新源、丁亮、侯宏强，2017）。太仓中等专业学校 2001 年模具专业实施双元学徒制；2004 年机械专业开始实施双元学徒制；2013 年数控专业参与双元学徒制。

跨企业培训模式的实践始于太仓德资企业专业工人培训中心（DAWT），在实践过程中有三个机构发挥了重要的质量保障及治理作用，即培训委员会、董事会和考试委员会（李俊，2017）。2007 年建立的德国工商大会跨企业专业技术工人培训中心基本上沿用了上述模式。该培训中心走学历教育与职业教育培训并重发展的道路，所有教学计划、教学大纲及毕业考试均由 AHK－上海组织制定和实施。学生在课堂、实训中心和企业真实岗位这三个教学场所接受培训教育，德国专家全程把关、指导。学生毕业时获得 AHK－上海颁发的职业资格证书，属于行业技能认证。2007 年建立的太仓欧美企业专业工人培训中心由江苏省太仓职业教育中心与太仓经济开发区管委会、入驻太仓的十多家欧美企业合作建立，共同培养切削机械工、数控技术人才等。学员毕业后由 AHK－上海授予中专毕业证，即职业资格认证。

综上所述，太仓市跨企业培训模式建立了两所职业学院与五家企业的复杂合作网络（李俊，2011，2015，2017）。太仓市校企合作网络（见图 7-1）的建立不仅在时间上延展，而且在空间上拓展，逐步形成了多种校企合作形式。该网络已成为行业专用技能和企业专用技能的混合供给者。

单一企业单一技能模式与跨企业培训模式的最大差别在于其技能培训的目标是增进企业专用技能。在培训过程中，该模式采用了职业院校与企业车间的双元培训方式。当学生完成培训后，会获得职业院校颁发的中专或者大专文凭，有时也会获得行业技能认证机构颁发的职业资格证书。在治理模式方面，该模式更加接近德国传统双元学徒制模式的校企合作治理模式。

大型德国企业通常采用单一企业单一技能模式。2013 年 5 月，太仓中等专业学校与海瑞恩精密技术（太仓）有限公司（以下简称海瑞恩）共同成立海瑞恩（太仓）培训中心（见图 7-1）。整个培训采用双元学徒制模式，太仓中等专业学校在机械制图、机械基础、金属材料与热处理、公差测量与配合、数控编程等专业理论课方面，根据企业要求对学生进行教学；企业在实训课上对学生进行钳工、车工、质量、软件等技能培训。培训期满毕业后合格学员进入该企业工作。毕业生不会获得行业资格认证机构的证书，但是他们掌握了大量企业专用技能。

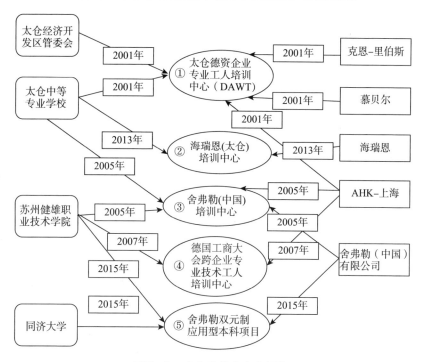

图 7 - 1　太仓市校企合作网络

注：图中①和④表示跨企业培训模式；②和③表示单一企业单一技能模式；⑤表示单一企业复合技能模式。

舍弗勒（中国）培训中心采用的是典型的单一企业单一技能模式（见图7 - 1）。2005 年 7 月舍弗勒（中国）有限公司分别与太仓中等专业学校和苏州健雄职业技术学院合作，对学生进行为期三年的车工、铣工、磨工、钳工、气动、数控和测绘等专业实际操作培训，按德国双元学徒制模式进行，实习期间保证一人一岗。实习课（技能培训）在舍弗勒（中国）培训中心上，理论课学时与实习之比大约为 1∶4。学生毕业后获得中专毕业证书或大专毕业证书。舍弗勒（中国）培训中心由舍弗勒（中国）有限公司独资建立，设立在其公司内部。其培训的课程标准依据德国的职业培训条例制定，具体培训方案由舍弗勒（中国）有限公司自己制订和实施。舍弗勒（中国）有限公司引进德国原始教学大纲，采用德国原始毕业考试试卷，考试过程在 AHK - 上海的监督下进行。学生通过考试后获得德国工商大会颁发的毕业证书。[①] 职业院校与企业间的合作主要通过校企之间签订的合作协议及学生与企业之间签订的培训服务合同来保障，职业院校主要承担理论知识的教学及部分实践技能的训练，企业提供实践技能的培训及在岗学习及实训。舍弗勒（中国）培训中心具有较强的德国本土双元学徒制校企共同治理模式的特点（李俊，2017）。这种培训模式规模较小，中专层次每年招生 60 人，大专层次每年招生 20 人；而且培养成本较高，模具和机械专业年培养成本约 8 万元（周新源、丁亮、侯宏强，2017）。

最近兴起的单一企业复合技能模式挑战了原有的以培养熟练技工为目标的双元学徒制培训体系。这种单一企业复合技能模式将行业与企业专用技能的培训与高端通适性技能的培训结合起来，目标是为智能制造企业培养新的高端技能人才，属于"高等教育文凭 + 职业资格"的双重培训。这与近年来德国和奥地利出现的"职业教育 + 高等教育模式"有很大关联（Graf，2013；Thelen and Busemeyer，2012）。德奥两国传统的双元学徒制培训，以企业内部职业技能培训为主、通适性技能教育为辅，职业技能习得的重要性高于自由市场经济体和国家规制官僚主义模式（state-regulated-bureaucratic）的培训（Greinert，2005）。德国、奥地利和瑞士等国高等教育与职业教育的高度分离状态近年来受到欧盟"博洛尼亚进程"和"哥本哈根进程"以及 2008 年通过的"欧洲资格框架"的挑战。这些政策旨在促进欧盟范围内的学生流动，呼吁打破职业教育与普通教育的壁垒（Powell，Bernhard，and Graf，2012）。2010 年以来，上述三国出现了不同形式的"职业教育 + 高等教育模式"。其中，德国采用了"双元学习项目模式"，奥地利采用了"高等职业学校 + 高等教育入学资格模式"（BHS 模式），瑞士采用了"应用技术大学模式"（Graf，2013）[②]。

---

① 《舍弗勒（中国）培训中心介绍》，https://www. schaeffler. cn/content. schaeffler. cn/zh/careers/% E8% 81% 8C% E4% B8% 9A% E5% 8F% 91% E5% B1% 95/% E8% 88% 8D% E5% BC% 97% E5% 8B% 92% E5% 9F% B9% E8% AE% AD% E4% B8% AD% E5% BF% 83/index. jsp，最后访问日期：2020 年 4 月 20 日。

② 德国的双元学习项目模式混合了企业内部的工作经验和职业学院、企业大学、应用技术大学或一般大学的高等教育培养模式。这种模式包括至少上述两种学习环境。在这些项目中，学生和企业通过培训合同、兼职工作、实习实训或者实习生合同捆绑在一起，企业向学生提供工资。这种项目一般在本科层次提供。奥地利实施了 BHS 模式，提供 5 年的高等教育层次的学习经历，任何八年级毕业生都可以参与。BHS 毕业获得两个文凭：一是学术性本科文凭，另一个是职业教育证书。学术性本科毕业文凭 （转下页注）

　　与上述三国出现的"高等教育文凭＋职业资格"模式类似，太仓市的单一企业复合技能模式包括多个培训场所和教育机构，其中包括高等职业院校、企业培训中心、企业内部和（研究型）大学。在培训完成后，学生不仅能获得高等职业院校的大专文凭和本科院校的本科文凭，还可以获得 AHK－上海颁发的职业资格证书。在治理模式方面，它进一步发展了德国传统双元学徒制的校企合作治理模式，采用董事会模式将企业、高等职业院校和大学纳入合作治理机制中。这种模式与德国的"双元学习项目模式"较为类似，实际上后者是德国双元学徒制转型的妥协产物，这是由于近年来德国双元学徒制出现了短期化、模块化和欧洲化的变革（Thelen and Busemeyer，2012）。

　　单一企业复合技能模式的代表是舍弗勒双元制应用型本科项目。2015 年 9 月舍弗勒（中国）有限公司与苏州健雄职业技术学院和上海同济大学继续教育学院签署协议，启动该项目。该项目引进德国双元学徒制应用本科"Two in One"教育模式：前两年采用德国双元学徒制职业培养模式在苏州健雄职业技术学院学习，培养目标是训练工业机械工；第三年为职业教育和大学教育一体化教育模式；随后三年学生在同济大学继续教育学院的"机械设计制造及自动化"本科专业接受学历和学位教育，并在企业进行生产性训练。理论课在同济大学进行，寒暑假到舍弗勒（中国）有限公司实习。该项目的特点是培训技能以高端通适性技能为主，同时辅以企业专用技能的学习。该项目联结了普通教育与职业教育，同时提供了企业内培训与跨行业技能学习等内容①。该项目规模小，

（接上页注②）提供了未来继续接受高等教育的机会，职业教育证书为进入企业高技能岗位提供了机会。在具有三年相关职业经历后，工程、艺术、农业和林业专业的 BHS 毕业生可以申请工程师职位。瑞士的应用技术大学模式的目标是服务于职业培训受训者，法律上规定这些院校要以实践为导向。应用技术大学的治理结构包含传统职业技术教育过程的一些元素，它们通过职业本科与双元学徒制培训联系起来。瑞士的职业本科被认为是通往瑞士应用技术大学的"理想途径"，它成功衔接了双元学徒制培训和应用技术大学。瑞士应用技术大学的混合式组织结构使其能够将职业技术教育和高等教育的学习过程整合起来，并将高中层次的职业教育与高等教育衔接起来。

①　据企业介绍，该项目的实习实训安排为："6 年制实习培训中前 2 年的技能培训，与中专培训模式相同，通过德国 AHK 考试，保证了本科生技能操作能力。理论课在保证本科生毕业考试的同时加大英语和德语培训。凡是通过英语 6 级和德语 4 级的学生，均获得至少 3 个月的舍弗勒德国总部培训的机会。在德国培训期间免住宿费，免午餐费并可获得至少每月 500 欧元的生活补贴。"《舍弗勒（中国）培训中心介绍》，https://www.schaeffler.cn/content.schaeffler.cn/zh/careers/%E8%81%8C%E4%B8%9A%E5%8F%91%E5%B1%95/%E8%88%8D%E5%97%5B%92%E5%9F%B9%E8%AE%AD%E4%B8%AD%E5%BF%83/index.jsp，最后访问日期：2020 年 4 月 20 日。

每年只招收 10 名学生，属于企业提供的高成本培训。

目前，舍弗勒（中国）有限公司的太仓基地包括 2 个园区、4 家工厂、1 个双元学徒制培训中心、1 个综合服务中心。2019 年 10 月，舍弗勒（中国）有限公司启动了新园区建设，舍弗勒双元制应用型本科项目和舍弗勒（中国）培训中心一样，将服务于企业转型升级过程中的技能需求。从中专和大专层次的双元学徒制培训发展到本科层次的双元学徒制培训，这反映了企业对技能人才需求层次的提升，尤其是技能应用范围的扩大和技能的深化。

（二）组织间合作网络的构建

最近 20 多年来太仓市的双元学徒制实践，代表了局部地区应对技能短缺的另一种思路，即通过构建以企业为核心的组织间合作网络来实现资产专用技能的有效供给。这种多元主体参与的组织间合作网络逐步发展为区域的技能生态系统。在"技能生态系统"这一概念出现以前，经济学家和职业教育专家已经注意到，技能在特定的劳动力市场被生产和再生产，劳动力需求、有关供给因素、产业关系、培训、产业、地区特征、税收和福利政策共同塑造了技能形成过程，这些因素之间的相互关系被称为"技能均衡"（Crouch，Finegold，and Sako，1999；Finegold and Soskice，1988；Keep and Mayhew，1996）。技能生态系统是由企业、市场和制度网络塑造的，特定区域或产业内高、中、初级技能的供给和需求的集合。

技能生态系统是知识生产模式 2 背景下产生的技能生产和再生产形式。知识生产模式 2 改变了整个知识和技能生产的形态（吉本斯，2011）。在知识生产模式 2 阶段，知识在一个更广阔、跨学科的社会和经济情境中被创造出来。知识生产基于应用情境，知识创造场所的类型和数量大大增加。知识生产具有社会问责与反思性，知识生产的质量由更宽泛的标准来确定。值得注意的是，大学作为知识生产唯一场所的地位正逐渐丧失，知识生产也能在社会其他场所进行。高等教育机构需要逐步融入社会的交往结构中，融合在一系列社会角色（社会运动、公共活动的参与者，科技活动的参与者）的认知过程中，在这个过程中产生文化模式并生产知识（吴华杰，2016）。

在知识生产模式 2 下，技能生产主体由单一职业院校变为多个企业、职业院校、行业和企业组织、高校、政府等多主体参与的组织间合作网络。知识与技能在横跨工作场所与教育机构、跨学科的社会和经济情境中被创造出来。以技能为代表的默会知识不是通过在学校的理论学习获得的，而是在工作场所中，通过学生与企业技师和培训专家的互动获得的，属于"干中学"。双元学徒制涉及学校内学习和工作场所的学习，自然而然地促进了不同组织间的资源交流。例如，太仓中等专业学校和苏州健雄职业技术学院在跨企业培训中与多家企业进行了信息、教师和学生交流，教师与企业培训专家共同制定课程标准，学生与企业技师合作学习。为改善实训条件，企业向院校捐赠大量设备。在太仓中等专业学校模具专业的双元学徒制项目中，学校投入设备价值510万元，企业投入设备价值1041万元，相当于学校投入的2倍；在机械专业的双元学徒制项目中，学校和企业投入分别为602万元和1304万元。在苏州健雄职业技术学院的机电一体化双元学徒制项目中，学校和企业投入分别为1220万元和340万元（周新源、丁亮、侯宏强，2017）。学校和企业投入的设备、人员与其他资源形成了合作中的沉没成本，增强了相互信任，建立了技能生产合作网络。太仓中等专业学校和苏州健雄职业技术学院学徒录用率为92%~96%，未录用学徒也能进入产业链其他企业就职。对于参与技能生产的多家企业而言，它们通过对课程体系、实训内容、成本分担和学徒分配等的共同协商，做出不相互"挖人"的承诺，并且获得了优先聘任学徒的权利，有效收回了成本。这些正式和非正式协议可以防范"挖人"和"跳槽"，规范参与双元学徒制企业的行为，同时也会影响周边企业的行为。

知识生产的质量不再由学校控制，而是由企业和参与培训的行业协会或者行业资格认证机构与学校一起评价，并由学校和行业资格认证机构共同授予文凭与职业资格。例如，在太仓市的跨企业培训模式之下，学校、企业和第三方认证机构共同参与学徒评价。太仓中等专业学校的数控、模具和机械专业的学生，由学校评价其行为规范、理论学习和基本技能；企业评价其职业素养、工作品质和技能应用水平；AHK－上海举办切削机械工、模具工和机械工毕业考试。在苏州健雄职业技术学院的模具和机电专业的学徒评价中，学院负责理论知识和基础技能的考评，企业负责车间工作和综合实践能力的考察，AHK－上海负责模具工和机电一体化工考试（唐林伟，2018）。这种多方参与的技能评价不仅体现了知识生产模式2的特点，而且也能促进学校、企业和第三方认证机构之间形成有机联系网络和相互信任。同时，参与评价的三方组织在合作过程中相互学习和模仿对方的评价方式，逐步就行业通适性技能的内容、标准和评价达成一致意见。这些意见是三方共同构建的新的"实践性知识",它的出现巩固了组织间合作的基础,为三方带来收益,同时也形成了强有力的社会规范和监管体系,要求校企双方履行各自的承诺。

在知识生产模式 2 之下,高等教育机构逐步参与技能生产,嵌入职业技能合作网络中。如前所述,太仓市出现了"高等教育文凭 + 职业资格"的新型双元学徒制模式,高等职业院校和研究型大学的继续教育学院加入了与德资企业的合作,联合进行技能生产和实训。高等教育机构的参与不仅影响了培训内容,提升了知识的体系性和理论性,而且打通了普通教育和职业教育的流动渠道,有利于提升双元学徒制对学生和家庭的吸引力。在合作过程中,高等教育机构和企业通过教学合作与实习实训合作增强了信任,并逐步与科研协作结合起来,实现了部分工艺创新和组织创新。这种"技能 + 科研"的合作模式符合知识生产模式 2 的发展规律,增强了校企合作共同体内部的凝聚力。

太仓市出现的区域技能生态系统与我国当前的技能形成体制有着显著的差别。它不是由政府调节的、以职业院校为主要提供者的技能形成系统,而是以企业为核心进行调节的、双元学徒制的技能形成体系。与在美国的德国跨国企业类似(Fortwengel and Jackson,2016),太仓市的双元学徒制项目中也出现了正式和非正式的跨国企业间协议来防止"挖人",成员相互协商制定培训内容和培训标准,将高等教育课程整合到双元学徒制培训中,以及提供互惠性的行业技能培训,等等。双元学徒制项目促成了企业、职业院校、高等教育机构、政府和第三方认证机构之间的网络,这种网络正逐步发展为有共同认知的、强有力的社会规范和有效的监管机制。

如前所述,这种组织间合作网络构成了区域层面技能生态系统的基础,它能够抵御自由市场经济的影响,有助于在网络成员之间维持有效的合作。从这个意义上说,双元学徒制的跨国迁移帮助东道国形成了区域性的技能合作网络,帮助东道国向着高技能均衡乃至技能生态系统迈进(Graf et al.,2014;Graf et al.,2017;Parlow and Röchter,2016)。

四 区域技能生态系统的发展

(一) 技能生态系统构建的条件

Finegold(1999)开创性的工作以美国加州的硅谷为例分析了高水平

技能生态系统的构建。他指出高水平技能生态系统的构建需要四大支柱。第一大支柱是区域经济增长的外部催化剂，比如政府需求或投资。这些外部催化剂引致对技能的需求，同时也为技能生态系统的构建提供了经济基础。第二大支柱是维持技能生态系统发展的动力，一般是研究型大学和风险资本。研究型大学为技能生态系统的构建提供人力资本支持，源源不断地向技能生态系统提供高端通适性技能；风险资本是高端通适性技能的主要投资者和消费者。第三大支柱是本地支持性的基础设施，这是指能够鼓励企业和个人参与高风险活动的政策环境与具备吸引力的高质量生活环境。第四大支柱是企业之间紧密的关系网络和相互依存关系，这种关系网络有利于企业之间的学习、适应和共同发展。这四大支柱形成了对高端通适性技能的供给和需求体系。以往研究发现，在从低水平技能均衡向高水平技能均衡转移的过程中，技能生态系统起到了重要作用（Crouch，Finegold，Sako，1999；Finegold，1993，1999）。

太仓市多年的经济社会发展和职业教育发展恰好满足了当地技能生态系统构建的条件。与美国硅谷不同，太仓市技能生态系统服务于当地德资企业对制造业中高端人才的需求，其特点是以高成本、小规模、跨组织合作的模式来实现行业专用技能的联合生产、评价与配置。

首先，太仓市是江苏省工业发展的龙头地区，也是德国企业投资和集聚的核心地区，形成了对中高端技能的持续需求。太仓市是苏州市下属经济最为发达的地区。2019 年全年实现地区生产总值 1410 亿元、实现公共财政预算收入 163 亿元，与民生相关支出占公共财政支出比重超75%（太仓市政府，2020）。自 1993 年以来，太仓市已经发展为德资企业的聚集地。2019 年共有 324 家德资企业在太仓市运营，总投资超过 50亿美元，年工业总产值超 500 亿元，亩均产值、利润、税收分别达 1400万元、150 万元和 110 万元，集聚了克恩－里伯斯等 48 家世界"隐形冠军"企业。2016 年，太仓市引进全球第八个、中国第三个德国中心，为初入太仓市的德企提供法律咨询、财政金融等服务；2019 年太仓德国创新中心在法兰克福揭牌（顾志敏，2019）。政府投资和企业投资构成了太仓市经济发展的基础，德资企业的持续投入不仅支持了当地经济发展，而且产生了对双元学徒制高技能人才培养的需求。

其次，江苏省高等教育和职业教育资源丰富，为太仓市技能生态系统的构建提供了强大的智力支持。江苏省是高等教育大省，也是高等教育强省。江苏省高等教育入学率达到 51%，进入高等教育普及化阶段

（王兵、赵惠莉，2016）。高等职业院校和地方本科院校积极参与本科层次的双元学徒制项目。2005 年以来，苏州健雄职业技术学院深度参与双元学徒制人才培养，德国工商大会跨企业专业技术工人培训中心、舍弗勒（中国）培训中心、舍弗勒双元制应用型本科项目都是该学院与企业合作的成果。2017 年 9 月，由巴符州双元学徒制大学、东南大学成贤学院、太仓德企和太仓市政府共同参与的双元学徒制本科项目也正式启动。

高水平的职业教育机构成为太仓市技能生态系统的动力源泉。太仓中等专业学校在 2000 年 5 月和 2004 年 3 月两次被教育部评为国家级重点中等职业学校，2008 年 6 月通过江苏省四星级中等职业学校验收，2009 年 9 月被江苏省教育厅确认为江苏省四星级中等职业学校和江苏省高水平示范性中等职业学校。从 2001 年开始，该校尝试引入德国双元学徒制，并进行了长期的本土化实践。2018 年，克恩 - 里伯斯与 AHK - 上海就合作开展双元学徒制"大国工匠"项目签约，克恩 - 里伯斯（中国）企业大学揭牌成立。目前，太仓市已建立 15 个德国双元学徒制项目平台，建成了"中专、大专、本科、研究生"多层次的人才培养体系；以 AHK - 上海为依托，太仓市成为国内最大的"德国职业资格"的培训和考试基地，累计培养了一万多名高级管理和专业技术人才（顾志敏，2019）。

再次，政府的工业布局和产业政策为技能生态系统的发展提供了基础设施，促进了德资企业的集聚。太仓市经过多年的发展，形成了"2 + 5"的工业布局，通过发展镇区经济形成了分散化、多中心的经济发展模式。从 1991 年开始市政府着力引入德资企业，建设中德企业合作基地。2012 年成立中德（太仓）中小企业合作示范区（朱仲羽，2010）。中德（太仓）中小企业合作示范区的发展是太仓市政府产业政策积极支持的结果。太仓市建立了多个对德企业合作平台，包括中德（太仓）中小企业工业园、太仓德国留学生创业园等。其中，中德（太仓）中小企业工业园总造价约 3 亿元，12 家德企签约入驻。太仓德国留学生创业园致力于孵化信息技术、新材料、精密机械、环保科技等高科技创业企业，建设集高科技企业研发、技术创新和产品中试为一体的公共平台和产业载体。园区根据太仓市有关科技、人才政策，对留学回国创业人员在人才引进、研发和技术成果转化方面予以资金支持（太仓市史志办公室，2016）。

2019 年 6 月，国家发展改革委国际合作中心、太仓市政府、德国创业协会、国际技术转移协作网络国际委员会在德国柏林共建"中德（太仓）创新合作城市"项目。太仓市政府鼓励德企开展本土化的研发，通快（中国）有限公司等多家德资企业已将中国区总部或研发中心等功能型总部建在太仓市。此外，太仓高新技术产业开发区还引进了德国弗劳恩霍夫硅酸盐研究所，并建立了中德智能制造联合创新中心等一系列创新平台。近年来，太仓市开展了高端装备制造业标准化试点园区建设，建立标准化与科技创新、产业提升协同发展机制（顾志敏，2019）。这些项目共同打造了太仓市高端制造业发展的"产业公地"（Pisano and Shih，2013），形成了鼓励企业和个人参与高风险活动的政策环境与具备吸引力的高质量生活环境、研发环境和技能生产环境。

最后，太仓市本地企业之间形成了紧密的关系网络，支持技能生态系统的发展。进入太仓市的不仅有大量外资企业，也包括一些支持型服务组织，它们在企业之间构建了紧密的关系网络。这些组织既包括以AHK－上海为代表的行业组织，也包括太仓德国中心、太仓高新技术开发区欧商投资企业协会、太仓驻德办事处等服务组织。AHK－上海积极介入太仓市的双元学徒制项目。它的主要职责是代表德国工商大会监督德国企业与中国培训机构的合作，包括课程方案和课程标准的制定、培训场所的考核、教师的培训和毕业生的考试与认证。该组织深度参与太仓中等专业学校和苏州健雄职业技术学院的一系列双元学徒制项目的评价工作，推进了太仓市双元学徒制的发展。2015 年 2 月，苏州健雄职业技术学院和AHK－上海共同建立了 AHK 中德双元制职业教育示范推广基地。2015 年 10 月，AHK 德国双元制职业教育联盟在位于江苏太仓市的苏州健雄职业技术学院成立。联盟将加强内部成员之间的合作，以推动人才培养模式、专业建设的创新和成果建设等作为主要工作内容，打造德国双元学徒制本土化模式。

2015 年 3 月，德国巴伐利亚州立银行投资 1200 万美元建立太仓德国中心。太仓德国中心是专为德国企业进入国际市场而建立的招商中心，向入驻中心客户提供从市场咨询、律师服务、秘书、翻译、谈判展览到办公用房、金融服务等全方位的服务。太仓高新技术开发区欧商投资企业协会为本地 220 多家德国企业提供信息沟通的平台。该协会每个月组织德国企业的高管聚会，一起分享生产、信息、经验、供应商、物流、人员招聘和培训等方面的信息。2014 年 9 月，太仓市在中国国际投资促进中心（德国）注册成立太仓驻德国代表处，并派驻人员开展对德对欧投资促进服务工作，进一步促进了太仓市与德国的产业对接和经贸合作。

在上述四大支柱的支持下，太仓市的技能生态系统初步建成，表现为技能合作网络的形成和合作方式的持续深化。从企业培训网络到单一企业单一技能合作网络，再到单一企业复合技能合作网络，标志着合作范式的转移和技能生态系统初步建成。单一企业复合技能合作网络的形成表明，技能生态系统不是静态的、被动地适应企业的技能需求，而是伴随着当地产业向着智能化方向的发展而同步发展。这种同步发展是技能生态系统自我演化的实现。

（二）技能生态系统的合法性机制

在太仓市的技能生态系统中，不同主体有不同的位置，参与了不同类型的互动（见图 7-2）。企业、合作培训中心和（国外）职业资格认证机构构成了技能生态系统的生产部分。居于核心位置的是企业和企业构建的合作培训中心。在合作网络中，德国企业兼具双重角色：它们既是技能的需求方，也是供给方，与当地职业院校一起完成了技能的联合生产。德国企业是技能生态系统的主体，它们的需求推动了技能合作的出现，它们的参与推动了双元学徒制项目的发展。

德国工商大会担任了职业资格认证角色，控制行业专用技能生产的质量和规模。与企业不同，作为行业组织的德国工商大会关注行业技能的培训和认证，担负第三方认证机构的职责。德国工商大会提供了清晰的、被参与各方接受且证书化的职业培训标准，这些标准降低了企业、职业院校与学徒在培训过程中的交易成本（李俊，2016）。这种运营模式与德国本土的运营模式较为类似。

当地企业的协会或行会在技能生态系统中发挥了关键的协调作用，促成了企业之间"有组织的竞争"。笔者在太仓的访谈表明，当地外资企业具有较高的产业发展水平和技术水平，这些属于同一行业的企业在太仓市这个特殊的地理区位聚集，形成了关系紧密的小集团。在发展过程中，欧洲企业组建了太仓高新技术开发区欧商投资企业协会，协会内的企业之间达成了协议，通过薪酬控制和劳动力流动限制等方式限制企业间的"挖人"行为。太仓高新技术开发区欧商投资企业协会定期举行圆桌会议，除了分享各企业的人力资源最佳实践，还会深入讨论员工薪酬、技能供求、资格认证等议题。李俊（2015）发现太仓市的大量德国中小企业通过这种方式在内部形成了不完全劳动力市场，限制了该劳动力市场的流动性，降低了企业"挖人"带来的劳动力市场外部性，从而鼓励

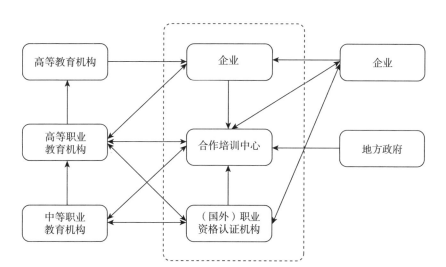

图 7 - 2 太仓市技能生态系统的构成

企业投入内部的职业培训和外部的职业教育培训合作。

中、高等职业教育机构和高等教育机构是当地技能生态系统的重要组成部分，担负生产者的角色。中等职业教育机构主要参与企业熟练技能工人的培训，并提供中专学历。太仓中等专业学校从 2001 年开始就与德国企业开展双元学徒制项目合作。从 2005 年开始，高等职业教育机构同时参与了跨企业培训和与单一企业的合作，同时通过中、高等职业教育机构衔接项目为中等职业学校毕业生提供升学机会。特别值得注意的是，2015 年苏州健雄职业技术学院通过与 AHK - 上海密切合作，共同投资形成了"AHK 中德双元制职业教育示范推广基地"，该基地承担了双元学徒制职业教育示范推广、师资培训、企业在职员工培训、德国职业教育认证、国际职业教育交流等多项功能，成为混合所有制的职业技能培训载体、认证机构和中介组织。同济大学是技能生态系统中的高端通适性技能提供者。从 2015 年开始，它通过与企业［舍弗勒（中国）有限公司］和高等职业院校（苏州健雄职业技术学院）的合作，为高等职业院校毕业生提供学历提升的机会，提供应用导向的本科学位。2017 年东南大学和德国巴登 - 符腾堡州双元学徒制大学也与太仓德企和太仓市政府共同创建双元学徒制本科项目。

地方政府是技能生态系统的有机组成部分。太仓经济开发区管委会、太仓市政府和苏州市政府作为生态系统的主导者之一，通过提供支持性的政策促成了政校企合作与企业间合作，提供了生态系统赖以生存的各种政策和物质资源。

用组织学的新制度理论来分析，政府、行会、高等教育机构、国外第三方认证机构等提供了技能生态系统所需的管制合法性、技术合法性和认知合法性（Meyer and Rowan, 1977）。合法性来自对组织进行观察并做出评判的所有利益相关者。这些利益相关者既包括组织内部的利益相关者，也包括组织外部的利益相关者。管制合法性的利益相关者一般包括上级机构、经费提供者、资格证书的颁发者等，它们通过强制手段或理性规范为组织机制、行为准则和组织结构提供规范支持。技术合法性的利益相关者来自专业组织、知识分子、行业、公众及媒体等。技术合法性为组织的核心技术和标准（包括人员任职资格、工作内容、程序、质量保证等）提供规范支持。认知合法性的利益相关者则包括组织内外所有的利益相关者，它们认为如果组织的价值、信念、结构、程序或文化等与广为认可的模型相一致，组织就具有合法性。

首先，地方政府通过出台相关政策，对职业院校与企业的技能合作持支持态度，并予以具体的指导和帮助，提供了校企合作的管制合法性。苏州市是我国最早出台校企合作促进办法（《苏州市职业教育校企合作促进办法》）的地区之一。2017 年该市在《关于进一步做好全市现代职业教育体系建设试点项目实施工作的指导意见的通知》中提出，要积极引进国际先进经验和做法，开展本土化研究和实践，导入试点项目运作过程，走开放融合的苏州特色现代职教体系建设道路。2016 年《太仓市职业教育工作要点》强调，要以《苏州市职业教育校企合作促进办法》为依据，充分发挥政府组织职能，完善校企合作联席会议制度，健全校企合作的政策保障机制。《太仓市职业教育工作要点》特别强调要积极落实市政府出台的《关于进一步深化全市对德合作工作的实施意见》，继续深化双元学徒制教育实践。太仓市政府对中德（太仓）中小企业合作示范区的重视和不断投入，也保障了中德职业教育合作得以不断深化，有力支持了技能生态系统的建立和发展。通过上述政策文件，地方政府逐步帮助校企合作走向制度化，成为被社会成员普遍认同的社会事实。通过建立新的校企合作制度框架，地方政府为组织间技能合作提供了管制合法性。

其次，社会组织参与提供了组织间技能合作所需的技术合法性。以AHK－上海为代表的第三方认证机构，不仅引入了德国双元学徒制的评价体系和考核工具，而且在与职业院校和企业的合作过程中，帮助它们按照其资格证书的要求来调整教学内容、授课方式和能力资格框架。这一过程使双元学徒制项目的质量得到提升，使办学标准逐步与企业评价标准一致，即将企业的任职资格、工作内容、程序、质量保证等与职业院校的教学和实训过程统一起来。通过这种方式，政校企合作构建的技能生态系统获得了技术合法性。

最后，行业协会和高等教育机构的参与为组织间合作网络带来了认知法性。在职业院校与企业间的一对一合作逐步发展为跨企业培训和跨院校培训后，地方政府和企业都意识到行业转型升级需要提升培训的层次。在这种压力下，地方本科院校和研究型大学逐步被纳入组织间合作网络。高等教育机构的介入不仅将高端通适性技能带入原有的职业技能培训框架，而且提升了社会各界对双元学徒制模式的认可程度，将其发展为一种新形式的高等教育层次人才培养模式。本地行业协会和商会等组织通过协调中小企业与大企业在双元学徒制项目中的合作，有力促进了本地的跨企业合作，实现了企业间"有组织的竞争"。正是这一合作机制使技能生态系统得到了广泛的社会认可，为组织间合作带来了认知合法性。

五　以组织间合作促进技能形成

在太仓市技能生态系统中发挥主导作用的不仅有地方政府，还有在太仓市聚集的德资企业。这些企业根据自己的生产需要，将德国的双元学徒制模式移植到中国。这种德国双元学徒制培训实践的跨国迁移，不是照搬德国经验，而是结合中国情境进行本土化改造。在德国双元学徒制模式迁移到中国的过程中，由于缺乏国家层面职业资格框架和有经验的培训师，因而不可能采用德国中小企业习惯的传统双元学徒制培训，只能发展一种折中的形式（Fortwengel and Jackson，2016）。更理论化的分析指出，中国在国家层面缺乏协调市场经济体的配套性制度包，不可能采用集体主义技能形成体制，因而难以在中观层面由行业协会和工会等负责技能形成的组织安排，也难以在微观层面实现校企的高成本技能合作（Remington，2018）。

如前所述，地方政府可以发挥主观能动性，创造出技能形成所需配套性制度的功能等价物。本章的分析进一步指出，当中国地方政府构建出有利于发展双元学徒制的制度环境时，仍需要企业间的合作和校企之间的合作来支持双元学徒制的本土化。在这一创新过程中，太仓市形成了以当地政府、职业院校、高等教育机构和德国企业为中心的技能生态系统。构建和维持技能生态系统需要一些核心的组织条件，具体包括以下几个方面。

第一，企业间技能合作的基础是"有组织的竞争"。双元学徒制模式取得成功的关键是太仓市的德资企业在一定程度上实现了企业之间的"有组织的竞争"，以克制企业的"逐利动机"，保障培训企业技能投资的回报，实现了技能的生产与再生产（王星，2009a）。来自德国的中小企业熟悉集体主义技能形成体制的合作方式，认同通过集体谈判达成产业层次的技能协调有利于行业专用技能的积累和有效供给。在太仓市这一特定的地理区域内，欧洲企业尤其是德国企业之间形成了正式和非正式的合作协议：一方面，通过薪酬控制实现工资级差的压缩；另一方面，直接控制员工流动以限制"挖人"和"跳槽"。这两大措施都有助于降低员工跳槽率和企业"挖人"的动力，降低了这个局部劳动力市场的流动性。在此基础上，324 家德国企业与 2 所职业院校和一个高等教育机构合作，建立了 15 个双元学徒制职业教育机构，累计为太仓市培养了一万多名高级技工，满足了本地三大产业内企业的技能需求（顾志敏，2019）。

第二，采用跨组织合作而不是点对点合作的方式满足技能需求。太仓市的经验表明，面对以中小企业为主的制造业行业，构建技能生态系统比点对点的校企合作方式更能有效地满足企业需求。考虑到中小企业的规模，单个企业与职业院校合作的交易成本较高且收益较低，只有大企业才能够通过与职业院校的一对一合作满足自己的技能需求。大企业处于垄断性的市场地位，较少受到"挖人"的威胁，因而可以从培训投资中获益。中小企业缺乏市场垄断地位的保护，因而难以通过这种"家长制"合作将培训内部化（雷明顿、杨钋，2019）。太仓市的经验表明，在技能生态系统中通过组织间合作网络来生产行业专用技能和部分企业专用技能，不仅可以降低培训成本，还可以保障培训质量。这是由于跨企业培训嵌入了建立在共同认知、强有力的社会规范和有效监管基础上的社会关系中（Fortwengel and Jackson，2016）。

第三，技能生态系统要建立在产业集聚的基础上，技能合作形态要兼顾不同规模企业的需求。双元学徒制模式之所以能够在太仓市落地和发展，得益于 20 世纪 90 年代以来德国企业在该地的集聚和三大支柱产业的蓬勃发展。产业和企业集聚确保本地有足够的技能需求，同时可以在多家企业之间分摊培训成本，使双元学徒制项目具有经济可持续性。同时，大企业一般会选择单一企业单一技能模式，通过与职业技校的合作建立内训体系。这种单一企业单一技能模式在组织形式上属于家长制模式，大企业以高投入换取对培训内容和学徒的控制。德国中小企业偏向于跨企业合作，建立混合所有制的培训机构，通过参与培训机构的治理来实现对培训标准和规模的控制，同时在企业间分配学徒。这种模式属于企业与职业院校合作建立企业外部技能养成体系，并通过第三方认证机构来保障培训质量。因此，技能生态系统不仅要支持企业内部技能养成体系的建立，也要支持外部技能合作。

第四，技能生态系统的构建需要政府的协调。技能生态系统的核心是企业协调与企业间的合作，政府的作用仍然不容忽视。首先，地方政府通过促进产业集聚形成对技能的有效需求。太仓市政府自 2000 年以来致力于发展各种服务于德资企业和民营企业的产业园、示范区、高新技术开发区和保税区等，营造了优质的招商引资氛围。以舍弗勒（中国）有限公司为代表的德国企业不仅稳定在太仓市运营，而且不断扩张，将太仓市发展为企业的总部基地，形成了对高端通适性技能的持续需求。其次，地方政府可以直接介入混合所有制企业培训中心的建设，或者通过财政支持职业院校参与此类中心的建立和发展。近年来，各级政府对中等职业学校和高等职业院校的财政投入不断增加，并以公共财政资金支持企业实训基地的建设。德国工商大会跨企业专业技术工人培训中心、AHK 中德双元制职业教育示范推广基地、AHK 德国双元制职业教育联盟均得到了太仓市政府和高新技术开发区管委会的经费与政策支持。最后，地方政府可以通过构建现代职业教育体系促进中、高等职业院校衔接以及专本衔接，为技能生态系统的演化提供条件。太仓市已经形成了从中等职业教育到高等职业教育再到本科教育的双元学徒制人才培养阶梯，在此过程中得到了江苏省高校和上海市高校的鼎力支持。在当地政府的支持下，太仓的职业教育得以与高等教育衔接，形成了以舍弗勒双元制应用型本科项目为代表的"高等教育＋职业教育"新模式。

从制度匹配的视角来看，太仓模式的重点是改变企业治理机制，将特定区域集聚的同行业企业之间的"完全自由竞争"，通过企业间协调变为"有组织的竞争"。这种转变提高了企业治理模式与技能形成体系的互补性，从而增强了企业和员工对技能投资的激励。

第八章　组织和制度因素与校企合作

一　校企合作背景

伴随着全球产业结构的转变，我国经济发展逐渐步入工业化后期，经济增长已经从改革开放前 30 年的高速增长转为中高速增长的"新常态"（黄群慧、贺俊，2015）。伴随着经济新常态的出现，我国制造业体量增加，但是国际竞争力并未同步提升。当前我国制造业增加值占全球总额的 30%，但是利润率仅为 2.59%。我国在全球制造业产业链布局中的比较优势仍集中在劳动密集型制造业领域，且有弱化迹象；在资本以及知识和技术密集型制造业领域均未形成显著比较优势（戴翔，2015；樊秀峰、程文先，2015）。我国在全球价值链中的参与度较高，但分工地位偏低，国内附加值提升缓慢（王秋红、赵乔，2018）。破坏性技术创新，如产业智能化，还有可能降低企业工资和福利总额占总产值的比重（罗长远，2008；邢春冰、李春顶，2013），扩大我国收入差距。近年来，中国制造业出口迅速增长，劳动收入占比却不断下降（王柳，2018）。有鉴于此，我国出台了一系列应对政策，对产业和产业人才发展布局做出了规划。党中央和国务院意识到职业教育对我国产业发展的重要性，对职业教育体系也做出了相应调整，出台了多项促进职业教育发展的政策。近期，校企合作、产教融合成为职业教育改革的重中之重。

职业教育的目的是通过引导学生掌握在某一特定行业或某类职业中从业所需的实用技能、专门知识。强调职业教育与产业对接的原因在于，与普通教育相比，职业教育传授的默会知识比例更大。职业教育对技能掌握的要求更多，很大一部分技能是通过不断实训而产生的默会知识。这决定了职业教育的发生场所和知识传授方式与普通教育有本质的区别。这种默会知识传授的载体是一线的技术人员、工程师和技术专家（董仁忠，2006）。在学生参与实训或实践性教学的过程中，师生或同学之间通过观察、模仿和亲身实践的方式来传授默会知识，这正是默会知识社会化的体现（耿新，2003）。鉴于默会知识传授方式的特殊性，只有在行业专家参与知识技能传授的情况下，才能保证职业教育质量。

由于教与学过程的特殊性，我国在计划经济时期依靠企业内部的技能养成体系来实现职业技能的生产与再生产，通过师徒制和企业附属的技工学校来传授默会知识。这种实践符合当时生产体制的要求，并得到单位制的保障。但由于行政力量对这个过程的支配，国有企业内部的师徒制难以满足我国工业化初期的技能需求。在市场经济转型时期，我国转为依靠企业外、学校内的职业教育培训体系来培养技能型人才，这对默会知识的习得提出了很大挑战。目前，职业教育的应对方式是通过校企合作来实现工作场所的学习，以此完成默会知识的传授。然而，从校企合作的实际效果来看，当前合作状况并不令人满意。校企合作多是松散型、浅层次的合作，内容和形式较为单一（于志晶等，2015）。对于校企双方来说，需要很长时间的相互了解和摸索来达成双方在校企合作上的共识（潘海生、王世斌、龙德毅，2013）。尽管职业院校和企业都很认同校企合作的形式，但实际上存在较为严重的体制与机制的缺失，使得实质性的合作难以开展。

本章目标是探讨组织和制度因素对校企合作的影响。研究对象是中国高等职业高专教育网发布的《企业参与高等职业教育人才培养年度报告》所呈现的 2016 年度和 2017 年度全国部分企业参与的校企合作。具体研究问题包括：（1）企业参与的校企合作包括哪些具体形式？这些形式之间存在何种关系？（2）企业特征和院校特征等组织因素如何影响企业对校企合作的参与？（3）区域制度因素如何影响企业对合作形式的选择？

二 理论视域中的校企合作

（一）技能资产专用性

在经济学家眼中，技能培训市场失败的原因在于企业"挖人"带来的外部性，问题的症结在于技能投资中存在的集体行动困境。当企业获取所需技能时，会面临进行内部培训还是从劳动力市场获得熟练技能工人的选择（Thelen，2004）。在这种情况下，企业会试图从其他企业"挖人"来规避培训成本。这种现象在我国很普遍，规模较小的私营企业会选择从拥有良好内部培训体系的国企中"挖人"而不是自己培养人才来满足技能需求。采取"挖人"策略的企业越多，培训企业面临的风险就越大，其从事技能培训的成本也就越高。一旦所有企业都采用"去技能化策略"，就会导致企业生产所依赖的技能储备不断减少和技能市场失灵。

然而现实情况并非如此。在工业化过程中，企业面临技工短缺是常见现象，这更多的是企业选择"挖人"策略的现实背景，而不是"挖人"的结果（王星，2014）。各个国家也普遍存在企业投资内部培训的现象。对此，贝克尔区分了通适性技能和特殊技能（Becker，1975）。他认为"挖人"并不会导致市场失灵，技能短缺的原因是缺少一种约束劳动力流动的机制。针对贝克尔对技能的二元分类，不少学者提出了质疑。史蒂文斯认为存在一种介于通适性技能和企业专用技能之间的可转移性技能（Stevens，1996）。各种类型技能的来源不同。从以往对德国、英国、美国以及日本技能形成体制的研究来看，普通教育为劳动者提供了大量的通适性技能，这种技能供给的数量与水平正随着高等教育的大众化而不断增加和提高。企业专用技能来自企业内部培训，真正需要通过校企合作生产的技能是行业专用技能（刘明兴、田志磊、王蓉，2014a）。

各国人力资源开发体系可以分为企业内部培训体系和企业外部培训体系。前者提供行业和企业专用技能的企业内部培训；后者是指提供行业专用技能和通适性技能的学校职业教育体系。在我国从计划经济向市场经济过渡的过程中，国企的内部培训和与之高度匹配的技工教育和用工制度，逐渐随着国有企业的式微而逐步被企业外部技能养成体系取代。在以职业院校为基础的职业教育培训中，由于企业角色被边缘化，职业院校难以及时捕捉市场所需技能的信息，导致学生培养和就业质量不高的问题。

（二）可信承诺和集体行动困境

在技能合作投资的过程中，制度安排的两个重要立足点是达成"可信承诺"和避免"集体行动困境"（Thelen，2004）。可信承诺指企业和受训员工之间达成的长期稳定合作关系；集体行动困境指企业之间由于

"搭便车"现象而无法形成合作秩序。对于集体行动困境的挑战，在我国现有市场环境以及《劳动法》的相关规定中，劳动者特别是农民工的自由流动是其维护自身权益、对抗工资价格扭曲的重要途径，事实上，企业很难通过企业间的协调来避免"搭便车"的问题。

对可信承诺问题，在我国职业教育现有的语境下，解决方案是由职业院校作为学生的代理人，以组织间合作的形式与企业达成关于技能培养的可信承诺。学生在学习过程中将接受技能培训的权利让渡给职业院校，同时职业院校有责任为学生提供所需的技能。这些技能一方面来自校内课程所涵盖的"书本知识"和职业院校对学生社会化、职业化默会知识的传授；另一方面源于职业院校不断从外界获取劳动力市场信息，传授给学生与企业需求对接的资产专用技能。

从这个角度来看，校企合作问题的解决可以借鉴企业之间解决合作问题的办法。企业之间可以通过多条途径达成可信的承诺，例如依靠长期合作（李向阳、陈旭，2009）、交易频率（袁庆明、刘洋，2004）、制度与法律约束（刘志民、吴冰，2016；吴冰、刘志民，2014，2015）、核心企业的声誉和投入资源的数量（潘锡泉，2014；潘锡泉、项后军，2012）等。例如，关系资本投入的增加可以有效提升核心企业和其他企业承诺的可信度。关系资本的投入与背弃承诺的赔偿金水平存在一定的"替代效应"，两者使得核心企业与其他企业之间的承诺变得可信（潘锡泉、项后军，2012）。

克服集体行动困境需要各主体之间积极互动，产学研互动的三螺旋理论为此提供了有价值的参考模型。校企合作的展开需要政府、职业院校与企业三方互动，以及中介组织充分的协调（邱璐轶，2011）。在政校企合作系统中，三个主体相互协调、相互作用。它们也同外部环境相互适应，任何一个主体都要受到其他主体以及外部环境的推动、控制与制约（吴强，2014；叶鉴铭、梁宁森，2009）。

（三）组织与制度因素的影响

从当前对校企合作的研究来看，学者的研究集中于对校企合作的描述以及对其运行机制及影响因素的梳理，缺乏对诸多校企合作形式的类型学研究，以及对校企合作影响因素的实证研究。在已有文献（黄亚妮，2004；肖凤翔、雷珊珊，2012）中，狭义的校企合作指学校与企业间以培养人才为主要目的而进行的一系列合作；广义的校企合作是指教育机构与产业界基于资源交互而进行的各种全方位、多层次、长期的互动，如双方在人、财、物等方面的深度交流等。本章采用广义的校企合作定义。

院校特征决定了它们对合作形式的偏好。研究发现，院校资源数量是决定是否进行校企合作的决定性条件（秦玮、徐飞，2010，2014；沈绮云、万伟平，2015），因为不同的资源数量决定了合作主体能够承担的风险和合作创造的收益。当院校资源较少时，企业更倾向于采用委托培养和技术转化的合作形式；当院校资源较多时，企业可能采取联合开发、共建实体以及其他更加长效的合作机制（王雪艳、薛美芳，2014）。若将院校自身属性、所在区域看成其组织特征，则层次越高、地处发达区域的院校越有可能采用深层次的校企合作形式（多淑杰、易雪玲，2015）。院校的举办者与专业领域等也会影响企业对合作形式的选择（施伟萍，2013）。

目前对校企合作的研究较少关注企业特征的影响。企业特征包括企业规模、所在行业、所有权结构、产业类型、企业文化特征、企业对人力资源投入的程度等方面，这些企业特征都能影响其对合作形式的选择。以企业规模为例，大企业往往拥有更多的资源，对合作伙伴的要求更高，高等职业院校层次的校企合作有时与产业发达地区的中型企业的需求更加契合（林仕彬、谢西金、陈长城，2016）。王雪艳和薛美芳（2014）认为中小企业倾向于简单、短期起效的合作形式，以快速提升自身技术水平和竞争力，大企业倾向于采用合作开发、联合一体化的深度合作以提高成果转化率。吴强（2014）认为校企合作伙伴选择的影响因素包括兼容性、资源、能力、投入与利益五个维度，而且企业规模对战略联盟长效机制有正向影响。技能资产专用性和企业技能需求的匹配在校企合作形式选择中发挥了一定作用。刘志民与吴冰（2016）认为不同企业对技能的需求不同，它们会选择不同的合作策略，进而影响对具体合作形式的选择。

除了企业特征外，企业策略也会影响其对校企合作形式的选择。资本和技术密集型行业企业对校企合作的参与度高，劳动密集型企业注重实习和用人，而人力资本专用性高的企业会更多地选择培养性合作方式（吴冰、刘志民，2015）。对其他企业属性的分析发现，跨国企业的合作水平高于国企和国内私企。采用投资型策略的企业更倾向于采用深度合作的形式（杨钋、岳铮男，2018）。校企合作的持续时间对校企之间建立互信关系有促进作用，合作的时间长短、正式程度会影响学校和企业所选择的合作类型（秦玮、徐飞，2010）。

政府投入、政策、法律条件以及合作所处区域其他环境因素是校企合作的决定因素，被看作制约当前校企合作的外部制度条件。政策支持会促进校企长效合作（吴强，2015）。政府投入不足和政策缺失会使校企合作缺乏动力和指导（袁胜军、黄立平、刘仲英，2006）。区域因素中的行业组织结构会对校企合作的内容产生影响（傅新民，2015）。

三 分析框架、数据和方法

（一）分析框架

校企合作受到企业特征、院校特征、区域特征与区域制度因素四方面的影响。首先，企业参与深度合作时，需要考虑校企之间的关系资本和企业特征。校企之间的信任程度是校企合作的必要条件，随着信任程度的上升，合作程度会提升，校企之间更有可能进行由生产层面到组织层面再到产权层面的合作。企业特征包括产业类型、企业规模、企业所有制类型等。因此，本研究提出假设1：企业特征和校企关系资本显著影响企业参与校企合作的形式。

在院校特征中，院校规模、院校举办单位、专业类别、是否示范性/骨干高职等因素可能会影响院校参与校企合作的意愿，进而影响企业参与的校企合作形式。因此，本研究提出假设2：院校组织特征显著影响企业参与的校企合作类型。

在中观层面，区域特征和制度环境会影响校企合作激励机制，它们构成了校企合作的区域制度因素。各个区域的产业布局、职业教育政策、经济发展水平、高等教育发展水平等，会影响区域支持高等职业院校参与校企合作的程度。因此，本研究提出假设3：不同区域特征和制度环境会对校企合作产生显著影响。

（二）数据和变量

本章数据来自中国高等职业高专教育网2016年发布的《企业参与高等职业教育人才培养年度报告》（以下简称《企业年度报告》）。通过对2016~2017年《企业年度报告》的整理，共整理出697份有效报告。在整理报告的过程中，笔者从企业角度出发，将报告中所涉及的具体合作形式归纳为如表8-1所示的18种合作形式，并按照成本-收益类型进行划分。

表8-1 校企合作形式

编号	所属大类	合作形式	含义	成本-收益类型
1	课堂培养	企业设置冠名班	企业与高等职业院校合作招生并设立特殊班级	低成本
2		企业设置冠名学院	企业对高等职业院校某一专业进行支持并冠名	高成本
3		企业订单培养学生	企业与高等职业院校合作培养符合企业需求的学生	高成本
4		企业派驻员工担任教师	企业派驻工程师担任高等职业院校课程指导教师或学生实习培训师傅	低成本
5	技术与资金支持	合作开发课程	企业与高等职业院校共同根据学生培养计划对课程进行内容、形式等开发	低成本
6		合作开发教材	企业与高等职业院校针对内容和实际生产活动进行教材开发，包括视频课程等	高成本
7		企业向院校捐赠设备	企业向高等职业院校进行设备捐赠，可以是捐赠企业已有的设备、淘汰设备或企业出资为学校购买设备等	高成本
8		企业培训教师	企业对高等职业院校教师进行培训	高成本
9		企业向院校捐款	企业对高等职业院校进行资助，包括高等职业院校建设费用、教师津贴、学生奖学金等	高成本
10		共建校企合作平台	企业与高等职业院校共同建设生产性、可营利的多功能平台，可承担学生实习、员工培训、合作研发等任务	高成本
11	实践培养	开设企业实习	学生进入企业实习，包括参观、见习等	低成本
12		开设顶岗实习	学生进入企业实际岗位并承担生产性任务	高成本
13		接收毕业生	企业接收高等职业院校毕业生	低成本
14	企业接受院校服务	院校教师到企业兼职	高等职业院校教师到企业兼职或协助企业进行生产或管理活动	高成本
15		企业接受院校技术服务	高等职业院校为企业进行新技术、新产品、新管理流程等研发	低成本
16		企业接受校内教师培训	高等职业院校组织企业员工培训	低成本

编号	所属大类	合作形式	含义	成本 – 收益类型
17	联合多方合作	联合政府资助	校企合作的同时有政府参与校企合作的资助项目	低成本
18		举办行业相关领域竞赛	企业举办多职业院校参与的行业竞赛	高成本

在对合作形式进行分类之后，笔者通过多条渠道查询到企业特征有关信息，并对此进行汇总，将企业划分为劳动密集型、资本密集型和技术密集型企业。

此外，笔者还利用 2013 年教育部职业教育与成人教育司"高等职业院校人才培养工作状态数据采集与管理平台"建立了院校特征数据库，变量包括院校所在城市、所在省、举办单位、建校时间、是否示范性/骨干高职、开设专业数量、高等职业院校全日制学生数量、上级主管、校内兼课人员数、校外兼课教师数、校外兼职教师数以及院校代码等。

在加入了企业特征与院校特征的基础上，笔者利用《中国统计年鉴 (2017)》（国家统计局，2017）的省级数据对企业所在地区的省份特征进行匹配，变量包括省内第二产业人口占比、省内第二产业占 GDP 比重、省人均 GDP、省教育财政支出占公共财政支出比重、省失业率、省城市化率和省对外贸易依存度等。最终，笔者以每一对校企合作伙伴为分析单位，匹配企业信息、院校信息、区域信息以及合作形式信息，构成了本研究所使用的数据库。

（三）分析方法

本研究采用文本分析法，对具体的合作内容进行归类，并从中提取合作形式关键词，对每一对合作关系包含的合作内容进行编码。

本章采用回归分析来讨论校企合作的影响因素。在进行回归分析前，笔者计算出每一对校企合作伙伴的合作形式中采用高成本合作形式的数量、是否采用高成本合作形式，以及采用高成本合作形式的比例。具体来讲，对是否采用高成本合作形式以及是否有产品、组织和产权合作两类二分变量，进行二元逻辑斯蒂回归。由于采用高成本合作形式的数量有限，对采用高成本合作形式的数量进行 Tobit 回归。每一对校企合作伙伴的合作形式中采用高成本合作形式的数量分布在0～1之间，故采用 Fractional logit 模型。

根据假设，是否采用高成本合作形式影响因素的逻辑斯蒂回归表达式为：

$$logitP(x) = ln\frac{P(x)}{1 - P(x)} = \alpha + \sum\beta_i E_i + \sum\gamma_i S_i + \sum\delta_i R_i + \varepsilon_i \qquad (8.1)$$

式（8.1）的因变量为 $P(x)$，代表是否参与高成本合作。变量中 E_i 代表企业特征，包括企业所属行业、企业规模、企业所有制类型、产业类型等；S_i 代表院校特征，包括院校举办单位、院校类型、是否示范性/骨干高职等；R_i 代表区域制度因素，包括企业是否位于现代学徒制试点地区，第二、三产业占 GDP 比重，等等。

本章采用 Tobit 模型分析采用高成本合作形式数量的影响因素，表达式为：

$$N_i = \alpha + \sum\beta_i E_i + \sum\gamma_i S_i + \sum\delta_i R_i + \varepsilon_i \qquad (8.2)$$

式（8.2）的因变量为 N_i，即每一对校企合作伙伴采用高成本合作形式的数量。各个自变量的定义同上。对采用高成本合作形式比例的分析采用 Fractional logit 方法（Papke and Wooldridge，1996），其表达式为：

$$Ratio_i = \alpha + \sum\beta_i E_i + \sum\gamma_i S_i + \sum\delta_i R_i + \varepsilon_i \qquad (8.3)$$

式（8.3）中，因变量为 $Ratio_i$，即每一对校企合作伙伴采用的高成本合作形式的比例。各个自变量的定义同上。

四 校企合作形式

经剔除无效报告后，共收集 2016 年《企业年度报告》257 份和 2017 年《企业年度报告》440 份。合并数据后，企业采用最广泛的合作形式是开设企业实习（620）、企业派驻员工担任教师（538）、合作开发课程（483）、开设顶岗实习（462）和企业培训教师（433）。企业参与较少的合作形式是企业设置冠名班（142）、企业设置冠名学院（99）、举办行业相关领域竞赛（57）、联合政府资助（16）（见图 8 - 1）。

本研究分析单位是每一对校企合作伙伴所选择的合作形式及合作类

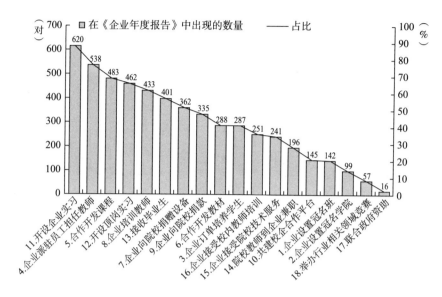

图 8 - 1　2016 年和 2017 年《企业年度年报》中各类校企合作形式

型。表8-2描述了参与校企合作的企业与院校的基本特征。研究发现：
（1）随着企业规模的扩大，采用高成本合作形式的数量、比例呈上升趋
势；（2）上市公司较非上市公司采用高成本合作形式的数量更大、比例
更高；（3）垄断行业的企业较非垄断行业的企业采用高成本合作形式的
数量更大、比例更高；（4）国有企业和外资企业较国内私营企业采用高
成本合作形式的数量更大、比例更高；（5）位于现代学徒制试点地区的
高等职业院校较没有位于现代学徒制试点地区的高等职业院校采用高成
本合作形式的数量更大、比例更高；（6）示范性高职与非示范性高职之
间采用高成本合作形式的差异不大，而骨干高职与非骨干高职之间呈现
明显差异；（7）位于"中国制造2025"示范区的企业较非示范区的企业
采用高成本合作形式的数量更大、比例更高。

　　上述描述统计分析表明企业特征影响校企合作形式。大企业、上市
公司、垄断行业的企业、国有企业和外资企业，以及位于现代学徒制试
点地区的企业和"中国制造2025"示范区的企业，采用高成本合作形式
的可能性更大。它们与高等职业院校形成了更为紧密和深入的合作关系。
这一发现印证了已有研究的发现，即企业资产专用性和策略与其参与校
企合作的偏好有关（刘志民 、吴冰，2016；苏敬勤，1999；吴冰、刘志民，
2015）。

表 8－2　参与校企合作的企业和院校的基本特征

变量名称		样本量	比例	采用高成本合作形式的数量		是否采用高成本合作形式		采用高成本合作形式的比例	
				均值	标准差	均值	标准差	均值	标准差
企业规模	大企业	371	53.20%	2.95	1.54	0.95	0.23	0.36	0.15
	中型企业	224	32.10%	2.72	1.49	0.94	0.23	0.36	0.15
	小企业	91	13.10%	2.44	1.41	0.90	20.30	0.31	0.15
	微型企业	11	1.60%	2.36	1.43	0.91	0.30	0.33	0.13
行业垄断性	垄断行业	217	31.20%	3.06	1.46	0.97	0.16	0.38	0.14
	非垄断行业	479	68.80%	2.69	1.53	0.92	0.27	0.34	0.16
生产要素	劳动密集型	202	21.00%	2.93	1.60	0.94	0.24	0.36	0.15
	资本密集型	372	38.75%	2.93	1.48	0.96	0.20	0.36	0.14
	技术密集型	386	40.20%	2.80	1.51	0.94	0.23	0.36	0.16
上市公司	是	137	19.90%	3.15	1.46	0.98	0.15	0.37	0.13
	否	553	80.10%	2.72	1.52	0.93	0.26	0.35	0.16
企业所有制类型	国有企业	148	22.60%	2.82	1.49	0.95	0.23	0.36	0.16
	国内私营企业	398	60.70%	2.75	1.52	0.93	0.26	0.35	0.16
	外资企业	110	16.80%	2.88	1.53	0.95	0.21	0.37	0.14
位于现代学徒制试点地区	是	122	17.50%	3.02	1.49	0.98	0.13	0.35	0.14
	否	575	82.50%	2.76	1.52	0.93	0.26	0.36	0.16
示范性高职	是	204	29.30%	2.81	1.51	0.94	0.25	0.35	0.15
	否	493	70.70%	2.80	1.52	0.94	0.24	0.36	0.15

续表

变量名称		样本量	比例	采用高成本合作形式的数量		是否采用高成本合作形式		采用高成本合作形式的比例	
				均值	标准差	均值	标准差	均值	标准差
骨干高职	是	137	19.70%	3.05	1.53	0.96	0.21	0.35	0.13
	否	560	80.30%	2.74	1.51	0.93	0.25	0.36	0.16
位于"中国制造2025"示范区	是	195	27.90%	3.00	1.54	0.96	0.19	0.36	0.13
	否	502	72.10%	2.73	1.50	0.93	0.26	0.35	0.16

五 组织和制度因素对校企合作的影响

(一) 可信承诺和企业特征

文献综述指出，企业通过可信承诺和合作策略来影响校企合作深度。具体而言，企业特征以及与院校之间已有的合作关系会使双方达成可信承诺，进而影响校企合作的深度。企业规模和行业性质导致企业对合作形式的偏好不同，这使校企合作的形式和深度均有所不同。本研究采用2016 年和 2017 年《企业年度报告》中的校企合作数据对上述假设进行验证。首先，基于文献综述 (Remington，2017a；Remington and Marques，2020；杨钋、岳铮男，2018)，笔者将 18 种合作形式分为高成本合作和低成本合作，并计算每一对校企合作伙伴的合作形式中是否采用高成本合作形式、采用高成本合作形式的数量和采用高成本合作形式的比例。其次，根据合作深度 (苏敬勤，1999；张米尔、武春友，2001)，可以将 18 种合作形式细分为产品合作、组织合作和产权合作①。再次，依据合作内容 (Fontana，Geuna，and Matt，2006；李廉水，1998)，可以分为 5 大类合作②。

本研究发现，可信承诺与企业市场声誉以及精英合作历史相关，两者均影响高成本合作参与。表 8 - 3 显示，上市公司采用高成本合作形式的数量显著多于非上市公司。合作时间平均每增加一年，企业采用高成本合作形式的数量显著增加 0.034 个。从校企合作深度来看，合作时间越长、企业合作院校数量越多的企业越容易与院校达成产品合作，且上市公司容易与院校达成产品合作。在企业所有制类型的比较中，国内

---

① 其中，产品合作包括接收毕业生、开设企业实习、院校教师到企业兼职、企业接受院校技术服务、企业接受校内教师培训、企业派驻员工担任教师、企业培训教师、企业设置冠名班；组织合作包括企业订单培养学生、开设顶岗实习、合作开发课程、合作开发教材、联合政府资助、企业向院校捐赠设备、企业向院校捐款、举办行业相关领域竞赛；产权合作包括企业设置冠名学院、共建校企合作平台。

② 其中包括教学内容合作 (企业订单培养学生、合作开发教材、合作开发课程、企业设置冠名班)，师资合作 (企业培训教师、企业派驻员工担任教师、院校教师到企业兼职)，资产合作 (企业向院校捐赠设备、企业向院校捐款、企业设置冠名学院、联合政府资助)，劳动合作 (开设企业实习、开设顶岗实习、接收毕业生)，服务企业 (院校教师到企业兼职、企业接受院校技术服务、企业接受校内教师培训、共建校企合作平台、举办行业相关领域竞赛)，其中院校教师到企业兼职同时属于师资合作和服务企业。

私营企业与院校达成产品合作的可能性更小。在达成组织合作的影响因素中，上市公司和合作时间增加是显著的积极影响因素。在产权合作阶段，上市公司由于其公开市场的特殊属性限制，不会与院校达成产权合作；国有企业由于其所有制的特殊性，相比之下更少地与院校进行产权合作。另外，企业合作院校数量、企业与院校的合作时间与和院校进行产权合作正相关。

表 8 - 3 可信承诺与校企合作偏好

变量	合作成本			合作深度		
	采用高成本合作形式的数量	是否采用高成本合作形式	采用高成本合作形式的比例	产品合作	组织合作	产权合作
是否为上市公司	0.471 *** (0.18)	1.174 (0.75)	0.018 (0.04)	0.370 ** (0.18)	0.531 *** (0.16)	0.302 (0.21)
国有企业	− 0.140 (0.18)	− 0.164 (0.46)	− 0.027 (0.05)	0.180 (0.18)	− 0.106 (0.16)	− 0.440 ** (0.22)
国内私营企业	− 0.567 (0.81)		0.147 * (0.08)	− 1.368 * (0.79)	− 1.129 (0.75)	0.902 (0.85)
外资企业	− 0.032 (0.21)	0.196 (0.67)	0.014 (0.05)	− 0.107 (0.20)	0.085 (0.19)	0.015 (0.24)
跨国经营企业	0.059 (0.24)	1.006 (1.10)	0.074 (0.05)	− 0.275 (0.23)	− 0.336 (0.21)	− 0.033 (0.27)
企业合作院校数量	0.008 (0.01)		6.39e − 04 (0.00)	0.014 * (0.01)	0.004 (0.01)	0.013 * (0.01)
合作时间	0.034 *** (0.01)	0.093 * (0.05)	0.001 (0.00)	0.044 *** (0.01)	0.027 *** (0.01)	0.022 * (0.01)
常数项	2.616 *** (0.11)	2.084 *** (0.33)	− 0.367 *** (0.03)	3.603 *** (0.11)	3.053 *** (0.10)	− 0.891 *** (0.16)
有效样本量	557	532	555	556	556	556

注：括号中为标准误。

$^{***} p < 0.01$，$^{**} p < 0.05$，$^{*} p < 0.1$。

企业规模、垄断行业和生产要素特征等组织特征同样影响企业的校企合作偏好。表 8 - 4 显示，从合作成本来看，大企业以及工业企业采取高成本合作形式的数量显著多于其他类型的企业；垄断行业的企业更多地采用了高成本合作形式；大企业、中型企业相比小企业采用高成本合作形式的比例更高。在合作内容的选择方面，企业特征同样发挥着显著的作用。与小企业、微型企业相比，大企业在教学内容合作方面参与更多；技术密集型企业在劳动合作和服务企业方面的参与更少；第二产业企业会更多地参与教学内容合作、劳动合作及服务企业。

表 8 - 4 企业特征与校企合作偏好

变量	合作成本			合作内容				
	采用高成本合作形式的数量	是否采用高成本合作形式	采用高成本合作形式的比例	教学内容合作	师资合作	资产合作	劳动合作	服务企业
大企业	0.422 ** (0.19)	0.099 (0.46)	0.093 * (0.05)	0.385 ** (0.15)	0.059 (0.09)	0.057 (0.07)	0.066 (0.12)	- 0.300 (0.21)
中型企业	0.294 (0.19)	0.351 (0.46)	0.104 ** (0.05)	0.182 (0.15)	0.009 (0.09)	- 0.002 (0.07)	0.017 (0.12)	- 0.225 (0.21)
垄断行业的企业	0.332 ** (0.14)	1.075 ** (0.51)	0.104 *** (0.04)	0.143 (0.11)	0.073 (0.07)	0.0541 (0.05)	- 0.002 (0.09)	0.095 (0.16)
资本密集型企业	0.020 (0.15)	0.520 (0.40)	- 0.002 (0.04)	0.008 (0.12)	0.032 (0.07)	- 0.011 (0.05)	0.054 (0.09)	4.43e - 04 (0.17)
技术密集型企业	- 0.014 (0.13)	0.058 (0.34)	0.037 (0.03)	- 0.025 (0.10)	0.014 (0.06)	0.019 (0.05)	- 0.162 ** (0.08)	- 0.228 (0.14)
第二产业企业	0.345 ** (0.14)	0.024 (0.38)	- 0.006 (0.03)	0.215 ** (0.11)	0.048 (0.06)	0.059 (0.05)	0.152 * (0.09)	0.606 *** (0.15)
常数项	2.270 *** (0.18)	2.105 *** (0.44)	- 0.481 *** (0.05)	1.259 *** (0.15)	1.262 *** (0.09)	0.598 *** (0.07)	2.078 *** (0.11)	0.997 *** (0.20)
有效样本量	695	695	692	694	694	695	694	694

注：括号中为标准误。

*** $p < 0.01$，** $p < 0.05$，* $p < 0.1$。

（二）院校特征与合作偏好

院校特征包括三大方面：一是院校组织特征，如开设专业数量、教师（全职教师和兼职教师）数量、生师比；二是高校的市场声誉，如院校是否为示范性高职或骨干高职；三是重点项目参与情况，例如院校是否为现代学徒制试点高职院校。表 8 - 5 显示，院校特征中仅有院校是否为现代学徒制试点高职院校这一因素会影响高成本合作参与，其他因素未产生显著影响。

表 8 - 5　院校特征与校企合作偏好

变量	采用高成本合作形式的数量	是否采用高成本合作形式	采用高成本合作形式的比例
现代学徒制试点高职院校	0.3450 ** (0.175)	1.3130 * (0.755)	0.0172 (0.039)
示范性高职	− 0.0211 (0.152)	− 0.2860 (0.400)	− 0.0466 (0.039)
骨干高职	0.2240 (0.168)	0.0761 (0.492)	− 0.0386 (0.039)
开设专业数量	− 0.0057 (0.007)	− 0.0181 (0.021)	− 0.0008 (0.002)
教师数量	5.36e − 05 (7.23e − 05)	− 0.0001 (2.00e − 04)	1.41e − 05 (1.56e − 05)
企业举办	0.0365 (0.188)	0.4960 (0.641)	0.0001 (0.046)
行业举办	− 0.0595 (0.174)	− 0.5430 (0.416)	− 0.0150 (0.048)
全职教师数量	− 2.99e − 04 (0.002)	0.0046 (0.005)	− 2.54e − 04 (3.63e − 04)
兼职教师数量	− 1.59e − 04 (8.51e − 04)	− 5.25e − 04 (0.002)	− 1.12e − 04 (2.18e − 04)
生师比	0.0022 (0.013)	0.0307 (0.041)	− 2.77e − 04 (0.003)
常数项	2.6200 * (0.353)	2.2950 ** (1.017)	− 0.3020 *** (0.081)
有效样本量	662	662	659

注：括号中为标准误。

*** $p < 0.01$, ** $p < 0.05$, * $p < 0.1$。

（三）区域制度因素

企业和院校参与技能合作与制度因素相关。2017 年国务院办公厅印发《关于创建"中国制造 2025"国家级示范区的通知》。目前"中国制造 2025"城市（城市群）试点示范工作已批复宁波、泉州、沈阳、长春、武汉、吴忠、青岛、成都、赣州、广州、合肥、湖州 12 个城市和苏南五市、珠江西岸六市一区、长株潭衡、郑洛新 4 个城市群。本研究根据企业所在城市，识别出位于"中国制造 2025"国家级示范区（以下简

称"中国制造 2025"示范区）运营的企业。此外，2015 年教育部遴选了
165 个单位作为首批现代学徒制试点单位和行业试点牵头单位，2017 年
又认定 203 个试点单位。本研究据此确定了现代学徒制试点地区，识别出
数据库中在这些地区运营的企业，以及参与现代学徒制试点的企业。

表 8 - 6 显示，区域制度因素显著影响校企合作的深度。从采用高
成本合作形式的数量来看，位于"中国制造 2025"示范区的企业采用
高成本合作形式的数量显著多于位于非示范区企业；省内第二产业人口
占比更高地区的企业采用高成本合作形式的数量更少；省人均 GDP、省
内第二产业占 GDP 比重更高地区的企业会采用高成本合作形式的数量
更多；省失业率越高的地区由于劳动力供给充足，企业采用高成本合作
形式的数量越少。

从是否采用高成本合作形式的角度来看，省城市化率越高地区的企
业越有可能采用高成本合作形式。省人均 GDP 越高地区的企业采用高成
本合作形式的比例越高，省失业率越高且对外贸易依存度越高地区的企
业采用高成本合作形式的比例越低。另外，省城市化率更高地区采用高
成本合作形式的比例更高，同时也更有可能采用高成本合作形式。

表 8 - 6　院校特征与校企合作偏好

变量	采用高成本合作形式的数量	是否采用高成本合作形式	采用高成本合作形式的比例
位于"中国制造 2025"示范区	0. 272 * (0. 160)	0. 972 * (0. 522)	0. 0461 (0. 0396)
位于现代学徒制试点地区	0. 0958 (0. 184)	- 0. 646 (0. 460)	- 0. 0507 (0. 0470)
省内第二产业人口占比	- 3. 809 *** (1. 244)	- 9. 903 ** (4. 099)	- 0. 464 (0. 328)
省人均 GDP	4. 89e - 07 * (2. 66e - 07)	1. 69e - 06 * (8. 89e - 07)	1. 31e - 07 * (6. 95e - 08)
省内第二产业占 GDP 比重	5. 554 * (2. 830)	9. 995 (8. 576)	- 0. 0648 (0. 791)
省教育财政支出占公共财政支出比重	- 3. 629 (3. 440)	6. 900 (10. 34)	1. 049 (0. 933)
省失业率	- 23. 40 *** (5. 392)	- 44. 92 ** (18. 03)	- 2. 635 ** (1. 280)
省城市化率	0. 527 (1. 215)	6. 670 * (3. 629)	0. 738 ** (0. 325)

变量	采用高成本合作形式的数量	是否采用高成本合作形式	采用高成本合作形式的比例
省对外贸易依存度	− 0.0863 (0.458)	− 1.824 (1.379)	− 0.316 *** (0.118)
常数项	3.046 ** (1.186)	− 0.579 (3.405)	− 0.566 * (0.337)
有效样本量	696	696	693

注：括号中为标准误。

*** $p < 0.01$，** $p < 0.05$，* $p < 0.1$。

六　讨论

已有文献表明，在缺乏相关组织和制度安排的情况下，校企双方难以开展实质性合作。职业院校在校企合作中经常面临的情况是"学校热、企业冷、学生冷"（沈绮云、万伟平，2015；叶鉴铭、梁宁森，2009），或者职业院校花大力气购置的教学设备却因耗材太贵舍不得用（刘明兴、田志磊、王蓉，2014a）；若校企合作无法给企业带来净收益，企业就不愿参与校企合作（冉云芳、石伟平，2015）。企业一方面受制于法律法规和责任划分认定细则，因而对学生的顶岗实习慎之又慎；另一方面也苦于学生的素质（包括专业知识、技能水平和职业道德素养）难以达到实际的生产要求（施伟萍，2013；于志晶等，2015）。由此可见，尽管校企双方有较好的合作愿景，但在制度短缺的条件下，由于自身需求和实际资源难以相互匹配，校企双方难以开展长效稳定的合作。

校企合作需要组织和制度因素的支持。例如，德国双元学徒制的高参与合作模式得到了广泛的制度支持（Busemeyer and Trampusch，2012a）。分析表明，德国职业教育中存在三大稳定机制。一是大企业与小企业之间的劳动分工。在这种有组织竞争的格局中，大企业由于在前期投入了大量培训资源，因而有理由继续雇用自己的学徒；而小企业则因为分工的不同，能够以较少的培训投入换来与之平衡甚至有盈余的培训成果。二是学徒与培训企业的成本分担。德国非熟练技术工人的工资是学徒工资的 3~4 倍，这种机制使得学徒有意愿承受学徒期间的低工资，同时保持稳定的学徒身份。三是强大的工会组织、强制性行业协会以及自愿性同业雇主协会之间建立了协调市场经济体的稳定机制，使各主体能克服集体行动困境，督促企业进行高质量的学徒培训（Thelen，2004）。若缺乏某一因素的支持，就无法保证双元学徒制的质量。

由于技能形成领域存在集体行动的困境，若缺少行业层面的协调，校企双方在培养人才的诸多方面难以达成一致。本研究在一定程度上验证了产学研三螺旋理论，即在技能形成过程中，相关区域层面的组织和制度因素有利于达成"可信承诺"，避免集体行动的困境，从而使企业和高等职业院校愿意投入相当规模的资源来发展技能合作。这些区域层次的组织和制度因素发挥了协调市场经济体中配套性制度安排的作用，成为其功能等价物，促成了区域技能形成领域有效的合作。

具体而言，本章发现两大类制度因素有助于校企参与高成本合作。第一类制度因素是由中央政府倡导、地方政府实施的技能发展政策。对俄罗斯、美国和中国的分析表明，地方层面的政府创新或者制度企业家，能够有效地促进团结模式、家长制模式和共同体模式校企合作的出现（Remington，2017a，2018；雷明顿、杨钋，2019）。本章采用量化分析方法讨论了企业位于"中国制造2025"示范区和现代学徒制试点地区对校企合作形式的影响。研究发现，这些政策由中央政府倡导和实施，两者均在地方层面引发了制度创新和变革，促进了行业组织、垄断行业的企业和优质高等职业院校的合作。由于地方政府的背书和支持，大型国有企业和民营企业才有可能与本地高等职业院校合作，并在一定程度上克服集体行动困境。地方大型国有企业和高等职业院校在这一过程中均有可能扮演中介组织的角色，协调其他技能合作伙伴、监督各方履行承诺、有序地配置资源。本研究支持了以往案例研究的结论，即在自由市场经济体中，地方层面的制度创新可以促成有组织的技能合作。

第二类制度因素是技能形成领域中的精英网络与校企合作历史，即校企双方的关系资本。在高成本合作参与的影响因素中，校企双方合作的时间和企业合作院校的数量有助于企业参与深度合作。这意味着企业有可能在合作中与地方政府和商业精英合作，并与多个职业教育机构合作。在这种广泛合作中，与特定合作伙伴的合作时间越长，双方信任程度就越高，积累的关系资本就越多，就越有助于达成"可信的承诺"。本研究发现关系资本在技能形成领域中可以发挥举足轻重的作用。

本研究的另一重要发现是在企业和院校特征中，发挥主导作用的是企业特征，多数院校特征对合作达成的形式没有显著影响。企业特征、竞争策略和市场地位主导了技能形成领域的合作形式。本研究发现大企业和垄断行业的企业更倾向于参与高成本合作、参与教学内容合作。这一发现与此前研究相似，即区域内垄断行业的企业会倾向于进行家长制模式的合作，通过前期的高投入换取对培训内容的控制，将职业院校内进行的职业教育转变为企业内部的技能养成。本研究还发现上市公司与非上市公司相比，更容易参与产品合作和组织合作。

第九章 现代学徒制试点与校企合作[*]

双元学徒制培训是一种与协调市场经济体的生产体制、劳资关系、社会保障制度相配套的企业内部技能养成制度（Busemeyer and Trampusch，2012a；Hall and Soskice，2001a）。在缺乏上述配套性制度支持的条件下，我国地方政府尝试扮演技能市场协调者的角色，通过组织创新来提供上述制度的功能等价物。这种尝试是否成功？现代学徒制试点等政策能否克服技能形成领域的集体行动困境？参与试点的企业和职业院校能否采用高成本合作的形式？本章采用大规模全国代表性样本数据对此进行了检验，这一分析有助于理解中央政府在技能形成领域发挥的功能，以及地方政府在降低校企合作的交易成本、促成产教深度融合方面的作用。

一 技能市场失灵与产教融合

随着我国制造业规模不断扩大、产业逐步升级，制造业人才素质与社会经济发展之间的矛盾日益凸显。制造业人才总体投入不足，培训机构能力滞后，人才发展的体制机制障碍突出。我国教育体系培养出的人才往往和社会需求脱节，这造成学生找工作难、企业招工难的两难局面（黄日强、张霞，2004；敬石开，2015）。自 2005 年至今，技能人才供给出现了明显的短缺且呈加剧趋势。从结构上看，企业职工队伍状况普遍存在初级技工多、高级技工少，传统型技工多、现代技工少，单一技能

＊ 本章部分内容引自杨钋、岳铮男《技能形成中校企深度合作的影响因素分析——基于现代学徒制试点的实证研究》，《职业教育研究》2018 年第 5 期

型技工多、复合技能型技工少，短训速成的技工多、系统培养的技工少的现象（于志晶等，2015）。

　　为解决上述技能短缺和技能错配问题，我国政府颁布了一系列促进技能形成的产业政策和产教融合政策。"十三五"规划提出了"建设现代职业教育体系，推进产教融合、校企合作"的方针。2017 年，国务院办公厅颁布了《关于深化产教融合的若干意见》，提出强化企业在产教融合中的主体地位，需要拓宽企业参与途径；深化"引企入教"改革；发挥骨干企业引领作用；等等。2019 年，《国家职业教育改革实施方案》给予产教融合型企业"金融＋财政＋土地＋信用"的组合式激励，提出可按投资额一定比例抵免企业当年应缴的教育费附加和地方教育附加。

　　产教融合政策的核心是促进企业参与，以期通过校企共同投资方式满足产业需求。这是一个传统的经济学难题。在流动性极高的劳动力市场中，投资于技能培训的企业很难从培训中受益，因为其他企业可利用"挖人"方式获取经过培训的劳动力（Becker，1993）。由于担心"挖人"威胁，企业不愿意进行培训投资，造成培训市场的失灵（Acemoglu and Pischke，1998）。培训市场失灵具体表现为企业不愿参与校企合作或者仅参与浅层次和低成本的合作。当前我国职院校与企业的合作总体上属于松散型、浅层次的合作，内容和形式较为单一。职业院校经常面临"学校热、企业冷、学生冷"的情况。校企合作往往无法给企业带来净收益，因而企业不愿参与校企合作（冉云芳、石伟平，2015）。中小企业需要职业教育为其提供后备人力资源，但没有能力参与深度的、全面的合作；有能力的大企业往往不愿参与合作，偏好企业内部培训。校企双方需要很长时间的相互了解来达成校企合作方面的共识（潘海生、王世斌、龙德毅，2013），但长时间互动提高了校企合作的交易成本，这会加剧而不是降低培训市场的失灵程度。

　　针对培训市场失灵问题，最有效的解决方案是通过企业之间"有组织的竞争"来降低劳动力市场的流动性，形成企业之间的技能培训联盟，以行业协会、商会和工会来协调行业内部的技能生产与分配（Remington，2017a）。行业协会、商会和工会等中介组织一方面可以协调大中小型企业的技能需求并组织技能生产；另一方面也可以制裁擅自采取"挖人"等措施的企业，维护参与培训企业的利益（Thelen，2004）。这种技能协调方式多见于协调市场经济体，被称为集体主义技能形成体制，其显著特点是利用各种市民社会组织来协调产业内的技能供求，这种协调机制得到了多种社会制度的支持（杨钋、王星、刘云波，2017）。在缺少"有组织的竞争"的前提下，校企合作很难在培养人才方面达成一致。为了解决这些难题，我国政府率先在职业教育领域引入中央政府倡导、地方政府实施的校企合作促进项目，如现代学徒制试点项目。本研究的目的是从效率机制和合法性机制出发，分析地方政府发挥的协调作用，进而探讨以现代学徒制试点为代表的政府激励性政策能否促进校企合作。

二 现代学徒制的中国实践

现代学徒制是一种通过学校、企业的深度合作实现教师与师傅的联合传授，以培养学生技能为主的现代人才培养模式。它强调各个主体在学校和企业两个场所中的双重身份：受培者兼具学生和学徒的身份；教师既要懂教学，又要懂生产；企业的工程师和管理人员也兼任师傅；教学过程在学校的课堂和企业的实际生产过程中同时发生；学生的技能由学历证书和职业资格证书共同保证（关晶、石伟平，2014；赵志群、陈俊兰，2014）。

很多发达国家开展了现代学徒制实践。欧盟 27 个成员国中，24 个国家在中等教育层面实施严格意义上的现代学徒制、14 个国家在高等教育层面实施广泛意义上的现代学徒制（关晶，2016）。这些国家的现代学徒制项目在专门的法律框架下实施，例如德国的《职业教育法》、英国的《学徒制、技能、儿童和学习法》、意大利的《学徒制巩固法》等。多数西方国家在现代学徒制实践中逐步形成了代表政府、行业、工会和职业院校四方利益的相对均衡的合作机制，现代学徒制各级管理机构的人员也由四方代表组成。在现代学徒制教育培训标准的制定以及课程开发的过程中，体现了多方参与的特征，参与者包括中央和地方政府、社会合作伙伴（如行业协会、雇主代表、工会、雇员和职业院校教师代表）和职业院校等（关晶，2016）。

近年来，我国政府也引入了现代学徒制项目，多部委开展了试点工作。2014 年教育部职业教育与成人教育司发布了《教育部关于开展现代学徒制试点工作的意见》（以下简称《意见》）。《意见》包括推进招生招工一体化、深化工学结合人才培养模式、加强专兼结合师资队伍建设、形成与现代学徒制相适应的教学管理与运行机制四大部分。2015 年 8 月教育部职业教育与成人教育司在《意见》基础上公布了首批试点单位名单，共涵盖 165 个单位和 17 个地区。2017 年教育部又遴选了第二批 203 个现代学徒制试点单位。2015 年，人力资源和社会保障部与财政部共同制定了《企业新型学徒制试点工作的通知》，启动了企业新型学徒制试点项目，2018 年人力资源和社会保障部与财政部又共同印发的《关于全面推行企业新型学徒制的意见》。人力资源和社会保障部与财政部先后分两批在 22 个省份启动了试点工作，共选择试点企业 158 家，培养企业新型学徒制职工近 2 万人，涉及近百个工种（韩秉志，2018）。上述两类学徒制试点项目存在较大的区别。首先，教育部主导项目的目标是完善现代职业教育体系，培养主体是职业院校和企业，对象是职业院校学生和企业在岗职工。人社部和财政部项目的目标是完善企业内部的新员工培训体系，培养主体是企业，对象是企业新招用人员和新转岗人员。其次，在合作模式方面，现代学徒制通过职业院校与企业签订合作协议，由双方共同制订人才培养方案；企业新型学徒制下企业与技工学校、职业院校等合作，采取师徒制和工学交替培养模式（陈嵩、韩保磊，2015）。

上述比较表明，现代学徒制试点项目是在我国类国家主义技能形成体制下，尝试将企业重新引入技能培养过程的一种尝试，是对企业外部技能养成体系的调整。虽然现在强调职业院校和企业的"双主体育人"，但育人过程仍以职业院校学习为主，培养内容以通适性技能和行业专用技能为主。现代学徒制强调保持学生的流动性，学生并不必然在受训企业就业，因而其所学技能的迁移性较强，且学生仍有升学可能性。在这种外部技能养成体系中，企业仍然面临较为严重的技能泄露和企业内部技术机密泄露的问题，行业中同类型企业也可受益。企业新型学徒制重在调整和发展企业内部技能养成体系，培养内容主要是企业专用技能和部分行业专用技能。由于受训对象是企业员工，且技能的可迁移性有限，技能人才流失风险降低。在企业新型学徒制下，受益者主要是具备内部培训体系的大中型企业，而小微企业和产业链相关企业受益的可能性不大。综上所述，在现代学徒制下需要政府或者其他第三方认证机构的协调或者背书来保障企业利益，而在企业新型学徒制下企业风险已经被控制，政府协调并非必要条件。

三　效率机制和合法性机制下的地方政府协调

地方政府的支持和协调是现代学徒制试点开展的关键。地方政府的顶层设计可以发挥监督和协调作用，有利于克服技能形成领域集体行动的困境。对俄罗斯的研究发现，在缺乏行业协会协调的情况下，地方政府可以充当校企合作的中介组织，促进校企参与以双元学徒制为主的深度合作（雷明顿，2016）。地方政府本身可以成为校企合作的协调者，营造有利于技能合作的制度环境。国家中山火炬高技术产业开发区和苏州工业园区管委会均通过制度创新，有效地匹配了园区内的技能供求。地方政府的协调可以逐步发展为地方化产权保护制度，推动产教融合。

教育部的现代学徒制试点在实践过程中发展出了不同的实施模式。例如，广东省第一批教育部试点高等职业院校发展出"店长制""教学企业""平台 + 主导企业 + 辅助企业""品牌引领"等典型模式（肖萍、彭康华、李震阳，2018）。"学校和企业双主体"模式在上海等地初步建立起来（茅建民，2018）。部分地区还出台了地方性的支持政策。青岛市作为教育部现代学徒制的第一批试点城市，先后出台了《青岛市现代学徒制试点工作实施方案》《青岛市现代学徒制试点项目管理办法》《青岛市现代学徒制试点项目考核评价指导意见》等 10 个地方文件，强调"从顶层设计、实施推进、保障监控等方面系统推进试点工作，联合经信、财政等部门，设立专项资金支持，确保试点工作顺利推进"（参见赵鹏飞，2018）。除了市级层面的创新，青岛市西海岸新区开展了由县域统筹实施的现代学徒制试点项目。新区教体局、财政局、人社局、工信局、科技局五部门联合下发《黄岛区现代学徒制试点工作实施意见》，成立了"现代学徒制试点工作领导小组，落实责任制，教育抓好统筹、指导学校，工信支持引导试点企业，人社保障学徒（学生）合法权益，科技为试点企业技术改造提供服务，财政部门给予经费支持，并定期会商和解决试点工作中出现的重大问题，助力试点工作有序深入开展"（参见王砚美，2018）。上述项目试点表明，现代学徒制既是一种新型教育模式，也是一种地方政府出面协调、促进产教深度融合的尝试。试点项目的创建要求校企双方做出深度合作承诺，进行一系列中长期投资。

从经济学和组织社会学制度理论的视角来看，现代学徒制试点中的地方政府协调可能通过两个机制发挥作用：一是效率机制，二是合法性机制（陈卫平、王笑丛，2018；武立东、王凯、黄海昕，2011；姚文兵，2009）。经济学的制度理论强调制度是约束组织行为及其相互关系的博弈规则，可以分为正式制度和非正式制度。在效率机制下，组织的目标是追求效用最大化，组织被看作用来降低交易成本的治理系统（武立东、王凯、黄海昕，2011）。对世界各国现代学徒制的分析认为，正式制度是各国发展经济和社会事业的主要抓手，也是规范现代学徒制的准则。各国通过制度安排建立了现代学徒制发展的外部框架，这些正式制度包括多个层面的制度，即立法（如现代学徒制相关立法）、组织机构（如建立组织机构，保障现代学徒制运行）、规范（如培训标准和师资标准）、政策（如政府向企业提供的现代学徒制补贴）和合同（如校企合作合同）（关晶，2016）。由此可见，政府可以通过立法、组织机构、规范、政策乃至合同的形式对现代学徒制进行规制。

地方政府引入与现代学徒制相关的各种正式制度的目标之一是追求效率，以降低校企合作的交易成本。校企合作涉及大量交易成本，既有直接成本，如校企双方需要投入的资金、设备、设施、基建、人员经费等，也有间接成本和机会成本，如校企协商所耗费的时间成本等。校企双方需要耗费大量资源来创建合作的关系资本（李向阳、陈旭，2009；宋华、张松波，2013；薛萌等，2018）。合作前，职业院校和企业须付出大量沉没成本来建立信任；合作开始之后，为了监督对方履行"可信的承诺"，校企双方还需要满足对方的问责需求。

作为正式制度的主要供给者，政府可以通过调节正式制度的供给来降低校企双方的交易成本。例如，2017年教育部办公厅《关于公布第二批现代学徒制试点和第一批试点年度检查结果的通知》特别强调"各地要加强省级统筹，保证对试点工作的领导，争取协调部门支持；保证对试点工作的政策、资金支持，以财政资助、政府购买等方式引导企业和职业院校积极实行现代学徒制；落实年度检查和验收相关工作"。这意味着省级政府、地市级乃至区县级政府都可以发挥协调者的作用，以优惠政策、经费、服务等降低校企双方的直接和间接交易成本，为企业和职业院校参与现代学徒制试点项目创造有利的制度环境。

与经济学制度理论关注的效率机制不同，组织社会学的制度理论强调合法性机制（Dimaggio and Powell，1983；Meyer and Rowan，1977）。合法性机制是指组织结构设计的目标是满足制度环境中要素的期待。当环境中的法律规则、文化期待等变为广为接受的社会事实，它们会对组织行为进行约束。组织为了生存必须提高自己在制度环境中的合法性。环境会影响组织的合法性机制，当面对环境的要求或压力时，组织可以采取四种策略来维护合法性，包括妥协策略、回避策略、反抗策略和操控策略（Oliver，1991）。其中操控策略是指组织会有目的地与环境合作，从而影响和操控环境。当政府感受到技能市场失灵的压力时，其合法性受到威胁，迫切需要采取行动来提升自身作为市场规制者和管理者的合法性。在这种情况下，政府会选择主动作为，选择介入乃至干预校企双方的合作来恢复和重构市场秩序，这是操控策略的典型表现。

当地方政府在合法性机制的驱动下干预校企合作时，研究者观察到不同层级地方政府介入了校企之间的合作。对2004～2014年公开文献的研究表明，在52个明确说明合作模式和合作渠道的现代学徒制试点项目中，有26个项目通过地方政府搭台实现了校企合作（刘静慧、关晶，2015）。在晋江市化纤行业产业转型升级的过程中，晋江市科技局主动联系龙头企业来探讨如何为新的全自动化生产线提供线长培训。晋江市科技局在了解企业需求后，与晋江市教育局一起向福建省教育厅和科技厅申报了"企业二元制项目"，争取到100个本科层次的企业二元制培养名额。在晋江市各政府部门的协调下，化纤行业的龙头企业通过与泉州轻工职业学院合作，实现了企业自动化生产线线长的学历提升（Yang，2017）。在这个案例中，晋江市政府在感受到技能市场压力后主动作为，通过发展现代学徒制试点项目（企业二元制项目）帮助企业实现了一线基层管理者学历和管理技能的提升，满足了产业发展的需求，提升了地方政府的认知合法性和规范合法性。在合法性机制的推动下，地方政府扮演了联结校企双方的"媒人"角色，成为合作的主要推手。

综上，在推行现代学徒制试点项目的过程中，地方政府通过效率机制和合法性机制将职业院校与企业紧密地联结在一起，促成了双方实质性的合作。有鉴于此，本章假设由于存在地方政府的积极协调，位于现代学徒制试点地区的高等职业院校和企业比位于非试点地区的高等职业院校和企业更容易参与高成本的校企合作。

四 数据和研究方法

（一）数据

为了分析现阶段我国高等职业院校与企业合作的类型及其影响因素，需要收集校企合作的关系型数据，以及高校特征、企业特征、区域特征数据。本研究采用一般研究较少采用的非结构化数据构建了合作类型及影响因素的结构化数据库。本研究以2016年和2017年《企业参与高等职业教育人才培养年度报告》（以下简称《企业年度报告》）中丰富的校企合作案例为基础，进行词频分析和内容分析，通过深度编码，将《企业年度报告》中的非结构化文字数据转化为结构化的数据，形成了本研究的分析基础。笔者还利用 2013 年教育部职业教育与成人教育司"高等职业院校人才培养工作状态数据采集与管理平台"数据，提炼出高等职业高专院校的特征数据，并与《企业年度报告》数据匹配起来。在对企业基本资料的整理中，笔者通过查询企业的有关信息，对企业的组织机构代码、注册号、统一信用代码、公司规模、所有制类型、所属行业、营业期限、注册成本、所在地等信息进行了汇总。

《企业年度报告》数据最终与 695 所高等职业高专院校数据和 695 家企业数据成功匹配起来。其中，2016 年校企合作配对样本为 244 对，2017 年校企合作配对样本为 451 对。此外，笔者还搜集了高等职业院校所在省份特征变量，如省内第二产业就业比重、省内第二产业占 GDP 比重、省人均 GDP、省教育财政支出占公共财政支出比重、省失业率、省城市化率和省外商直接投资比例等信息，并与校企合作配对样本数据进行了合并。

本研究关注的两个政策变量是高等职业院校是否参与现代学徒制试点项目，以及高等职业院校或企业所在城市是否参与现代学徒制试点项目。首先，研究者认为现代学徒制试点项目属于高成本的校企合作，参与此项目的高等职业院校既有可能参与更多的高成本合作（互补效应），也有可能参与更少的高成本合作（替代效应）。其次，按照教育部要求，参与现代学徒制试点的城市（2015 年首批 17 个城市）应该担负起该项目的协调、监督和组织工作。地方政府教育部门和相关部门需要在项目实施过程中为校企双方提供支持，发挥类似中介组织的作用（协调作用）。由此，本研究认为在试点地区的高等职业院校和企业更有可能参与高成本的合作。

（二）研究方法

对基于文字报告整理的结构化数据，研究者在分析过程中采用了文本分析方法。本章根据相关文献（Remington，2017a），将 18 种校企合作分为高成本合作和低成本合作两大类。高成本合作意味着校企双方或者企业方面需要进行大量的时间或人力资源或经济资源投入，同时企业需要深度介入合作项目的组织管理工作。根据这个定义，企业设置冠名学院、企业订单培养学生、合作开发教材、企业培训教师、企业向院校捐款、共建校企合作平台、开设顶岗实习被定义为高成本合作，其余合作类型被定义为低成本合作。本章计算了每一对校企合作配对样本参与的高成本合作数量，并以此为自变量，构建了分层线性回归模型。每一所高等职业院校都在一定的省域内运营，且每一对校企合作配对样本参与的高成本合作数量的方差中有 15% 来自省际差异，因此适合构建分层线性模型进行分析。

本研究采用第二水平的随机截距模型，以高等职业院校和企业特征为第一水平变量，以省际特征为第二水平变量。具体变量名称见表9-1。

五 现代学徒制试点对校企合作的影响

首先，表9-1显示参与现代学徒制试点项目的高等职业院校与未参与的高等职业院校在高成本合作数量方面无显著差异。这验证了前文所述的替代效应，即现代学徒制试点项目本身属于高成本的校企合作，已经参与现代学徒制试点项目的高等职业院校会将资源集中于该项目，同时减少对其他校企合作项目的投入，或者降低对其他高成本合作项目的参与度。因此，参与现代学徒制试点项目的高等职业院校在高成本合作总量方面并未显示出明显优势。

其次，若高等职业院校/企业位于现代学徒制试点地区，该对合作伙伴参与的高成本合作数量比其他合作伙伴显著多0.38个。这表明若区域范围内存在地方政府协调的校企合作促进机制，企业与高等职业院校更容易参与高成本的合作。这一发现验证了前文提出的协调作用，即地方政府教育部门和相关部门在项目实施过程中会向校企双方提供支持，发挥类似中介组织的作用。这种协调作用的发挥可能是由于地方政府追求效率机制，力图降低校企双方的交易成本；也可能是由于地方政府追求合法性机制，为回应产业需求而采用操纵环境策略，通过直接参与校企合作来提升自身合法性。无论是哪种机制在发挥作用，其结果都是现代学徒制试点地区的地方政府促进了高成本校企合作的扩张。换言之，存在地方政府协调的地市，现代学徒制这种高成本校企合作更加容易被校企双方接受，也更加容易扩散。

表 9 - 1　采用高成本合作形式数量的影响因素

变量	采用高成本合作形式的数量
第一水平变量	
上市公司	0.389 **
	(0.183)
国有企业	-0.467 **
	(0.198)
集体企业	-1.179
	(0.872)
外资企业	-0.141
	(0.208)
企业在全球范围销售	-0.175
	(0.243)
企业合作院校数量	0.006
	(0.007)
合作时间	0.039 ***
	(0.011)
大企业	0.451 **
	(0.214)
中型企业	0.435 **
	(0.209)
垄断行业	0.418 **
	(0.169)
资本密集型企业	-0.124
	(0.166)
技术密集型企业	-0.032
	(0.142)
第二产业企业	0.448 ***
	(0.151)
高等职业院校参与现代学徒制试点项目	0.238
	(0.193)
示范性高职	-0.537 ***
	(0.170)
骨干高职	-0.082
	(0.179)
高等职业院校专业数量	-0.006
	(0.008)

续表

变量	采用高成本合作形式的数量
高等职业院校全日制学生数量	5.21e−05 (7.68e−05)
企业所属高等职业院校	−0.086 (0.201)
行业所属高等职业院校	−0.127 (0.183)
全职教师数量	−0.001 (0.002)
兼职教师数量	−0.001 (0.001)
生师比	0.004 (0.014)
第二水平变量	
位于在"中国制造 2025"示范区	0.508*** (0.181)
位于现代学徒制试点地区	0.381* (0.221)
省内第二产业就业比重	−6.544*** (1.366)
省人均 GDP	5.77e−07* (3.05e−07)
省内第二产业占 GDP 比重	10.130*** (3.334)
省教育财政支出占公共财政支出比重	−4.383 (4.040)
省失业率	−27.560*** (5.925)
省城市化率	−0.076 (1.347)
省外商直接投资比例	0.408 (0.526)
常数项	2.021 (1.460)
调整后 R^2	0.230
观测值数	530

注：括号内为稳健标准误。*代表在 10% 的水平上显著，**代表在 5% 的水平上显著，***代表在 1% 的水平上显著。

研究还发现，部分企业特征和院校特征对校企参与高成本合作的数量具有显著影响。在企业特征中，与非上市公司相比，上市公司平均参与高成本合作的数量显著多0.389个。与国内私营企业相比，国有企业显著地较少参与高成本合作。与小企业相比，大中型企业显著更多地参与高成本合作。垄断行业的企业平均比非垄断行业的企业参与的高成本合作数量显著多0.418个，第二产业企业平均比非第二产业企业参与的高成本合作数量显著多0.448个。同时，与高等职业院校合作时间较长的企业更容易参与高成本合作。企业在全球范围销售、是否资本密集型企业、是否技术密集型企业对校企双方参与高成本合作数量没有显著影响。在院校特征中，示范性高职与其他院校相比更少地参与高成本合作，骨干高职与一般院校相比没有显著差异。此外，高等职业院校全日制学生数量和教师数量、院校隶属关系、生师比等对校企双方参与高成本合作数量也无显著影响。

部分区域特征对校企双方参与高成本合作具有显著促进作用。首先，位于"中国制造2025"示范区的企业与其他企业相比，平均参与高成本合作的数量显著多0.508个。除了政策激励，省份其他特征也影响参与高成本合作企业的数量。例如，当省内第二产业就业比重较高时，劳动力供给丰富，企业参与高成本合作数量显著下降；当省内第二产业占GDP比重较高时，该产业对劳动力的需求旺盛，企业参与高成本合作数量显著上升。当省失业率较高时，劳动力市场供给较多，企业在用人方面较为灵活，对高成本合作的参与会显著下降。总而言之，企业规模、企业所有制性质、行业性质、区域劳动力市场供求情况等也是企业参与高成本合作的重要影响因素。

六　结论

伴随着全球产业结构的转变，中国经济发展逐渐步入工业化后期，从改革开放前30年的高速增长转为中高速增长的经济"新常态"（黄群慧、贺俊，2015）。对此，国家出台了一系列政策以应对我国经济发展面临的问题，国务院和各部委也对职业教育体系做出了相应的升级规划，出台了多项促进职业教育发展的法律和政策。2014年教育部颁布的《关于开展现代学徒制试点工作的意见》是推动产教深度融合的重要举措。本研究表明，位于现代学徒制试点地区的企业和高等职业院校参与高成本合作的数量显著高于其他地区的企业和高等职业院校，现代学徒制试点项目促进了校企双方深度参与产教融合。

以现代学徒制试点为代表的政策之所以能发挥作用，在于它充分发挥了地方政府在校企合作中的协调作用。如前所述，校企深度合作的困难在于缺乏协调机制。在以德国为代表的协调市场经济体中，行业协会、商会和工会等社会组织积极行动，承担政府赋予的协调功能，通过集体工资谈判和技能协商，解决了校企双方面临的可信承诺问题，实现了校企的深度合作（Thelen，2004）。在转型经济体中，社会组织力量薄弱，难以承担协调校企合作的重任（Remington，2016）。在此情况下，地方政府的各个职能部门有可能成为校企合作的协调者，通过建立和完善校企合作的中介机制，推动校企参与高成本技能合作。

位于现代学徒制试点地区的企业与高等职业院校参与高成本合作的数量显著高于其他地区的企业和高等职业院校，这表明地方政府在一定程度上通过监督和协调使得校企深度合作得以顺利开展。地方政府在推动高成本合作试点扩散的过程中，采取了一系列积极措施，这些措施构成了对高成本合作的地方化产权保护。这种地方化产权保护措施既有可能通过效率机制促进校企合作，也有可能通过合法性机制推动产教融合。

第十章 技能合作创新的中国模式

自 20 世纪 80 年代以来，各国政府日益重视帮助学习者为未来工作做好准备。这种"新职业主义"思潮将发展产业技能置于公共教育讨论的核心位置。20 世纪 80 年代末期和 90 年代，世界各国均出现了新职业教育课程和组织的扩张现象，职业教育培训机构与产业合作为青少年提供了多样化的工作场所学习机会（UNESCO and ILO，2018）。自 2007 年以来，全球范围内出现了六大类提升职业教育地位和重要性的政策，包括校企合作和雇主参与、发展国家培训体系、发展国家和区域资格框架、引入质量保障机制、多元化筹资机制、提升民办培训提供者参与度（Marope，Chakroun，and Holmes，2015）。其中令人瞩目的政策是改革职业教育的治理结构和制度设计，以增加雇主和其他社会合作伙伴的参与机会（European Training Foundation，2015）。

遗憾的是，上述国际组织所倡导的国际"最佳实践"在发展中国家落地的过程中经常出现"水土不服"的现象，职业教育培训领域的政策和组织实践迁移困难重重（Watson，2006）。例如，国家和区域资格框架、公私合作伙伴关系、国家培训体系等政策在东亚和东南亚地区的实践中并未取得预期效果（Ra，Chin，and Liu，2015）。这可能与输出国和东道国政策制度环境的差异有关。技能形成领域的校企合作最能说明这个问题（Remington，2018；Remington and Marques，2020；雷明顿、杨钋，2019）。培训实践迁移困难的现象意味着技能形成领域的校企合作是在特定经济社会环境中展开的组织间合作，嵌入了区域特定的经济社会制度环境。因此，有必要从一国的宏观、中观和微观层面来分析技能合作的条件、过程和效果，以下围绕这三个层面总结本书的主要发现。

一 技能合作的宏观、中观和微观分析

本书将技能形成领域的校企合作转化为三个层面的问题，即宏观层面的央地互动、中观层面的政府协调校企关系、微观层面的校企博弈过程（见图 10 - 1）。

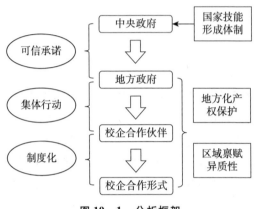

图 10 - 1 分析框架

（一） 技能形成领域的可信承诺

为探讨中央政府如何使得技能发展政策成为对地方政府可信的承诺，本研究回溯了我国技能形成体制的发展历程和当前特征，并在此框架下梳理了中央和地方政府在职业教育领域财政事权和支出责任方面的划分与相应的财政责任。研究发现，中央政府尝试通过相辅相成的三种政策工具——职业教育领域的财政事权调整、财政投入和项目制——来激励地方政府进行人力资本投资，使后者成为校企合作的"帮助之手"而非"掠夺之手"（见图 10 - 2）。这三大工具调整了国家技能形成领域中生产体制、社会保障制度和技能形成之间的关系，尤其是中央和地方政府与职业教育培训体系的关系。

诚如本书第三章所述，中央政府通过一系列改革调整了职业教育领域财政事权和支出责任，赋予地方政府职业教育服务提供的职责，自身更多地履行教育服务提供的监管与调控职责。根据党的十八届三中全会提出的"事权与支出责任相适应"的原则，各级政府根据其承担的事权来履行相应的支出责任（魏建国，2019）。1996 年颁布的《职业教育法》

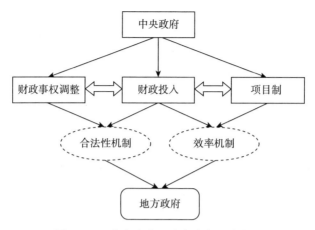

图 10 - 2　中央政府、地方政府互动关系

和 2019 年《职业教育法修订草案（征求意见稿）》对各级政府的履责方式做出了具体规定。

央地财政事权和支出责任调整明确表达了国家对技能形成领域的重视，是中央政府对职业教育发展做出的可信承诺。党的十八届三中全会以来，央地事权与支出责任划分的法治化进一步调整了职业教育领域财政事权的划分，扩大了中央政府的财政投入责任。2016～2019 年颁布的各项国家政策从两个方面调整了职业教育领域央地财政事权与支出责任的划分。一是将职业教育定义为中央与地方共同财政事权领域。2019 年国务院办公厅印发了《教育领域中央与地方财政事权和支出责任划分改革方案》，将中等职业教育免学费补助、国家助学金和国家奖学金与高等职业院校的国家助学金和国家奖学金纳入共同财政事权范畴，"学前教育、普通高中教育、职业教育、高等教育等其他教育……总体为中央与地方共同财政事权"。二是中央政府以项目制形式进行转移支付，将大量公共财政资金引入地方职业教育体系。2004～2013 年，中央财政投入各类职业教育的相关专项资金达 1113 亿元，专门用于职业院校基础能力建设、示范引领项目、学生资助和生均拨款综合奖补四大类项目（刘云波、杨钋，2020a）。

在效率机制的推动下，以项目制形态实施的财政转移支付有助于调动地方政府发展职业教育的积极性。作为一种制度形式，组织是一种在考虑产权、法律、规范和传统等背景下，用来降低交易成本的治理系统（Williamson，1994）。经济学的制度理论强调组织的目标是实现效用最大化，因而效率机制可以驱动组织决策和行为（武立东、王凯、黄海昕，2011）。技能形成领域内中央政府以财政转移支付为载体的财政投入，为地方政府制定了较为明确的考核指标。而且，中央政府能够围绕这些考核指标有效地根据下级政府的绩效情况进行奖惩。从实施效果来看，省级政府为争取示范引领项目等动员了省内高等职业院校、企业和大量的其他社会资源，展开了区域竞争（刘松林，2009；肖凤翔、于晨、肖艳婷，2016；周建松，2017；壮国桢，2012）。由此可见，基于项目制的中央财政转移支付通过效率机制调动了地方政府的积极性，提升了它们参与本地技能投资的意愿，从而形成了中央政府激励地方政府大力发展职业教育的可信承诺。

此外，合法性机制也促使地方政府积极回应中央政府的技能发展政策。组织社会学的新制度理论强调组织运行逻辑遵循合法性机制。组织要提高自己在制度环境中的合法性才能生存，不同组织可以通过三种趋同机制获得合法性，即强制机制、规范机制和模仿机制（Dimaggio and Powell，1983）。近年来，国务院以部门规章的形式规定了地方政府在职业教育中的服务提供职责和相应的财政责任，同时中央政府的财政转移支付项目又为地方政府履责提供了财政上的支持。这两者构成了地方政府生存环境中的强制性和规范性因素，迫使地方政府遵循合法性机制的要求来履行自身职责。因此，地方政府对中央政府技能发展政策的回应是在合法性机制的驱动下履行自身职责的表现。合法性是组织生存的基础，它也使得中央政府鼓励地方政府发展职业教育的承诺变得可信。

综上所述，本书认为中央政府在职业教育领域通过财政事权调整、财政投入和项目制对地方政府做出了可信承诺，推动其积极履行自身教育服务提供的监管与调控职责，大力推动本地校企合作。究其原因，财政事权与支出责任划分的法治化是建立各级政府问责机制的基础。财政事权与支出责任划分的法治化改变了地方政府履责的制度环境，形成了对地方政府事实上的问责机制。职业教育领域问责机制的出现使得中央政府的技能发展政策成为对地方政府的可信承诺。

（二）技能形成领域的集体行动

技能投资的政治经济学文献提出，企业在人力资本投资过程中面临种种风险，政策的不确定性和不连贯性、官僚寻租或不作为等对技能合作的威胁最大（Marques，Remington，and Bazavliuk，2020）。当企业与政府或者政府举办的职业教育机构进行合作时，企业以物质利益或组织资源换取高质量技能人才。为保证培养出高质量技能人才，地方政府官员和职业院校领导需要付出大量的努力，包括周期性更新课程、购置新设备和设施、聘用和留任合格教师、评价技能产出质量等（Anderson and Hassel，2013；Culpepper and Thelen，2008）。这些复杂的、劳动密集型任务必须与企业通力合作才能完成。然而这些领域的租金较低，对地方政府官员缺乏吸引力，容易出现官员不作为，给企业技能投资带来风险。除了地方政府官员不作为的风险，跨企业的组织间技能合作也面临其他严峻挑战。由于存在企业间"挖人"风险（Becker，1993），企业参与技能培训的动力不足，难以参与技能形成的集体行动（Acemoglu and Pischke，1998，1999b）。由此可见，需要建立有效的机制来对地方政府和企业问责，以保证技能形成领域中出现技能投资的集体行动。

资本主义多样性理论指出，协调市场经济体对地方政府和企业问责的方式是建立一系列互补性制度，包括工资集体谈判、全国性工会和商会参与协调等。全国性工会和商会等组织负责监督其成员履行自身的承诺。作为集体谈判和企业动员的主体，它们也能保证地方政府履行其承诺（Busemeyer，2015；Culpepper，2000；Swensen，2002）。同样，这些中介组织也会监督与职业院校合作的企业（McCubbins，Noll，and Weingast，1987）。

本书的研究表明，在缺乏上述协调市场经济体的配套性制度或者有效透明市场的情况下，转型经济体的政府也有可能创造出配套性制度的功能等价物，由地方政府发挥中介组织的作用，通过认可、激励、协调和参与的方式来促成技能形成领域的集体行动（见图10-3）。在给定的激励机制和约束条件下，地方政治精英也可以提供公共产品（如优惠信贷、优惠合同、财政投入、优惠土地和税收）来支持企业和职业院校的合作，类似于它们为民营经济提供的"帮助之手"。地方政府采取的各种策略和提供的各种公共产品形成了对企业和职业院校技能投资的地方化产权保护。

在图10-3中，认可是地方政府促成技能合作最基本的工具。地方政府的认可为校企合作和跨企业合作提供了合法性，能够促进各种类型的组织间合作。本研究观察到，我国当前的国家技能形成体制以企业外部技能养成为主，鼓励职业院校与企业开展广泛的技能合作，以提升人才培养质量和技能的劳动力市场相关性。国家层面和地方层面的政策对校

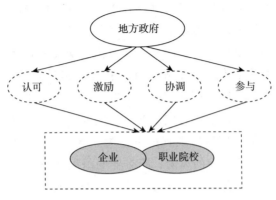

图 10 - 3　地方政府与校企合作

企合作的认可奠定了技能合作的合法性基础。

　　激励是各级地方政府校企技能合作促进政策中常包含的因素。根据组织运行的效率机制，激励政策能有效地提高校企合作参与各方的预期收益，降低预期成本和不确定性，增强各方参与意愿。例如，2019 年国务院颁布的《国家职业教育改革实施方案》是校企合作激励政策的集大成者。它规定职业院校可从校企合作中获得智力、专利、教育、劳务等报酬，具体分配由职业院校按规定自行处理；政府对产教融合型企业给予"金融＋财政＋土地＋信用"的组合式激励，可按投资额一定比例抵免该企业当年应缴教育费附加和地方教育附加。各个地方政府都据此出台了地方性实施方案，为本地校企合作提供切实的激励措施。

　　协调对地方政府提出了更高的要求，它需要地方政府具备行政和财政能力，同时兼具灵活性。当企业与公办职业院校合作时，科层制下的地方政府最适合担任协调者角色。高层级地方政府官员可以强制、监督负责管理职业教育机构的低层级政府官员的行动，实现政府内部的问责（Marques，2017；Marques，Remington，and Bazavliuk，2020）。在协调过程中，地方政府、企业均可以承担协调者的角色，这种选择与本地产业集聚的历史和地方政府能力有很大的关系。

　　此外，地方政府还可以直接参与校企合作，以促进跨组织的技能合作。与产学研的三螺旋互动类似，具备企业家精神的地方政府官员可以促成企业、职业院校、地方政府和中央政府签订相对复杂的制度协议，利用现有的本地企业间关系和政企关系来促进技能合作（Marques，2017；雷明顿、杨钛，2019）。公私合作伙伴关系是最典型的政府参与技能形成案例，地方政府通过提供教学服务、支持性服务、基础设施等形式与社会资本合作生产技能（Remington，2017a，2018；Yang，2017）。地方政府参与还有助于企业与地方政治精英建立联系，这能降低企业技能投资的不确定性，同时也能有效监督企业履行承诺。

认可、激励、协调和参与均包含了不同程度的地方化产权保护色彩。如前所述，在地方政府竞争的过程中，技能形成领域属于低租金领域，不易吸引地方政治精英的注意。然而，部分处于权力网络边缘的精英必须从更为基层的力量中寻求政治支持，以最大化自己的政治生存概率。这些精英承诺对基层的投资及其收益予以承认和保护，从而提供类似于产权保护的非排他性公共产品，形成地方化产权保护机制（章奇、刘明兴，2016：21）。这种地方政治精英与企业的相互依赖关系在民营经济领域特别明显，并逐步扩散到其他领域，包括人力资本投资领域。例如，民营经济发达的浙江省特别支持职业院校和本科院校的混合所有制改革，采用了校企混合所有制办学、政校企混合所有制办学等多种形式（曹小其、梁春龙、张海峰，2019；武南、程余伟，2018；严新乔，2017）。浙江省恰好也是地方化产权保护程度较高的地区，其民营经济的发展得益于地方政治精英的支持（章奇、刘明兴，2016）。地方政治精英对校企合作也采取了支持乃至鼓励的态度。

本书认为，地方政府可以通过认可、激励、协调和参与的方式介入本地企业与职业院校的技能合作生产，形成对地方技能合作生产事实上的产权保护。地方政府可以降低企业面临的各种风险和不确定性，提高企业参与技能投资的预期收益。地方化产权保护的差异在一定程度上解释了各地产教融合发展的差距，尤其是混合所有制试点、现代学徒制试点等为何多出现在民营经济较为发达的地区。

（三）技能合作创新的制度化

技能形成领域的政、校、企三方合作，不是简单的技能生产合作，而是涉及多利益主体的公私合作伙伴关系（Marques，Remington，and Ba-zavliuk，2020；Remington，2017a；Yang，2017）。从参与的主体来看，地方政府和公办职业院校是公共部门的代表，企业和其他社会资本是私营部门代表。从公私合作伙伴关系（Public-Private-Partnership，以下简称PPP）来看，政校企合作促成了合作者之间复杂的委托－代理关系。PPP可通过激励地方政府和社会资本的组织间合作来克服集体行动的困境：此类PPP项目要求社会资本与地方政府合作投资职业教育，这种合资形式可以确保双方做出可信的承诺；合作同样强制社会资本与地方政府签署具有法律效力的合同，使它们在合同期内的合作制度化。

创新研究认为高等职业教育创新制度化受营利性和兼容性的影响（Cai，2017；Cai and Liu，2015）。作为特定类型的 PPP，政校企技能合作也属于高等职业教育领域的一种创新。政校企合作的营利性、兼容性和合作成本显然受到区域禀赋和地方化产权保护的影响。不同地区在区域禀赋（如产业聚集度、企业生产体制和社会保护政策）、地方化产权保护（地方政府对校企合作采取的认可、激励、协调和参与策略）与合作成本方面存在差异，这三者决定了政校企合作制度化的程度。从低成本合作到高成本合作，校企合作的制度化程度逐步提高（见图 10 - 4）。

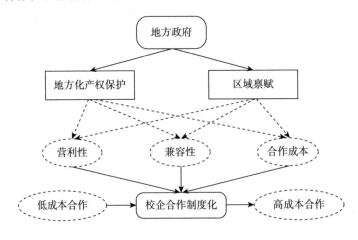

图 10 - 4　校企合作的制度化

区域禀赋有可能提升校企合作的内外部兼容性和营利性，促成校企合作的制度化。在产业集中度高、以多元化的质量生产为主、社会保护政策较为完善的区域，职业院校或企业参与校企合作的目标与国家政策和产业期待的一致性高。这些区域往往是各类产教融合政策的试点地区，例如国家现代学徒制试点地区、职业教育混合所有制改革示范区、国家职业教育示范区等，因而校企合作的外部兼容性较高。上述区域中的职业院校受到产业环境影响，较早地通过与企业合作来获取市场资源。在示范引领项目的洗礼下，这些职业院校以专业群建设带动了培养模式变革，率先采用"工学结合"等先进的技能生产方式。

同理，当地企业通过与职业院校的多年合作，完善了企业内外部的技能养成体系，形成了与职业院校的常规性合作。因此，深度校企合作与企业组织内部规范的一致性程度高，即内部兼容性高。在产业集聚区域，校企合作可以生产大量的行业专用和企业专用技能。随着职业院校毕业生在行业内的流动，先进生产技术和理念也逐步在行业内部扩散，为地区产业升级提供了技能基础。由此可见，职业院校或企业从合作中获得的有形或无形收益较高，即一般性收益较高。参与校企合作还可以提升职业院校和企业内部人员的专业能力，发展其人际关系网络，甚至促进人员在两类组织间的流动，为职业院校和企业内部人员带来有形或无形收益，即提升自利性收益。本书的研究表明，我国区域禀赋优异的地区，如珠三角、长三角、长株潭经济区等，率先实现了技能形成领域校企合作的制度化，开展了各种高成本合作，实现了跨企业技能投资合作。

地方化产权保护还有助于降低合作成本。地方政治精英对校企合作的认可、激励、协调和参与可以降低政策的不确定性，减少地方政府的寻租行为或者不作为。此外，地方政府也可为培训企业提供融资机会、土地优惠及信贷、税收减免，乃至财政投入等公共产品，有效降低培训企业的培训成本。同理，地方政府在执行财政转移支付政策的过程中，也可以为职业院校提供大量的财政性经费支持。合作成本的降低能够推动校企合作从低成本合作（如接收毕业生和培训教师）逐步转变为高成本合作（如合作开发教材和课程）。

综上，地方政府提供的地方化产权保护和地区禀赋可以通过营利性、兼容性和合作成本三个因素影响培训企业与职业院校的合作，加速校企合作的制度化进程。

二　技能形成领域校企合作的理论意义

本书虽然聚焦于技能形成领域的校企合作和区域创新，但是其中提炼的逻辑却不局限于技能形成领域。笔者尝试在此讨论两个理论议题：一是国家技能形成体制与地方政府协调的关系；二是地方化产权保护与区域禀赋的关系。

（一）国家技能形成体制与地方政府协调的关系

技能投资的政治经济学分析多将教育培训体系与更广泛的社会和经济生活的制度模式联系起来讨论。这类理论有助于理解资本主义国家中不同类型培训制度的安排（Hall and Gingrich，2009；Hall and Soskice，2001b；Iversen and Soskice，2001）。它强调一国的经济、政治和社会之间存在很强的制度互补性，这种互补性是三者之间的关系协同进化的历史结果。资本主义多样性理论的一个关键假设是国家层面的制度在全国范围内完全一致（Culpepper and Thelen，2008；Thelen，2004；Thelen and Busemeyer，2012）。近期对国家技能形成体制的研究挑战了这一同质性假设。国家层面的制度在解释自由市场经济体（如美国）和转型经济体（如俄罗斯和中国）采用双元学徒制的问题上缺乏解释力；相反，地方政府和地方政治是理解这些国家出现高成本技能合作的关键（Marques，2017；Marques，Remington，and Bazavliuk，2020；Remington，2018；雷明顿、杨钋，2019）。

本书沿袭并发展了这一假设，强调地方政府在区域技能形成中的主导作用，并结合我国情况对地方政府视角进行了拓展。首先，本书指出宏观政策虽然为地方政府行动提供了制度框架，但是中央政府的技能发展政策并非校企合作的充分必要条件。职业院校和企业的有限理性使它们更加关注地方政策环境，地方政府而非中央政府的行为决定了校企合作的成本－收益结构。在我国，难以在全国层面讨论行业组织和工会如何发挥作用来协调校企合作，需要下沉到地方层面来考察技能投资的集体行动困境。这一发现解释了为何地方层面出现了不少成功的技能合作案例。通过案例分析，本书认为我国区域技能形成的驱动力来自地方政府。企业和职业院校虽然关注国家层面的政策发展趋势，但是它们行动的规范合法性和认知合法性源于地方政府。

其次，与资本主义多样性理论以企业为中心的分析视角不同，本书认为地方政府和地方政治是理解校企合作的关键。在国家技能形成体制缺乏对高成本技能合作支持的情况下，地方政府可以发挥主观能动性，部分克服技能投资的集体行动困境。本书发现地方政府可以通过认可、激励、协调和参与的方式来促成技能形成领域的集体行动。在区域范围内，地方政府能够显著降低企业技能投资风险、校企合作的交易成本，提升技能投资的回报。因而，地方政府的行动是理解区域技能合作创新的逻辑起点。

（二）地方化产权保护与区域禀赋的关系

在技能形成领域，由于人力资本投资政策带来的租金不足，并非所有地方政府都会积极支持技能合作，区域间校企合作的差异普遍存在。本书的分析指出，在有地方化产权保护和区域禀赋优异的区域才会出现广泛或深度的技能合作，这是由于地方化产权保护的形态直接影响市场结构和企业行为。地方化产权保护程度高的区域，垄断行业的企业更有可能进行深度技能投资，地方政府也更有可能认可、激励、协调乃至参与校企合作。在产业高度集聚的区域才会出现多家企业相互竞争的局面，才有可能通过"有组织的竞争"实现跨企业的技能合作。因而，地方化产权保护和区域禀赋的差异能够解释校企合作的区域差异。

更为关键的是，区域禀赋可以调节地方化产权保护的效果。在珠三角、长三角和长株潭经济区，不少地市出现了行业集聚和龙头企业垄断的现象。例如，晋江市的纺织面料和鞋服行业与卫生用品行业、杭州的电子商务和动漫行业、宁波的化工行业等。在提供地方化产权保护方面，在高市场集中度区域，地方政府的重点是帮助垄断行业的企业进行家长制模式的校企合作。与此不同，在中小企业集聚地区（如灯具、纺织和工业母机制造业集中的中山市，精密仪器制造和智能制造聚集的苏州市，汽车配件制造集中的太仓市等），地方政府重视激励中小企业间"有组织的竞争"，帮助中小企业与职业院校建立跨企业培训中心、公用实习实训基地，促使中小企业、职业院校与本地行业协会和商会合作进行共同体模式或团结模式的技能合作。

由此可见，地方化产权保护受到区域禀赋的调节，地方政府在发展协调市场经济体配套性制度功能等价物的过程中，也会充分考虑本地产业和制度的比较优势。这一看法是对地方化产权保护假说的发展，强调了地方政治精英的行动能力会受到区域经济环境的限制。从这个意义上看，区域禀赋与历史制度主义对关键历史节点的强调有密切联系。我国部分地区出现的产业集聚是历史偶然性的产物，并非产业规划的结果。这种对区域禀赋的形成来自历史偶然性的看法，也与地方化产权保护假说对精英权力结构异质性来源的看法一致（章奇、刘明兴，2016）。

三　技能合作创新的中国模式的特征及出现的条件

破坏性技术创新在全球范围内加剧了劳动力市场的失灵。技能短缺和技能错配成为各国经济社会发展的掣肘因素。一方面，全球人力资本指数分析表明世界各国都存在大量未被利用的人力资本（World Bank，

2018）；另一方面，"机器换人"威胁到现有劳动力的工作安全。近期47%的美国劳动力会被自动化和智能化取代，这一比例在印度是69%，在中国是77%（Frey and Chen，2017；Frey and Garlick，2019；Frey and Osborne，2015，2016）。面对全球技能危机，教育培训体系改革被认为是应对技术冲击的有效措施之一（Frey and Garlick，2019）。技能形成领域的创新有可能减轻技能短缺和技能错配的负向冲击（IBM Institute for Business Value，2016，2017）。这种创新依赖于教育体系与产业伙伴的合作，校企合作能够提供高质量、产业相关性强的职业技能（Ra，Chin，and Liu，2015；UNESCO and ILO，2018）。

遗憾的是，技能合作的最佳实践很难在国家间迁移。例如，作为技能形成领域备受推崇的校企合作模式，双元学徒制在协调市场经济体中能够发挥积极作用（如德国、奥地利、瑞士等），但是它却难以被成功地迁移到日本、美国、印度、中国和俄罗斯等国（Fortwengel，2017；Fortwengel and Jackson，2016；Pilz，2009，2016b；雷明顿、杨钋，2019）。究其原因，技能合作嵌入了一国生产体制和教育体制等，且需要其他领域制度的支持。配套性制度短缺可能使得母国的最佳培训实践难以迁移。这意味着技能合作受到国家制度环境的影响，不存在普适性的最佳技能合作模式。那么，技能合作创新的中国模式的特征是什么？技能合作创新的中国模式出现的条件是什么？

（一）技能合作创新的中国模式及其特征

本书认为技能合作创新的中国模式是指我国在中央和地方政府协调下出现的多元化校企联合技能投资。技能合作创新的中国模式不仅仅是一套"作为规则的制度"（即具有功能性的制度设计，包括正式的法律法规、规章制度以及非正式的社会规范、习俗乃至意识形态），同时也是"作为信念的制度"，是嵌入社会体系的制度安排。作为信念的制度不完全是有意设计的产物，而是各个行动主体互动的结果（王星，2014：354~355）。因此，技能合作创新的中国模式不是一般意义上的技能合作"最佳实践"，而是技能形成领域中体现为"作为规则和信念的制度"的一种社会治理方式。

技能合作创新的中国模式具体表现为在缺乏协调市场经济体配套性制度的情况下，以国家技能形成体制奠定校企合作的制度基础，通过地方政府创造出协调市场经济体中配套性制度的功能等价物，即受到区域禀赋调节的地方化产权保护，从而促进地方政府、企业和职业教育培训机构在技能形成领域的有效合作。由此可见，作为社会治理方式的技能合作是不同层级政府、企业、职业教育培训机构和其他社会合作伙伴互动的结果。基于本书的分析，技能合作创新的中国模式具备以下几方面的特征。

第一，国家技能形成体制奠定了技能形成领域校企合作的制度基础。国家技能形成体制是国家层面有关技能形成主体、形成场所、技能认证、成本分担等关键制度的安排。宏观技能形成体制是校企合作的制度背景。当前我国兼具国家主义技能形成体制和集体主义技能形成体制的特征。

第二，中央政府可在职业教育领域通过财政事权调整、财政投入和项目制的方式，促进地方政府履行自身教育服务提供－监管与调控的职责和相应的财政责任。这种对地方政府的问责机制会促使其提供地方化产权保护，并根据区域禀赋来调节地方化产权保护的供给。

第三，依靠地方政府提供针对技能合作的地方化产权保护机制。宏观政策中的张力为地方政府创新提供了空间。地方政府通过认可、激励、协调和参与方式介入本地企业与职业院校的技能合作，形成对技能合作创新的地方化产权保护。

第四，在不同的地方化产权保护策略之下，各地可以发展形态各异的技能合作模式。政校企之间的合作属于技能形成领域的 PPP，可以由地方政府、企业和职业院校单独或者合作进行协调。

第五，地方政府可以促进区域内的技能合作逐步趋向制度化。制度化的进程受到地方化产权保护策略和区域禀赋的调节。

综上所述，技能形成领域中的校企合作是一个历史性的、社会化的制度建构过程。地方政府协调下的校企合作，可以通过主体间在技能形成领域中的互动创建一套具有功能性的制度规则。这表现为国家层面的技能形成体制和地方层面的地方化产权保护机制；前者塑造了技能合作的宏观制度环境，后者构建了技能合作微观的成本－收益机制。

（二）技能合作创新的中国模式出现的条件

技能合作创新的中国模式出现的条件是什么？从经济社会学历史制度学派的视角来看，技能形成是社会建构的产物（王星，2014）。作为转型经济体和新兴市场经济国家，我国经历了技能形成体制重构的过程，逐步由集体主义技能形成体制过渡到国家主义技能形成体制。宏观技能形成体制的变化和技能合作的创新不是理性选择的结果，而是组织制度力量战略互动的产物。当前以地方政府协调为主的技能合作创新，是社会治理体系中不同制度安排之间相互耦合与多元功能互动的产物，这些创新依赖于制度匹配。

与资本主义多样性理论强调国家层面不同制度之间的匹配不同，在我国语境中，更为重要的是同一体系内不同制度之间的匹配，即行政体系内部职业教育领域财政事权和支出责任的划分，以及地方层面各政策领域的协调。在我国事权和支出责任法治化的进程中，地方政府被赋予教育服务提供－监管与调控的责任。这种制度安排一方面形成了对地方政府的问责机制，另一方面也为地方政府提供地方化产权保护提供了空间。地方化产权保护是一系列区域层面的配套性制度安排，功能上与协调市场经济体中国家层面的匹配制度类似，能够降低企业参与技能合作面临的不确定性和交易成本。地方化产权保护作为一套制度规则是技能合作创新中国模式出现的关键条件之一。

更为重要的是，通过利益相关者的互动，技能形成领域中出现了由规则、信念和组织构成的彼此相互联系的系统。伴随着技能形成领域中信念制度的逐步发展，地方政府、企业和职业院校之间的技能合作改变了它们对技能合作的认知模式，也改变了它们对其他参与者行为的预期。在区域技能形成领域的互动中，它们开始尝试"扮演他人的角色"。一方面，企业开始将内部技能养成体系外部化，通过派驻员工担任教师、合作开发课程和教材、提供工作场所学习机会、向院校捐赠设备等形式深度参与职业院校的技能养成过程，从技能需求者逐步发展为技能的联合供给者。另一方面，地方政府以认可、激励、协调和参与等方式从技能形成领域的教育服务提供－监管与调控者逐步转变为技能合作的协调者和参与者。同时，不同层次的职业院校（包括中等职业学校、高等职业院校和应用技术大学）以技能人才供给和应用型科研支持了产业发展和区域发展，成为企业和产业人才供给的基础。技能合作中的组织间互动既改变了政校企三大合作参与者对自身的定位和认知，又改变了它们对其他参与者行为的预期和信念。这种新的认知模式是一种作为信念的制度，它是"作为规则的制度"产生、发展和被接纳的底层心智结构，它改变了行动者的偏好，成为制度变迁的动力机制。

因此，技能合作创新中国模式的出现，同时需要作为规则的制度和作为信念的制度的支持。这也解释了为何技能合作领域的国际最佳实践难以迁移。最佳迁移实践包括三个层次：在规范层次，将母国技能合作的组织实践迁移到东道国；在规制层次，仿效母国方式在东道国构建配套性的制度安排；在认知层次，通过东道国组织行动者的互动实现社会认知模式和预期的改变。当前的最佳迁移实践常常发生在规范层次，简单地将一国培训实践复制到其他国家。比较政治学和政治经济学的历史制度主义分析涉及管制层次，强调企业的组织实践迁移需要配套性制度的支持，但是仍未讨论认知层次。本书揭示出认知层次的重要性，管制层次的制度安排需要认知层次的支持才能得到有效实施。总而言之，技能合作创新的中国模式不是一般意义上技能合作的"最佳实践"，而是体现"制度二重性"的一套社会治理方式。

（三）理论和分析价值

本书以"深描"的方式对技能合作创新的中国模式这一社会治理方式进行了总结和理论探讨。在理论视野方面，本书结合技能投资分析的组织制度视角和政策视角，对技能形成领域校企合作创新的中国模式进行了宏观、中观和微观三个层面的立体化分析。本书不是已有理论的简单应用，而是以校企合作议题串联起不同的理论视角，深化了对相关议题的分析。例如，本书将历史制度主义国家技能形成体制的讨论与地方政府地方化产权保护的讨论有机结合起来，分析和比较了两者在解释技能合作方面的有效性。通过对不同理论视角的勾连，本书在更为广阔的理论视域下就技能合作的相关议题进行了讨论，拓展了已有研究的理论视野。

在分析价值方面，本书对技能合作创新的中国模式进行了系统化梳理和分析，对技能形成领域的重要现实议题予以理论化的讨论和回应。首先，笔者梳理了国家技能形成体制理论与我国技能形成体制建构的历史过程，阐明了具有中国特色的政校企技能合作的历史发展过程，回答了"中国经验从哪里来"的问题。当前对校企合作的研究缺乏对时间和空间维度的关注，忽视了技能合作的历史发展过程和区域差异，既缺乏对"制度遗产"及其当前影响力的讨论，又缺乏对校企合作区域差异的分析，尤其缺乏对民营经济发达地区校企合作蓬勃发展的解释。本研究采用历史制度主义的视角和制度匹配的观点，将历史和空间重新放入对技能形成领域技能合作的讨论，提出当前技能合作创新的中国模式是社会建构的产物，而非简单理性选择的结果。

其次，本书从宏观、中观和微观层面剖析了组织间技能合作的条件，讨论了技能合作投资中可信承诺和集体行动困境问题在中国情境中得到解决的过程，从而说明了"中国经验是什么"的问题。技能合作创新的中国模式是宏观技能形成体制与地方政府协调不断调适的结果，其经验核心是发展技能形成领域中的地方化产权保护。

再次，本书结合对政策工具和职业教育国家治理体系的分析，说明了"中国经验发挥作用的条件"。考虑到地方政府的行动嵌套在国家治理体系之中，职业教育国家治理体系对财政事权和支出责任的划分是技能合作创新中国模式形成的组织制度环境。中央政府对职业教育领域财政事权和支出责任的划分，形成了对地方政府提供地方化产权保护的压力；中央政府以项目制形式进行的专项转移支付，形成了对地方政府供给地方化产权保护的激励。

最后，基于区域案例分析，本书说明了"中国经验的形成过程"。地方政策创新是技能合作创新中国模式的一个来源。地方政府可以通过产业政策的区域调整在局部地区促进技能形成与生产体制的匹配，实现小范围的技能合作创新。除了以地方政策试验来促进技能合作，将技能合作纳入区域创新体系建设也是一种行之有效的措施。在一体化的区域创新政策框架中，技能合作不再是独立的政策领域，而是与地方高技能人才供给、应用型科研供给等"产业公地"建设融合，成为地方政府关注的首要议题。

2019 年国务院颁布的《国家职业教育改革实施方案》是新时期我国技能形成领域的纲领性文件。时任教育部部长陈宝生在 2019 年全国教育工作会议上指出，教育事业发展的难点之一是培养产业生力军改革攻坚行动。[1]《国家职业教育改革实施方案》提出要完善国家职业教育制度体系、构建职业教育国家标准、促进产教融合校企"双元"育人、建设多元办学格局、完善技术技能人才保障政策、加强职业教育办学治理督导评价等。这一方案与诸多国际组织倡导的职业教育领域改革有异曲同工之妙（Ra，Chin，and Liu，2015；UNESCO and ILO，2018），后者多强调技能形成领域国家层面的协调、国家体系的建设，以及采用多种经济激励方式来促进产教融合。

---

[1] 陈宝生：《落实 落实 再落实——在 2019 年全国教育工作会议上的讲话》，2019 年 1 月 18 日，http://www.moe.gov.cn/jyb_ xwfb/moe_ 176/201901/t20190129_ 368518.html

以国家力量推动"强制性制度变迁"固然可以取得一定的成效，但是本书对我国过去数十年来技能形成领域校企合作的梳理表明，在地方化产权保护下出现的"诱致性制度变迁"往往能够支持高质量、持久和制度化的校企合作。职业教育培训的目标是提供就业机会和社会保障，地方政府在协调职业教育、就业和社会保障政策方面的优势明显。当前我国采用了地方化的社会保障和就业保障体系，职业教育领域也采用了以地方政府统筹为主的管理方式。因而，在地方层面，职业教育与就业和社会保障的衔接更加密切。技能形成领域的校企合作恰好嵌入了地方层面的社会保障、就业保障和职业教育培训体系所构成的制度网络之中。因此，有必要在《国家职业教育改革实施方案》的指引下，认真思考如何进一步推动地方层面的技能合作创新。这既是我国技能合作的比较优势所在，也是符合当前国情的现实选择。

四　结语

蔡元培先生曾指出职业教育要满足社会需要、服务社会。"今时之社会，所需者何业，某地之社会，所需者何业，必一一加以调查，然后立一校，无不当其位置，设一科，无不给其要求，而所养人才，自无见弃之患"（参见梁柱，2006：81）。技能形成领域的校企合作是衔接职业教育与产业和社会需求的天然桥梁，有助于实现职业技能培训服务社会的功能。

如何更好地发挥技能合作的积极社会功能？如何以高质量技能合作应对破坏性技术创新和劳动力市场两极分化对就业和社会保护的影响？如何以技能合作支持我国产业升级和经济长期发展？这些是摆在政策制定者和学者面前的现实问题。本书在此方面做出了初步的尝试，然而仍有大量理论和实践问题需要进一步的研究来解决。技能合作是一个动态发展的领域，是社会建构的产物，未来研究应关注技能合作的社会建构如何受到政治经济环境变化的影响，并反作用于这些社会结构性因素，即从制度变迁的视角来把握技能形成领域的合作创新。

如何在全球化和破坏性技术创新频繁出现的今天把握职业教育的发展方向？如何在技能形成领域通过校企合作发展良性的社会互动？如何实现蔡元培先生以实业教育服务社会的理想？这些问题有待未来充满想象力的社会实践和科学研究来回答。

参考文献

Acemoglu, D. (2002). "Technical Change, Inequality, and the Labor Market. " *Journal of Economic Literature* 40 (1): 7 –72.

Acemoglu, D. , and Autor, D. (2011) . "Skills, Tasks and Technologies: Implications for Employment and Earnings. " In D. Card and O. Ashenfelter (Eds.), *Handbook of Labor Economics*, pp. 1043 – 1171. Amsterdam: Elsevier Science Ltd.

Acemoglu, D. , and Pischke, J. S. (1998) . "Why Do Firms Train? Theory and Evidence. " *The Quarterly Journal of Economics* 113 (1): 79 –119.

Acemoglu, D. , and Pischke, J. S. (1999a) . "Beyond Becker: Training in Imperfect Labour Markets. " *The Economic Journal* 109 (453): 112 –142.

Acemoglu, D. , and Pischke, J. S. (1999b) . "The Structure of Wages and Investment in General Training. " *Journal of Political Economy* 107 (3): 539 –572.

Acemoglu, D. , and Pischke, J. S. (2000) . "Certification of Training and Training Outcomes. " *European Economic Review* 44 (4 –6): 917 –927.

Alvaredo, F. , Assouad, L. , and Piketty, T. (2017) . "Measuring inequality in the Middle East 1990 – 2016: The World's Most Unequal Region?" Retrieved from https://wid. world/document/alvaredoassouadpiketty-middleeast-widworldwp201715/.

Alvaredo, F. , Garbinti, B. , and Piketty, T. (2017) . "On the Share of Inheritance in Aggregate Wealth: Europe and the USA, 1900 – 2010. " *Economica* 84 (334): 239 –260.

Anderson, K. , and Hassel, A. (2013) . "Pathways of Change in CMEs:

Training Regimes in Germany and the Netherlands. " In A. Wren (Ed.),
The Political Economy of the Service Transition, pp. 171 – 194. London:
Oxford University Press.

Aoki, M. (1994) . "The Contingent Governance of Teams: Analysis of Institu-
tional Complementarity. " *International Economic Review* 35 (3): 657 – 676.

Ashton, D. , and Green, F. (1996) . *Education, Training and the Global
Economy*. Cheltenham: Edward Elgar.

Baregheh, A. , Rowley, J. , and Sambrook, S. (2009) . "Towards a Mul-
tidisciplinary Definition of Innovation. " *Management Decision* 47 (8):
1323 – 1339.

Beadle, J. (2019) . Adapting Coordinated Partnerships for Career and Tech-
nical Education in Liberal Market Economies: An Analysis of the Massa-
chusetts Advanced Pathways Program. (Senior Thesis) . Harvard Univer-
sity.

Becker, G. S. (1975) . *Investment in Human Capital: Effects on Earn-
ings*. New York: National Bureau of Economic Research.

Becker, G. S. (1993) . *Human Capital*. Chicago: University of Chicago
Press.

Benbasat, I. , and Goldstein, D. K. (1987) . "The Case Research Strategy
in Studies of Information Systems. " *MIS Quarterly* 11 (3): 369 – 386.

Benz, A. (2000) . "Two Types of Multi-level Governance: Inter-govern-
mental Relations in German and EU Regional Policy. " *Regional and Fed-
eral Studies* 10 (3): 21 – 44.

Blossfeld, H. P. (1992) . "Is the German Dual System a Model for a Mod-
ern Vocational Training System?" *International Journal of Comparative So-
ciology* 33 (3): 168 – 181.

Burrowes, J. , Young, A. , Restuccia, D. , Fuller, F. , and Raman, M.
(2014). "Bridge the Gap: Rebuilding America's Middle Skills. Boston,
MA: Accenture, Burning Glass, and Harvard Business School. " Re-
trieved from: https://www. hbs. edu/competitiveness/Documents/bridge-
the-gap. pdf.

Busemeyer, M. R. (2009) . "Asset Specificity, Institutional Complementar-
ities and the Variety of Skill Regimes in Coordinated Market Economies. "

Socio-Economic Review 7 （3）: 375 – 406.

Busemeyer, M. R. （2015）. *Skills and Inequality: Partisan Politics and the Political Economy of Education Reforms in Western Welfare States.* New York: Cambridge University Press.

Busemeyer, M. R., and Iversen, T. （2014）. "The Political Economy of Skills and Inequality." *Socio-Economic Review* 12 （2）: 241 – 243.

Busemeyer, M. R., and Trampusch, C. （2012a）. "The ComparativePolitical Economy of Collective Skill Formation." In M. R. Busemeyer and C. Tramsch （Eds.）, *The Political Economy of Collective Skill Formation*, pp. 3 – 40. London: Oxford University Press.

Busemeyer, M. R., and Trampusch, C. （2012b）. *The Political Economy of Collective Skill Formation.* London: Oxford University Press.

Cai, Y. （2015）. "What Contextual Factors Shape 'Innovation in Innovation'? Integration of Insights of the Triple Helix and the Institutional Logics Perspective." *Social Science Information* 54 （3）: 299 – 326.

Cai, Y. （2017）. "From an Analytical Framework for Understanding the Innovation Process in Higher Education to an Emerging Research Field of Innovations in Higher Education." *The Review of Higher Education* 40 （4）: 585 – 616.

Cai, Y., and Liu, C. （2015）. "The Roles of Universities in Fostering Knowledge-Intensive Clusters in Chinese Regional Innovation Systems." *Science and Public Policy* 42 （1）: 15 – 29.

Cai, Y., Pinheiro, R., Geschwind, L., and Aarrevaara, T. （2016）. "Towards a Novel Conceptual Framework for Understanding Mergers in Higher Education." *European Journal of Higher Education* 6 （1）: 7 – 24.

Cai, Y., Yang, P., and Lyytinen, A. （2019）. "The Role of Non-research Universities in Regional Innovation Systems in China." In A. Varga and K. Erdös （Eds.）, *Handbook of Universities and Regional Development*, pp. 329 – 347. London: Edward Elgar Publishing.

Cai, Y., Zhang, H., and Pinheiro, R. （2015）. "Institutionalization of Technology Transfer Organizations in Chinese Universities." *European Journal of Higher Education* 5 （3）: 297 – 315.

Cantwell, J. （2006）. "Innovation and Competitiveness." In J. Fagerberg,

M. D. , and R. Nelson (Eds.), *The Oxford Handbook of Innovation*, pp. 543 – 567. New York: Oxford University Press.

Capelli, P. (2014). "Skill Gaps, Skill Shortages and Skill Mismatches: Evidence for the US. " NBER Working Paper 20382. Retrieved from http://www. nber. org/papers/w20382.

China Daily. (2019). "Vocation Education Reform. " Retrieved from http://www. chinadaily. com. cn/a/201902/19/WS5c6b412ca3106c65c34e9fc6. html.

Clark, B. R. (1998). *Creating Entrepreneurial Universities: Organizational Pathways of Transformation.* Oxford: International Association of Universities and Elsevier Science Ltd.

Clarke, J. , and Newman, J. (1994). "The Managerialisation of Public Service. " In J. Clarke, E. McLaughlin, A. Cochrane, and P. E. McLaughlin (Eds.), *Managing Social Policy*, pp. 13 – 31. London: SAGE.

Corbin, J. M. , and Strauss, A. (1990). "Grounded Theory Research: Procedures, Canons and Evaluative Criteria. " *Qualitative Sociology* 13 (1): 3 – 21.

Crouch, C. , Finegold, D. , and Sako, A. M. (1999). *Are Skills the Answer?* London: Oxford University Press.

Culpepper, P. D. (2000). "Can the State Create Cooperation?: Problems of Reforming the Labor Supply in France. " *Journal of Public Policy* 20 (3): 223 – 245.

Culpepper, P. D. , and Thelen, K. (2008). "Institutions and Collective Actors in the Provision of Training: Historical and Cross-National Comparisons. " In K. U. Mayer & H. Solga (Eds.), *Skill Formation: Interdisciplinary and Cross-National Perspectives*, pp. 21 – 49. New York: Cambridge University Press.

Deloitte and Manufacturing Institute. (2015). "The Skills Gap in U. S. Manufacturing: 2015 and Beyond. " http://www. themanufacturinginstitute. org/ ~ /media/827DBC76533942679A15EF7067A704CD. ashx.

Dill, D. D. , and Vught, F. A. (2010). *National Innovation and the Academic Research Enterprise: Public Policy in Global Perspective.* Baltimore, MD: The Johns Hopkins University Press.

Dimaggio, P. J. , and Powell, W. W. (1983). "The Iron Cage Revisited:

Institutional Isomorphism and Collective Rationality in Organizational Fields. " *American Sociological Review* 48 (2): 147 – 160.

Doner, R. F. , and Schneider, B. R. (2016). "The Middle-Income Trap: More Politics than Economics. " *World Politics* 68 (4): 608 – 644.

Easterly, W. R. (2002). *The Elusive Quest for Growth: Economists' Adventures and Misadventures in the Tropics.* Cambridge: MIT Press.

Edquist, C. (1997). *Systems of Innovation: Technologies, Institutions and Organizations.* London: Pinter Publisher.

Estevez-Abe, M. , Iversen, T. , and Soskice, D. (2001). "Social Protection and the Formation of Skills: A Reinterpretation of the Welfare State. " In P. A. Hall and D. Soskice (Eds.), *Varieties of Capitalism: The Institntional Foundations of Comparative Advantages*, pp. 145 – 184. London: Oxford Universing Press.

Etzkowitz, H. (1994). "Academic-industry Relations: A Sociological Paradigm for Economic Development. " In L. Leydesdorf and P. Van Den Besselaar (Eds.), *Evolutionary Economics and Chaos Theory: New Directions in Technology Studies*, pp. 139 – 151. London, UK: Pinter Publisher.

Etzkowitz, H. (2004). "The Evolution of the Entrepreneurial University. " *International Journal of Technology and Globalization* 1 (1): 64 – 77.

Etzkowitz, H. (2008). *The Triple Helix: University-Industry-Government Innovation in Action.* New York: Routledge.

Etzkowitz, H. (2013). "Anatomy of the Entrepreneurial University. " *Social Science Information* 52 (3): 486 – 511.

Etzkowitz, H. , and Leydesdorff, L. (1997). *Universities and the Global Knowledge Economy: A Triple Helix of University-Industry-Government Relations.* London: Pinter Publisher.

Etzkowitz, H. , and Leydesdorff, L. (2000). "The Dynamics of Innovation: From National Systems and 'Mode 2' to a Triple Helix of University-Industry-Government Relations. " *Research Policy* 29 (2): 109 – 123.

Etzkowitz, H. , and Leydesdorff, L. (2001). *Triple Helix of University-Industry-Government Relations.* New York: Springer.

European Training Foundation. (2015). "Governance of Vocational Education and Training in the Southern and Eastern Mediterranean. " Retrieved from:

https://www. etf. europa. eu/sites/default/files/m/5E2A9522D42FFB2DC12 58025003A2857_SEMED_VET%20governance. pdf.

Finegold, D. (1993). "Breaking out of the Low-skill Equilibrium. " *Education Economics* 1 (1): 77 – 83.

Finegold, D. (1999). "Creating Self-sustaining, High-skill Ecosystems. " *Oxford Review of Economic Policy* 15 (1): 60 – 81.

Finegold, D., and Soskice, D. (1988). "The Failure of British Training: Analysis and Prescription. " *Oxford Review of Economic Policy* 4 (3): 21 – 53.

Fontana, R., Geuna, A., and Matt, M. (2006). "Factors Affecting University-Industry R and D Projects: The Importance of Searching, Screening and Signaling. " *Research Policy* 35 (2): 309 – 323.

Fortwengel, J. (2017). "Practice Transfer in Organizations: The Role of Governance Mode for Internal and External Fit. " *Organizational Science* 28 (4): 895 – 909.

Fortwengel, J., and Jackson, G. (2016). "Legitimizing the Apprenticeship Practice in a Distant Environment: Institutional Entrepreneurship Through Inter-Organizational Networks. " *Journal of World Business* 51 (6): 895 – 909.

Frey, C. B. (2019). *The Technology Trap: Capital, Labor, and Power in the Age of Automation.* Princeton: Princeton University Press.

Frey, C. B., and Chen, C. (2017). "Technology at Work v3. 0: Automating e-Commerce from Click to Pick to Door. " Oxford Martin Programme on Imparts of Future Technology.

Frey, C. B., and Garlick, R. (2019). "Technology at Work v4. 0: Navigating Work in an Era of Technological Change. " Oxford Martin Programme on Impart of Future Technology.

Frey, C. B., and Osborne, M. (2015). "Technology at Work: The Future of Innovation and Employment. " Oxford Martin Programme on Impart of Future Technology .

Frey, C. B., and Osborne, M. (2016). "Technology at Work v2. 0: The Future Is Not What It Used to Be. " Oxford Martin Programme on Impart of Future Technology .

Frye, T., and Iwasaki, I. (2011). "Government Directors and Business-

State Relations in Russia. " *European Journal of Political Economy* 27
(4): 642 – 658.

Fuller, J. B. , and Raman, M. (2017) . "Dismissed by Degrees: How De-
gree Inflation is Undermining U. S. Competitiveness and Hurting America's
Middle Class. " Boston, U. S. : Accenture, Grads of Life, Harvard Busi-
ness School, October. Retrieved from: https://www. hbs. edu/managing-
the-future-of-work/Documents/dismissed-by-degrees. pdf.

Fumasoli, T. (2015) . "Multi-level Governance in Higher Education Re-
search. " In Huisman, J. , De Boer, H. , Dill, D. D. , & Souto – Otero,
M. (Eds.), *The Palgrave International Handbook of Higher Education
Policy and Governance*, pp. 76 – 94. London: Palgrave Macmillan.

GAO. (2011) . "Multiple Employment and Training Programs: Providing In-
formation on Colocating Services and Consolidating Administrative Structures
Could Promote Efficiencies. " Retrieved from: https://www. gao. gov/as-
sets/320/314551. pdf.

Gehlbach, S. (2008) . *Representation Through Taxation: Revenue, Politics,
and Development in Post Communist States.* New York: Cambridge Univer-
sity Press.

Gehlbach, S. , and Keefer, P. (2011) . "Investment Without Democracy:
Ruling-Party Institutionalization and Credible Commitment in Autocracies. "
Journal of Comparative Economics 39 (2): 123 – 139.

Gibbons, M. (1998) . *Higher Education Relevance in the 21st Century.* Paris:
UNESCO.

Graf, L. (2013) . *The Hybridization of Vocational Training and Higher Edu-
cation in Austria, Germany, and Switzerland.* Leverkusen: Verlag Barbara
Budrich.

Graf, L. , Powell, J. J. W. , Fortwengel, J. , and Bernhard, N. (2014).
*Dual Study Programmes in Global Context: Internationalization in Germany
and Transfer to Brazil, France, Qatar, Mexico, and the US.* Bonn: Her-
tie School.

Graf, L. , Powell, J. J. W. , Fortwengel, J. , and Bernhard, N. (2017) .
"Integrating International Student Mobility in Work-based Higher Educa-
tion. " *Journal of Studies in International Education* 21 (2): 156 – 169.

Green, A. (1999) . "East Asian Skill Formation Systems and the Challenge of Globalisation. " *Journal of Education and Work* 12 (3) : 253 –279.

Green, F. , Sung, J. , Lu, K. X. , and Huang, Q. H. (1994) . "The Skill Formation System in China: Outline and Issues for Research. " Centre for Labour Market Studies, University of Leicester, UK.

Greenwood, R. , Oliver, C. , Sahlin, K. , and Suddaby, R. (2008) . *The SAGE Handbook of Organizational Institutionalism.* London: SAGE.

Greinert, W. D. (1998) . *Das "deutsche System" der Berufsausbildung-Tradition, Organisation, Funktion.* Baden-Württemberg: Nomos Verlagsgesellschaft.

Greinert, W. D. (2005) . *Mass Vocational Education and Training in Europe Classical Models of the 19th Century and Training in England, France and Germany During the First Half of the 20th.* Luxembourg: Office for Official Publications of the European Communities.

Gumport, P. J. (2000) . "Academic Restructuring: Organizational Change and Institutional Imperatives. " *Higher Education* 39 (1) : 67 –91.

Hall, P. A. , and Gingrich, D. W. (2009) . "Varieties of Capitalism and Institutional Complementarities in the Political Economy: An Empiric Alanalysis. " *British Journal of Political Science* 39 (3) : 449 –482.

Hall, P. A. , and Soskice, D. (2001a) . "An Introduction to Varieties of Capitalism. " In P. A. Hall and D. Soskice (Eds.), *Varieties of Capitalism: The Institutional Foundations of Comparative Advantages*, pp. 1 – 69. London: Oxford University Press.

Hall, P. A. , and Soskice, D. (2001b) . *Varieties of Capitalism: The Institutional Foundations of Comparative Advantages.* London: Oxford University.

Hamilton, S. F. (2017) . *School-to-work and Career Pathways: Lessons Learned and to Be Learned.* New York: Cornell University Press.

Hansen, H. (2011) . "Rethinking Certification Theory and the Educational Development of the United States and Germany. " *Research in Social Stratification and Mobility* 29 (1) : 31 –55.

Hoffman, N. (2011) . *Schooling in the Workplace: How Six of the World's Best Vocational Education Systems Prepare Young People for Jobs and Life.* Cambridge: Harvard Education Press.

Hoffman, N. (2015). "Let's Get Real: Deeper Learning and the Power of the Workplace." Retrieved from https://jfforg-prod-prime.s3.amazonaws.com/media/documents/Lets-Get-Real-021715.pdf.

Hoffman, N., and Schwartz, R. B. (2017). *Learning for Careers: The Pathways to Prosperity Network.* Cambridge: Harvard Education Press.

Hooghe, L., and Marks, G. (2001). *Multi-level Governance and European Integration.* Lanham: Rowman and Littlefield.

Hooghe, L., and Marks, G. (2003). "Unraveling the Central State, but How? Types of Multi-level Governance." *American Political Science Review* 97 (02): 233 – 243.

IBM Institute for Business Value. (2016). "Pursuit of Relevance, How Higher Education Remains Viable in Today's Dynamic World." Retrieved from https://www.ibm.com/downloads/cas/WQOK1GDN.

IBM Institute for Business Value. (2017). "Facing the Perfect Storm: Global Skill Study." Retrieved from: https://www.ibm.com/downloads/cas/LBMPLMLJS.

Iversen, T. (2005). *Capitalism, Democracy, and Welfare.* London: Cambridge University Press.

Iversen, T., and Soskice, D. (2001). "An Asset Theory of Social Policy Preferences." *American Political Science Review* 95 (4): 875 – 893.

Jackson, S. (2015). "A New Era of Alignment in Massachusetts's Advanced-Manufacturing Industry." Retrieved from https://www.jff.org/resources/new-era-alignment-massachusetts-advanced-manufacturing-industry/.

Katz, E., and Ziderman, A. (1990). "Investments in General Training: The Role of Information and Labour Mobility." *Economic Journal* 100 (403): 1147 – 1158.

Keep, E., and Mayhew, K. (1996). "Acquiring skills: Evaluating the Assumptions that Underlie Training Policy." In A. L. Booth and D. J. Snower (Eds.), *Acquiring Skills: Market Failures, Their Symptoms and Policy Responses*, pp. 303 – 334. New York: Cambridge University Press.

Khor, N., Pang, L., Liu, C., Chang, F., Mo, D., Loyalka, P., and Rozelle, S. (2016). "China's Looming Human Capital Crisis: Upper Secondary Educational Attainment Rates and the Middle-income

Trap. " *China Quarterly* 228: 905-926.

Krug, B. , and Libman, A. (2015). "Commitment to Local Autonomy in Non-democracies: Russia and China Compared. " *Constitutional Political Economy* 26 (2): 221 –245.

Lauder, H. , Brown, P. , and Ashton, D. (2008). "Globalisation, Skill Formation and the Varieties of Capitalism Approach. " *New Political Economy* 13 (1): 19 –35.

Lauder, H. , Brown, P. , and Ashton, D. (2017). "Theorizing Skill Formation in the Global Economy. " In J. Buchanan, D. Finegold, K. Mayhew, and C. Warhurst (Eds.), *The Oxford Handbook on Skills and Training*. Oxford: Oxford University Press.

Lee, A. S. (1989). "A Scientific Methodology for MIS Case Studies. " *MIS Quarterly* 13 (1): 33 –50.

Levine, A. (1980). *Why Innovation Fails*. New York: State University of New York Press.

Lewis, W. A. (1954). "Economic Developmen Twith Unlimited Supplies of Labor. " *Manchester School of Economic and Social Studies* 22 (2): 400 –449.

Lundvall, B. -Å. (1992). *National Systems of Innovation: Towards a Theory of Innovation and Interactive Learning*. London: Pinter Publishers.

Lynch, L. M. (1994). *Training in the Private Sector: International Comparisons*. Chicago: University of Chicago Press.

Marope, P. , Chakroun, B. , and Holmes, K. (2015). *Unleashing the Potential: Transforming Technical and Vocational Education and Training*. Paris: UNESCO Publishing.

Marques, I. (2017). "Political Connections and Non-traditional Investment: Evidence from Public-Private Partnerships in Vocational Education. Department of Political Science. " National Research University-Higher School of Economics, Moscow.

Marques, I. , Remington, T. F. , and Bazavliuk, V. (2020). "Encouraging Skill Development: Evidence from Public-Private Partnerships in Education in Russia's Regions. " *European Journal of Political Economy* 63, https://doi. org/10. 1016/j. ejpoleco. 2020. 101888.

Martin, C. J. (2000). *Stuck in Neutral: Business and the Politics of Human*

Capital Investment Policy. New Jersey: Princeton University Press.

Martin, C. J. (2012) . "Political Institution and the Origin of Collective Skill Formation System. " In M. R. Busemeyer and C. Tramsch (Eds.), *The Political Economy of Collective Skill Formation*, pp. 41 – 67. London: Oxford University Press.

Maurice, M. , Sellier, F. , and Silvestre, J. J. (1986) . *The Social Foundations of Industrial Power*. Boston: MIT Press.

McCall, B. , Smith, J. , and Wunsch, C. (2016) . "Government-Sponsored Vocational Education for Adults. " In E. A. Hanushek, S. Machin, and L. Woessmann (Eds.), *Handbook of the Economics of Education*, pp. 479 – 652. Amsterdam: Elsevier Science Ltd.

McCubbins, M. D. , Noll, R. G. , and Weingast, B. R. (1987) . "Administrative Procedures as Instruments of Political Control. " *Journal of Law*, *Economics, and Organization* 3 (2): 243 – 277.

McGowan, A. M. , and Andrews, D. (2015) . "Labour Market Mismatch and Labour Productivity: Evidence from PIAAC Data. " Paris: OECD Publishing.

Meyer, J. W. , Ramirez, F. O. , Frank, D. J. , and Schofer, E. (2007) . "Higher Education as an Institution. " In P. J. Gumport (Ed.), *Sociology of Higher Education: Contributions and Their Contexts*, pp. 187 – 221. Baltimore, MD: Johns Hopkins University Press.

Meyer, J. W. , and Rowan, B. (1977) . "Institutionalized Organizations: Formal Structure as Myth and Ceremony. " *American Journal of Sociology* 83 (2): 340 – 363.

Milner, H. R. (2007) . "Race, Culture, and Researcher Positionality: Working Through Dangers Seen, Unseen, and Unforeseen. " *Educational Researcher* 36 (7): 388 – 400.

Mowery, D. C. , and Sampat, B. N. (2005) . "Universities in National Innovation Systems. " In J. M. Fargerberg and R. Nelson (Eds.), *The Oxford Handbook of Innovation*, pp. 209 – 239. London: Oxford University Press.

Nolan, B. , Rahbari, E. , Richiardi, M. , Rivera, L. V. , and Nabarro, B. (2017) . "Inequality and Prosperity in the Industrialized World: Addressing a Growing Challenge. " Oxford Martin School.

North, D. (1990). *Institutions, Institutional Change, and Economic Performance.* Cambridge: Cambridge University Press.

North, D., Wallis, J. J., and Weingast, B. R. (2009). *Violence and Social Orders: A Conceptual Framework for Interpreting Recorded Human History.* New York: Cambridge University Press.

OECD. (2016). "Getting Skills Right: Assessing and Anticipating Changing Skill Needs. " Retrieved from: https://doi. org/10. 1787/9789264252073 – en.

Oliver, C. (1991). "Strategic Responses to Institutional Processes. " *Academy of Management Journal* 16 (1): 145 – 179.

Ongaro, E. (2015). *Multi-level Governance: The Missing Linkages.* Melbourne: Emerald Group Publishing Limited.

Papke, L. E., and Wooldridge, J. M. (1996). "Econometric Methods for Fractional Response Variables with an Application to 401 (k) Plan Participation Rates. " *Journal of Applied Econometrics* 11 (6): 619 – 632.

Parlow, H., and Röchter, A. (2016). "Cooperation between Business and Academia in Germany: A Critical Analysis of New Trends in Designing Integrated Study Programs Based on E-learning. " *Journal of Educational Research* 4 (9): 1931 – 1938.

Patrinos, H. A., Barrera-Osorio, F., and Guaqueta, J. (2009). "The Role and Impact of Public-Private Partnerships in Education. " *World Bank Publications* 9 (100): 1 – 116. Retrieved from https://elibrary. worldbank. org/doi/pdf/10. 1596/978 – 0 – 8213 – 7866 – 3.

Pfeffer, J. (1972). "Merger as a Response to Organizational Interdependence. " *Administrative Science Quarterly* 17 (3): 382 – 394.

Piketty, T. (2003). "Income Inequality in France, 1901 – 1998. " *Journal of Political Economy* 111 (5): 1004 – 1042.

Piketty, T. (2014). "Capital in the Twenty-First Century: A Multidimensional Approach to the History of Capital and Social Classes. " *British Journal of Sociology* 65 (4): 736 – 747.

Piketty, T., and Qian, N. (2009). "Income Inequality and Progressive Income Taxation in China and India, 1986 – 2015. " *American Economic Journal Applied Economics* 1 (2): 53 – 63.

Piketty, T. , Yang, L. , and Zucman, G. (2017) . "Capital Accumulation, Private Property and Rising Inequality in China, 1978 – 2015. " CEPR Discussion Papers.

Pilz, M. (2007) . "Two Countries-One System of Vocational Education? A Comparison of the Apprenticeship Reform in the Commercial Sector in Switzerland and Germany. " *Compare: A Journal of Comparative and International Education* 37 (1): 69 – 87.

Pilz, M. (2009) . "Initial Vocational Training from a Company Perspective: A Comparison of British and German In-House Training Cultures. " *Vocations and Learning* 2 (1): 57 – 74.

Pilz, M. (2016a) . "India's Skills Challenge: Reforming Vocational Education and Training to Harness the Demographic Dividend. " *Journal of Vocational Education and Training* 68 (2): 280 – 281.

Pilz, M. (2016b) . "Training Patterns of German Companies in India, China, Japan and the USA: What Really Works?" *International Journal for Research in Vocational Education and Training* 3 (2): 66 – 87.

Pisano, G. P. , and Shih, W. , C. (2012) . *Producing Prosperity : Why America Needs a Manufacturing Renaissance.* Cambridge, MA: Harvard Business Press.

Pisano, G. P. , and Shih, W. C. (2013) . "Producing Prosperity : Why America Needs a Manufacturing Renaissance. " *Journal of Economic Literature* 51 (2): 562 – 564.

Powell, J. J. W. , Bernhard, N. , and Graf, L. (2012) . "The Emerging European Model in Skill Formation: Comparing Higher Education and Vocational Training in the Bologna and Copenhagen Processes. " *Sociology of Education* 85 (3): 240 – 258.

Qian, Y. , and Weingast, B. R. (1997) . " Federalism as a Commitment to Preserving Market Incentives. " *Journal of Economic Perspectives* 11 (4): 83 – 92.

Ra, S. , Chin, B. , and Liu, A. (2015) . "Challenges and Opportunities for Skills Development in Asia: Changing Supply, Demand, and Mismatches. " Asian Development Bank, Mandaluyong City, Philippines.

Remington, T. F. (2016) . "Regional Variation in Business-Government Relations in Russia and China. " *Problems of Post-Communism* (2): 1 – 12.

Remington, T. F. (2017a). "Business-government Cooperation in VET: A Russian Experiment with Dual Education. " *Social Science Electronic Publishing* 33 (4): 313 – 333.

Remington, T. F. (2017b). "Closing the Skills-jobs Gap: Russia and China Compared. " HSE Working Papers. Higher School of Economics, Moscow.

Remington, T. F. (2017c). "Thoughts on Intermediary Organizations in VET. " Higher School of Economics, Moscow.

Remington, T. F. (2018). "Public-private Partnerships in TVET: Adapting the Dual System in the United States. " *Journal of Vocational Education and Training* 70 (4): 497 – 523.

Remington, T. F., and Marques, I. (2014). "The Reform of Skill Formation in Russia: Regional Responses. " Higher School of Economics, Moscow.

Remington, T. F., and Marques, I. (2017). "Closing the Skills-jobs Gap: The US, Russia and China Compared. Higher School of Economics, Moscow. " Retrieved from https://ssrn. com/abstract = 2530875 or http://dx. doi. org/10. 2139/ssrn. 2530875.

Remington, T. F., and Marques, I. (2018). "Partnerships for Skill Development in Russia. " Higher School of Economics. Moscow.

Remington, T. F., and Marques, I. (2020). "The Reform of Skill Formation In Russia: Regional Responses. " *Europe-Asia Studies*, DOI: 10. 1080/ 09668136. 2020. 1717447.

Ryan, P. (2010). "The Institutional Requirementsof Apprenticeship: Evidence From Smaller EU Countries. " *International Journal of Training and Development* 4 (1): 42 – 65.

Safford, S. (2009). *Why the Garden Club Couldn't Save Youngstown: The Transformation of the Rust Belt.* Massachusetts: Harvard University Press.

Schultz, T. W. (1961). "Investment in Human Capital. " *American Economic Review* 51 (1): 1 – 17.

Schwartz, R. B. (2016). "The Career Pathways Movement: A Promising Strategy for Increasing Opportunity and Mobility. " *Journal of Social Issues*

72 (4): 740 - 759.

Shih, V. , Adolph, C. , and Liu, M. (2012) . "Getting Ahead in the Communist Party: Explaining the Advancement of Central Committee Members in China." *American Political Science Review* 106 (1): 166 - 187.

Slaughter, S. , and Leslie, L. L. (1997) . *Academic Capitalism: Politics, Policies, and the Entrepreneurial University.* Baltimore, MD: Johns Hopkins University Press.

Stevens, M. (1996) . "Transferable Training and Poaching Externalities. " In A. L. Booth and D. J. Snower (Eds.), *Acquiring Skills: Market Failures, Their Symptoms and Policy Eesponses*, pp. 19 - 40. Cambridge: Cambridge University Press.

Stewart, V. (2015) . "Made in China: Challenge and Innovation in China's Vocational Education and Training System: International Comparative Study of Vocational Education Systems. " Center on International Education Benchmaking, Washington, DC.

Streeck, W. (1992) . *Social Institutions and Economic Performance: Studies of Industrial Relations in Advanced Capitalist Economies.* London: Sage Publishing.

Swensen, P. A. (2002) . *Capitalist Sagainst Markets: The Making of Labor Markets and the Welfare States in the United States and Sweden.* London: Oxford University Press.

Thelen, K. (2004) . *How Institutions Evolve: The Political Economy of Skills in Germany, Britain, the United States, and Japan.* Cambridge: Cambridge University Press.

Thelen, K. (2007) . " Contemporary Challenges to the German Vocational Training System. " *Regulation and Governance* 1 (3): 247 - 260.

Thelen, K. , and Busemeyer, M. R. (2012) . "Institutional Change in German Vocational Training: From Collective Toward Segmentalism. " In M. R. Busemeyer and C. Trampusch (Eds.), *The Political Economy of Collective Skill Formation*, pp. 68 - 100. London: Oxford University Press.

Thrush, Glenn. (2018) . " $1. 7 billion Federal Job Training Program is 'Failing the Students' . " *New York Times*, Aug 26th.

UNESCO, and ILO. (2018) . "Taking a Whole of Government Approach to

Skills Development." The Global Education 2030 Agenda. UNESCO / ILO. Paris.

Watson, K. (2006). "Technical and Vocational Education in Developing Countries: Western Paradigms and Comparative Methodology." *Comparative Education* 30 (2): 85 – 97.

Whitley, R. (1999). *Divergent Capitalisms: The Social Structuring and Change of Business Systems.* London: Oxford University Press.

Williamson, O. E. (1994). "Transaction Cost Economics and Organization theory." In N. J. Smelser and R. Swedberg (Eds.), *The Handbook of Economic Sociology*, pp. 77 – 107. Princeton: Princeton University Press.

Wolter, S. C., and Ryan, P. (2011). "Apprenticeship." In E. A. Hanushek, S. Machin, and L. Woessmann (Eds.), *Handbook of the Economics of Education*, pp. 521 – 576. Amsterdam: Elsevier.

World Bank. (2018). "The Human Capital Project." Retrieved from https://openknowledge. worldbank. org/handle/10986/30498.

Wright, J. (2013). "America's Skilled Trades Dilemma: Shortages Loom as Most-in-Demand Group of Workers Ages Forbes." Retrieved from https://www. forbes. com/sites/emsi/2013/03/07/americas-skilled-trades-dilemma-shortages-loom-as-most-in-demand-group-of-workersages/#28d515186397.

Yakovlev, A., Freinkman, L., and Ivanov, D. (2018). "New Opportunities and Instruments of Regional Structural Policy." *Journal of the New Economic Association* 39 (3): 162 – 170.

Yang, P. (2017). "Coordinating Public-Private Partnership in VET Sector: Evidence from China." *Journal of the New Economic Association* 36 (4): 189 – 198.

Yang, P., Cai, Y., Lyytinen, A., and Hölttä, S. (2016). "Promoting University and Industry Links at the Regional Level: Comparing China's Reform and International Experience." *Chinese Education and Society* 49 (3): 121 – 138.

Yin, R. K. (1993). "Applications of Case Study Research." *BMS Bulletin of Sociological Methodology* 34 (40): 101 – 101.

曹小其、梁春龙、张海峰，2019，《职业院校混合所有制改革基本问题研究》，《职教通讯》第 13 期。

陈冬梅，2012，《提高教师科技创新能力　构建职业教育立交桥》，《科技管理研究》第 15 期。

陈秋明等，2018，《中国特色世界一流职业院校建设笔谈》，《深圳职业技术学院学报》第 5 期。

陈晟、韩凤芹，2016，《中等职业教育领域推进 PPP 模式的思路研究》，《经济研究参考》第 61 期。

陈嵩、韩保磊，2015，《关于"现代学徒制"与"新型学徒制"的比较》，《职教论坛》第 28 期。

陈卫平、王笑丛，2018，《制度环境对农户生产绿色转型意愿的影响：新制度理论的视角》，《东岳论丛》第 6 期。

陈钊、徐彤，2011，《走向"为和谐而竞争"：晋升锦标赛下的中央和地方治理模式变迁》，《世界经济》第 9 期。

戴翔，2015，《中国制造业国际竞争力——基于贸易附加值的测算》，《中国工业经济》第 1 期。

刁九健，2004，《拼搏奋进　开拓创新——天津市技工教育改革和发展 50 年（上）》，《职业教育研究》第 3 期。

丁锴，2007，《政府搭台　校企联合"三元"互动合作共赢——太仓职教"双元学徒制"模式本土化的探索与实践》，《中国职业技术教育》第 29 期。

董仁忠，2006，《波兰尼的默会知识论对职教课程改革的若干启示》，《中国职业技术教育》第 22 期。

董新伟、王洋，2018，《辽宁省高等职业教育质量年度报告（2017）》，《辽宁高等职业学报》第 2 ~ 3 期。

多淑杰、易雪玲，2015，《我国职业教育校企合作现状比较及影响因素分析——基于全国 20 所职业院校的调查》，《职业技术教育》第 25 期。

樊秀峰、程文先，2015，《中国制造业出口附加值估算与影响机制分析》，《中国工业经济》第 6 期。

复旦大学、清华大学，2016，《中国劳动力市场技能缺口研究》，清华大学社会科学学院报告，10 月 17 日。

傅春晖、渠敬东，2015，《单位制与师徒制——总体体制下企业组织的微观治理机制》，《社会发展研究》第 2 期。

傅新民，2015，《校企合作影响因素的二维分类梳理与新探》，《职教论坛》第 9 期。

高柏，2008，《经济意识形态与日本产业政策》，上海人民出版社。

耿新，2003，《知识创造的 IDE-SECI 模型——对野中郁次郎"自我超越"模型的一个扩展》，《南开管理评论》第 5 期。

《工人日报》，2019，《中国年轻工匠创世界技能大赛历史最佳成绩》，《工人日报》8 月 29 日，http://finance. sina. com. cn/roll/2019－08－29/doc-ihytcitn2683700. shtml，8 月 29 日。

谷成，2010，《基于财政均等化的政府间转移支付制度设计》，《财贸经济》第 6 期。

顾昕，2017，《治理嵌入性与创新政策的多样性：国家－市场－社会关系的再认识》，《公共行政评论》第 6 期。

顾志敏，2019，《25 年深耕中德合作的太仓实践》，《苏州日报》12 月 16 日，http://www. subaonet. com/2019/1216/2607178. shtml，12 月 16 日。

关晶，2016，《当前主要国家现代学徒制的制度分析》，《职教论坛》第 16 期。

关晶、石伟平，2014，《现代学徒制之"现代性"辨析》，《教育研究》第 10 期。

郭建如、杨钋、田志磊，2019，《财政视角下的我国职业资格证书制度研究》，北京大学中国教育财政科学研究所研究报告。

黄亚妮，2006，《高等职业教育校企合作模式初探》，《教育发展研究》第 10 期。

国家统计局编，2017，《中国统计年鉴（2017）》，中国统计出版社。

国家统计局国民经济综合统计司编，2010，《新中国六十年统计资料汇编》，中国统计出版社。

国家统计局人口统计司编，1989，《中国人口统计年鉴（1988）》，中国展望出版社。

国家统计局社会统计司编，1987，《中国劳动工资统计资料（1949～1985）》，中国统计出版社。

韩秉志，2018，《企业新型学徒制全面推行 技能人才培养驶入"快车道"》，《经济日报》11 月 21 日。

韩凤芹、史卫，2016，《协调政府、社会、市场关系 创新职业教育体制机制——基于浙江调研的启示》，《经济研究参考》第 61 期。

韩凤芹、尤伯军，2016，《职业教育领域推进 PPP 的基本思路》，《经济研究参考》第 48 期。

韩凤芹、岳文静、尤伯军、李婕，2016，《积极稳妥推进职业教育 PPP 的思路与建议》，《财政科学》第 2 期。

胡查平、汪涛、胡琴芳，2019，《制造业服务化战略生成逻辑与作用机制——基于制造业的多案例研究》，《科研管理》第 8 期。

黄群慧、贺俊，2015，《中国制造业的核心能力、功能定位与发展战略——兼评〈中国制造 2025〉》，《中国工业经济》第 6 期。

黄日强、张霞，2004，《论职业教育与企业的相互参与》，《职业技术教育》第 16 期。

黄亚妮，2004，《高等职业教育校企合作模式初探》，《教育发展研究》第 10 期。

江苏省教育科学研究院，2018，《江苏省高等职业教育质量年度报告（2018）》，中国水利水电出版社。

教育部，2019，《教育部关于〈中华人民共和国职业教育法修订草案（征求意见稿）〉公开征求意见的公告》，http://www.moe.gov.cn/jyb_xwfb/s248/201912/t20191205_410969.html，12 月 5 日。

教育部职业技术教育中心研究所，2019，《中国中等职业教育质量年度报告（2018）》，高等教育出版社。

教育部职业教育与成人教育司，2018，《〈职业学校校企合作促进办法〉有关情况介绍》，http://www.moe.gov.cn/jyb_xwfb/xw_fbh/moe_2069/xwfbh_2018n/xwfb_20180427/sfcl/201804/t20180427_334424.html，4 月 27 日。

金芙蓉、罗守贵，2009，《产学研合作绩效评价指标体系研究》，《科学管理研究》第 3 期。

井美莹、杨钋，2018，《芬兰应用技术大学科研功能发展的制度分析——以坦佩雷某应用技术大学为例》，《国家教育行政学院学报》第 6 期。

敬石开，2015，《"中国制造 2025" 与职业教育》，《中国职业技术教育》第 21 期。

赖永辉，2013，《企业深度参与、多方共同评价下的校企合作评价指标体系研究》，《职教论坛》第 24 期。

李福华，2014，《从单位制到项目制：我国高等教育重点建设的战略转型》，《高等教育研究》第 2 期。

李桂荣、许佳佳，2016，《转型期中等职业教育发展问题：辨析与改进（笔谈）——对人才成长"立交桥"与中等职业升学定位的思考与讨论》，《教育发展研究》第 5 期。

李俊，2011，《德国职业教育发展之社会结构及文化传统探源》，《清华大学教育研究》第 1 期。

李俊，2015，《我国企业参与职业教育的困境及其突破——基于公共选择理论与劳动经济学的分析》，《教育发展研究》第 3 期。

李俊，2016，《企业参与职业教育的关键制度要素研究——基于新制度经济学的分析》，《中国职业技术教育》第 33 期。

李俊，2017，《太仓学徒制实践案例》，同济大学工作论文。

李廉水，1998，《论产学研合作创新的组织方式》，《科研管理》第 1 期。

李蔺田，1994，《中国职业技术教育简史》，北京师范大学出版社。

李向阳、陈旭，2009，《企业合作关系治理的理论及分析框架》，《学术交流》第 12 期。

梁柱，2006，《论蔡元培的职业教育思想》，《教育研究》第 7 期。

林仕彬、谢西金、陈长城，2016，《基于 Logistic 回归模型的企业参与校企合作影响因素分析》，《中国职业技术教育》第 30 期。

刘静慧、关晶，2015，《我国"现代学徒制"实践的现状研究——基于 2004~2014 年公开文献的数据分析》，《职教论坛》第 25 期。

刘丽群、周立芳，2017，《我国高中阶段普职规模"大体相当"政策分析》，《中国教育学刊》第 8 期。

刘淼，2008，《中国人力资源发展新战略下的职业教育和职业培训——访中国就业促进会副会长陈宇教授》，《现代教育技术》第 3 期。

刘明兴、田志磊，2015，《探寻中等职业教育发展背后的逻辑》，《中国农村教育》第 7~8 期。

刘明兴、田志磊，2017，《职业教育公私伙伴关系的实践与反思——基于河南省县域职业教育改革的案例分析》，《职教论坛》第 16 期。

刘明兴、田志磊、王蓉，2014a，《中等职业教育，如何突破现实之困》，《基础教育论坛：文摘版》第 10 期。

刘明兴、田志磊、王蓉，2014b，《中等职业教育的中国路径》，《基础教育论坛》第 35 期。

刘松林，2009，《高等职业人才培养模式研究——基于第一批国家示范性高等职业院校建设方案的分析》，《教育发展研究》第 1 期。

刘玉照，2015，《中国新产业工人技能养成难题》，《探索与争鸣》第 8 期。

刘玉照、苏亮，2016，《社会转型与中国产业工人的技能培养体系》，《西北师大学报（社会科学版）》第 16 期。

刘云波，2019，《国家示范性高等职业院校带动周边院校发展了吗》，《北京大学教育评论》第 2 期。

刘云波、郭建如，2015，《不同举办主体的高等职业院校资源汲取差异分析》，《教育发展研究》第 19 期。

刘云波、涂晓君，2019，《国际职业教育公私合作伙伴关系的模式、特点及启示》，《高等工程教育研究》第 3 期。

刘云波、杨钋，2020a，《项目制之下的高等职业院校分化研究》，《中国高教研究》第 4 期。

刘云波、杨钋，2020b，《职业教育财政与高等职业院校分化》，北京大学中国教育财政科学研究所研究报告。

刘志民、吴冰，2016，《企业参与高等职业校企合作人才培养影响因素的研究》，《高等工程教育研究》第 2 期。

龙跃、陈晓莉，2009，《职业教育基地建设对区域经济社会发展推动作用分析——以重庆职教基地为例》，《中国科技论坛》第 9 期。

罗长远，2008，《卡尔多"特征事实"再思考：对劳动收入占比的分析》，《世界经济》第 11 期。

罗辉，2008，《转移支付制度设计的理性思考与政策建议》，《财政研究》第 9 期。

马凯慈、陈昊，2016，《政治制度、产业关系与职业教育的起源与发展——基于西方国家的比较研究》，《北京大学教育评论》第 3 期。

迈尔斯·休伯曼，2008，《质性资料的分析：方法与实践》，张芬芬译，重庆大学出版社。

迈克尔·吉本斯，2011，《知识生产的新模式：当代社会科学与研究的动力学》，陈洪捷、沈文钦等译，北京大学出版社。

茅建民，2018，《现代学徒制模式下的校企"双主体"关系的研究——以教育部第二批现代学徒制邦德项目为例》，《现代职业教育》第 26 期。

潘海生、王世斌、龙德毅，2013，《中国高等职业教育校企合作现状及影响因素分析》，《高等工程教育研究》第 3 期。

潘锡泉，2014，《集群内非对称核心企业与配套企业间承诺可信问题及其影响机制分析》，《产经评论》第 5 期。

潘锡泉、项后军，2012，《产业集群中的可信承诺及治理——基于非对称核心企业与配套企业关系资本视角的研究》，《浙江社会科学》第9期。

祁海芹，2006，《冷静看待中等职业教育升学问题》，《职业技术教育研究》第3期。

秦玮、徐飞，2010，《基于吸收能力的产学研合作模式演化研究：以宝钢——上海交大为例》，《科技管理研究》第1期。

秦玮、徐飞，2014，《产学研联盟动机、合作行为与联盟绩效》，《科技管理研究》第8期。

邱璐轶，2011，《高等职业校企合作的影响因素分析》，《教育探索》第4期。

渠敬东，2012，《项目制：一种新的国家治理体制》，《中国社会科学》第5期。

渠敬东、傅春晖、闻翔，2015，《组织变革和体制治理：企业中的劳动关系》，中国社会科学出版社。

冉云芳、石伟平，2015，《企业参与职业院校校企合作成本、收益构成及差异性分析——基于浙江和上海67家企业的调查》，《高等教育研究》第9期。

上海市教育科学研究院、麦可思研究院，2018，《2018中国高等职业教育质量年度报告》，高等教育出版社。

上海市教育科学研究院、麦可思研究院，2019，《2019中国高等职业教育质量年度报告》，高等教育出版社。

沈绮云、万伟平，2015，《职业教育校企合作长效机制影响因素实证研究——基于结构维度与回归方程的分析》，《高教探索》第6期。

施伟萍，2013，《多渠道开展实景化教学 培养现代服务业人才》，《中国职业技术教育》第5期。

史普原，2015，《科层为体、项目为用：一个中央项目运作的组织探讨》，《社会》第5期。

宋华、张松波，2013，《服务化战略对关系资本、关系绩效的影响机制研究——来自中国工业企业的实证》，《当代财经》第4期。

苏敬勤，1999，《产学研合作创新的交易成本及内外部化条件》，《科研管理》第5期。

孙翠香，2018，《地方政府职业教育政策创新：基于"普职比大体相当"

相关政策的分析》,《教育与职业》第 23 期。

孙翠香、张雪芹,2013,《中等职业学校招生政策分析》,《职教论坛》第
　　10 期。

太仓市经济和信息化委员会,2016,《"十二五"时期太仓工业经济运行分
　　析》,http://www.taicang.gov.cn/art/2016/4/15/art_4062_304568.html,
　　4 月 15 日。

太仓市人民政府,2016,《中国制造 2025 太仓实施纲要暨十三五太仓市
　　工业经济发展规划纲要》,6 月 15 日,www.taicangdaily.com/show -
　　14 - 8698 - 1. html.

太仓市史志办公室编,2015,《太仓年鉴 2015》,方志出版社。

太仓市史志办公室编,2016,《太仓年鉴 2016》,方志出版社。

太仓市政府,2020,《太仓市 2020 年政府工作报告》,http://www.taicang.
　　gov.cn/site_publicinfo/003002/003002001/003002001001/20200107/97
　　88052e - 12da - 43fd - a0d6 - 21bb1e29009b.html,1 月 7 日。

唐林伟,2018,《太仓"双元学徒制"职业教育制度:优势与借鉴》,
　　《中国职业技术教育》第 13 期。

田志磊,2015,《认清时代坐标,探路职教 PPP》,《江苏教育》第 9 期。

田志磊、赵晓堃、张东辉,2018,《改革开放四十年职业教育财政回顾与
　　展望》,《教育经济评论》第 6 期。

涂晓君、刘云波,2019,《国家示范性高等职业院校建设的效果回顾——
　　基于专业层面的课程建设和校企合作分析》,《当代职业教育》第
　　4 期。

托马斯·雷明顿,2016,《职业教育与培训中的企业 - 政府合作:俄罗斯
　　的"双元学徒制"教育实验》,《北京大学教育评论》第 3 期。

托马斯·雷明顿、杨钋,2019,《中、美、俄职业教育中的校企合作》,
　　《北京大学教育评论》第 2 期。

汪泓,2010,《太仓德资企业的聚集状况与问题分析》,《东方企业文化》
　　第 14 期。

王兵、赵惠莉,2016,《省域统筹视角下江苏高等职业教育发展研究》,
　　《江苏高教》第 3 期。

王成斌,2019,《江苏省高等职业教育质量年度报告 (2018)》,中国水利
　　水电出版社。

王继平,2018,《谱写新时代职业教育改革新篇章:学习贯彻全国教育大会

精神推进职业教育现代化发展（笔谈一）》，http://jys. tzpc. edu. cn/
2018/1116/c283a17755/page. htm，11 月 16 日。

王继平，2019，《落实〈国家职业教育改革实施方案〉下好职业教育这盘大
棋：贯彻落实〈国家职业教育改革实施方案〉专题培训班讲话》，http://
www. moe. gov. cn/s87/A07/A07_gggs/A07_sjhj/201904/t20190410_s7
7s94. html，4 月 10 日。

王经绫、贾政翔，2012，《中等职业教育经费保障问题研究》，《中国财
政》第 9 期。

王柳，2018，《制造业出口品国内附加值率对劳动收入占比的影响研究》，
博士学位论文，浙江理工大学。

王秋红、赵乔，2018，《中国制造业附加值贸易影响因素的实证分析——
基于全球价值链分工的视角》，《开发研究》第 1 期。

王蓉，2012，《应放缓全面实施中等职业教育免费政策》，《教育与经济》
第 2 期。

王蓉、田志磊，2018，《迎接教育财政 3.0 时代》，《教育经济评论》第
1 期。

王星，2009a，《劳动安全与技能养成：一种政治经济学的分析》，《江苏
社会科学》第 5 期。

王星，2009b，《师徒关系合同化与劳动政治东北某国有制造企业的个案
研究》，《社会》第 4 期。

王星，2012，《西方劳动力过程理论及其中国化》，《二十一世纪双月刊》
第 2 期。

王星，2014，《技能形成的社会建构：中国工厂师徒制变迁历程的社会学
分析》，社会科学文献出版社。

王星，2016a，《国家技能形成体制与"技工荒"：基于理念型的比较分
析》，南开大学工作论文。

王星，2016b，《技能形成体制与劳工平等》，南开大学工作论文。

王星，2016c，《现代中国早期职业培训中的学徒制及其工业化转型》，
《北京大学教育评论》第 3 期。

王雪艳、薛美芳，2014，《产学研合作模式的选择分析》，《中国经贸》第
17 期。

王砚美，2018，《现代学徒制在县域统筹实施的实践探索》，《中国职业技
术教育》第 13 期。

王志华、贝绍轶、董存田，2014，《我国产业结构与高校专业结构协调性分析——兼论大学生就业难与"技工荒"问题》，《经济问题》第10期。

魏建国，2019，《教育事权与财政支出责任划分的法治化——基于一个理解框架的分析》，《北京大学教育评论》第1期。

文益民、易新河、韦林，2015，《利益相关者视域下校企合作综合评价指标体系构建研究》，《中国高教研究》第9期。

吴冰、刘志民，2013，《"高端技能型专门人才"培养与隐性工作过程知识习得》，《高等工程教育研究》第5期。

吴冰、刘志民，2014，《技能形成制度对高等职业产学关系的影响——基于新制度经济学的分析》，《教育发展研究》第Z1期。

吴冰、刘志民，2015，《人力资本专用性对高等职业校企合作的影响》，《高教发展与评估》第6期。

吴华杰，2016，《全日制专业学位硕士研究生扩招政策执行效果分析》，《研究生教育研究》第1期。

吴强，2014，《企业视角下校企合作战略联盟伙伴选择影响因素分析》，《企业经济》第11期。

吴强，2015，《校企合作战略联盟长效机制影响因素分析》，《技术经济与管理研究》第2期。

吴燕霞，2005，《职业教育的社会功能及其变革》，《中共福建省委党校学报》第10期。

武立东、王凯、黄海昕，2011，《组织外部环境不确定性的研究述评——基于效率机制与合法性机制的双重视角》，第六届（2011）中国管理学年会——组织与战略分会论文。

武南、程余伟，2018，《高等职业院校混合所有制办学的实践探索——以浙江省为例》，《中国职业技术教育》第18期。

向瑞、吴明海，2016，《少数民族教育发展中的几个问题：基于结构功能主义视角》，《民族教育研究》第3期。

肖凤翔、雷珊珊，2012，《浅析现代职业教育校企合作的基本类型》，《职教论坛》第7期。

肖凤翔、于晨、肖艳婷，2016，《国家高等职业教育项目制治理的生成动因、效用限度及优化策略——以"国家示范性高等职业院校建设计划"为例》，《教育发展研究》第Z1期。

肖萍、彭康华、李震阳，2018，《现代学徒制人才培养模式实现路径研究——以广东省第一批教育部试点高等职业院校为例》，《工程技术研究》第 1 期。

谢良才、和震，2016，《论现阶段的普职比波动》，《教育科学》第 6 期。

邢春冰、李春顶，2013，《技术进步、计算机使用与劳动收入占比——来自中国工业企业数据的证据》，《金融研究》第 12 期。

熊进，2019，《财政项目制与高等教育治理多重意蕴——一个财政社会学的理论视域》，《地方财政研究》第 4 期。

徐金林，2013，《计划经济体制下企业技工教育对现代学徒制的启示》，《职业教育研究》第 1 期。

徐世民，1993，《中国技工学校发展与改革的历史回顾》，《职业教育研究》第 4 期。

许锋华，2016，《精准扶贫：民族地区职业教育发展的新定位》，《高等教育研究》第 11 期。

许丽丽，2009，《建国后我国中等职业教育发展研究》，博士学位论文，东北师范大学。

薛萌、胡海青、张琅、张丹，2018，《网络能力差异视角下供应链伙伴特性对供应链融资的影响——关系资本的中介作用》，《管理评论》第 6 期。

亚诺什·科尔内，1986，《短缺经济学》，张晓光等译，经济科学出版社。

严玲、崔健，2011，《城市轨道交通项目 PPP 模式交易方式选择的多案例研究》，《科技进步与对策》第 13 期。

严新乔，2017，《高等职业院校实施混合所有制办学的实践与探索——以浙江高等职业院校为例》，《职业技术教育》第 11 期。

杨钋，2019，《校企合作、财政与职业教育发展》，北京大学中国教育财政科学研究所研究报告。

杨钋、井美莹，2015，《荷兰应用科技大学的发展经验及对我国的启示》，《高等教育评论》第 1 期。

杨钋、井美莹、蔡瑜琢、阿鲁·李迪纳、赛博·霍达，2015，《中国地方本科院校转型的国际经验比较与启示》，《国家教育行政学院学报》第 2 期。

杨钋、刘云波，2016，《省级统筹与高等职业教育的均衡发展》，《北京大学教育评论》第 3 期。

杨钋、孙冰玉，2019，《创新的制度化与中国高水平职业院校建设》，《高等工程教育研究》第 6 期

杨钋、王星、刘云波，2017，《中国制造业 2025 与技能短缺治理》，工作报告，国家自然科学基金北京大学管理科学数据中心。

杨钋、岳铮男，2018，《技能形成中校企深度合作的影响因素分析——基于现代学徒制试点的实证研究》，《职业教育研究》第 5 期。

姚文兵，2009，《大学制度创设中的"合法性"机制和效率机制——以"长江学者"特聘教授制度为例》，《江淮论坛》第 3 期。

叶鉴铭、梁宁森，2009，《高等职业"校企一体化"动力机制研究》，《职教论坛》第 19 期。

游玉佩、熊进，2017，《单位制与项目制：高等教育资源分配的制度逻辑及反思》，《江苏高教》第 2 期。

于志晶、刘海、岳金凤、李玉静、程宇、张祺午，2015，《中国制造 2025 与技术技能人才培养》，《职业技术教育》第 21 期。

袁庆明、刘洋，2004，《威廉姆森交易成本决定因素理论评析》，《财经理论与实践》第 5 期。

袁胜军、黄立平、刘仲英，2006，《产学研合作中存在的问题及对策分析》，《科学管理研究》第 6 期。

约翰·比德尔，2019，《在自由市场经济体中发展协调型职业教育合作伙伴关系：曼彻斯特高级衔接项目的案例分析》，《北京大学教育评论》第 2 期。

岳经纶、刘璐，2016，《中国正在走向福利国家吗——国家意图、政策能力、社会压力三维分析》，《探索与证明》第 6 期。

张长东，2014，《论制度主义视角下的市场维护型联邦主义》，《浙江社会科学》第 2 期。

张创新、赵蕾，2005，《从"新制"到"良制"：我国行政问责的制度化》，《中国人民大学学报》第 1 期。

张军、周黎安，2008，《为增长而竞争：中国增长的政治经济学》，上海人民出版社。

张米尔、武春友，2001，《产学研合作创新的交易费用》，《科学学研究》第 1 期。

张宁，2009，《从世界职业教育发展历程看中国职业教育发展》，《教育研究》第 2 期。

张倩、宁永红、刘书晓，2017，《中华人民共和国成立以来的技工教育：历程、回归与超越》，《中国职业技术教育》第 24 期。

张万朋、2008，《我国中等职业教育成本分担研究——基于现状、问题、原因的分析》，《教育与经济》第 4 期。

张应强、张浩正，2018，《从类市场化治理到准市场化治理：我国高等教育治理变革的方向》，《高等教育研究》第 6 期。

张喆、黄沛、张良，2005，《中国企业 ERP 实施关键成功因素分析：多案例研究》，《管理世界》第 12 期。

章奇、刘明兴，2016，《权力结构、政治激励和经济增长——基于浙江民营经济发展经验的政治经济学分析》，格致出版社。

赵鹏飞，2018，《教育部现代学徒制试点的地方实践》，《中国职业技术教育》第 13 期。

赵志群、陈俊兰，2014，《现代学徒制建设——现代职业教育制度的重要补充》，《北京社会科学》第 1 期。

周建松，2017，《优质高等职业院校建设重点与路径研究——基于示范性高等职业院校建设计划到创新发展行动计划演进的视角》，《职教论坛》第 12 期。

周森、刘云波、魏易，2019，《示范校建设对高等职业院校生源质量的影响——基于双重差分的实证研究》，《教育与职业》第 7 期。

周黎安，2007，《中国地方官员的晋升锦标赛模式研究》，《经济研究》第 7 期。

周新源、丁亮、侯宏强，2017，《太仓市"双元学徒制"本土化实施：调查分析及改革建议》，《中国职业技术教育》第 19 期。

周远清，2007，《从国家现代化建设全局的战略高度出发 大力推进职业教育的改革与发展》，《中国高教研究》第 9 期。

朱俊、田志磊，2015，《从初始产权到混合所有：职业院校校企合作的制度变迁——一个基于新制度经济学的分析框架》，《中国职业技术教育》第 30 期。

朱俊、田志磊，2018，《论校企合作治理模式的选择机理》，《江苏教育》第 20 期。

朱其训，2009，《职业教育在区域人力资源开发中的地位与作用》，《江苏高教》第 6 期。

朱亚鹏，2014，《协商民主的制度化与地方治理体系创新：顺德决策咨询委员会制度的经验及其启示》,《公共行政评论》第2期。

朱仲羽,2010,《中德企业合作基地的支撑条件与发展取向》,《德国研
　　究》第4期。

壮国桢,2012,《"三点一线":骨干高等职业院校建设的四大主题——
　　基于2010年度40所立项建设国家骨干高等职业院校〈建设方案〉
　　的文本分析》,《职业技术教育》第14期。

后 记

对我而言，职业教育不是一个简单的研究领域，而是一条领略社会科学研究魅力的蜿蜒小径。

初次接触职业教育是在美国读博期间。2002 年 9 月，我进入哥伦比亚大学教育学院攻读博士学位，师从 Thomas Bailey 教授、Henry Levin 教授和曾满超教授。我的导师 Bailey 教授于 1996 年成立了全美首个"社区大学研究中心"。该中心致力于通过增加社区大学教育机会、提升教育质量来消除美国社会中的不平等，将社区大学提供的职业教育与培训机会视为促进社会流动、帮扶弱势群体的重要工具。在中心的工作学习经历使我第一次意识到职业教育的力量以及职业教育研究的价值。

2008 年回国任教后，我有幸与北大光华管理学院的陈良焜教授、北大教育学院的丁小浩教授合作，开始对我国高等职业院校毕业生的劳动力市场进行研究。此后，我与北大教育学院的郭建如教授和北大中国教育财政科学研究所的同事刘云波博士共同开展了多次职业教育政策评价研究，走访了全国百余所高等职业院校和中等职业学校。在我"用双脚丈量"我国职业院校发展的过程中，职业教育变成了活生生的学生、教师形象，变成了一个又一个通过职业教育改变命运的学生的鲜活故事。在宁夏职业技术学院，当时的李伟校长介绍了学院从中等职业学校合并升格为高等职业院校的艰辛历程；湖南铁路科技职业技术学院的校史馆让我领略了新中国成立 70 年来铁路人才培养体系的发展；长沙民政职业技术学院殡仪系主任颠覆了我对殡仪行业的认知；中山职业技术学院"一镇一品"的产业学院诠释了职业教育与地方产业之间水乳交融的关系；南京信息职业技术学院和宁波职业技术学院在国际化领域取得的成就，让我重新认识了"中国制造"及其背后中国职业教育的力量。

伴随着我对中国职业教育感性认识的深化，如何从理性上把握职业教育的发展成了我面临的最大的挑战。带着这个问题，2014 年我赴阿姆斯特丹大学经济与商学院进修。在此期间，我接触到比较政治学领域的资本主义多样性理论。该领域学者采用历史制度主义分析方法来讨论发达资本主义国家的技能形成体制差异及其成因。此后，我着手翻译了《集体主义技能形成的政治经济学分析》一书，并尝试采用这种观点对我国职业教育的发展历程进行讨论。

2016 年，通过参与北大中国教育财政科学研究所与俄罗斯高等经济研究院教育学院的合作项目，我开始与埃默里大学政治学系荣休教授、哈佛大学访问教授 Thomas Remington 和俄罗斯高等经济研究院政治学系 Israel Marques 教授合作，对比分析中国、俄罗斯和美国区域层面的校企合作。2017 年，我又与南开大学王星教授和北京师范大学刘云波博士合作开展了"中国制造 2025 与技能短缺治理"的相关研究。在合作过程中，我开始学习比较政治学、政治经济学、经济社会学、组织社会学等领域的理论和研究范式，并将其用于对我国技能形成体制和区域校企合作实践的分析。

2016～2018 年，我在国家社科基金项目的支持下，多次访问珠三角、长三角和长株潭经济区的企业、中等职业学校、高等职业院校、行会协会、商会和地方政府，关注区域内校企合作的发展情况。在广东省中山市、佛山市和东莞市，福建省晋江市和泉州市，江苏省苏州市和太仓市，浙江省温州市和宁波市，以及湖南省长沙市和株洲市，我对制造业多个产业的大中小型企业及其职业院校合作伙伴进行了实地调研。这些调研让我形成了对技能形成领域校企合作中企业、职业院校和区域因素影响的直观认识，以及对地方政府协调方式的理解。为了对上述发现进行量化研究，我和团队其他成员收集了 2016～2019 年中国高等职业高专教育网发布的《企业参与高等职业教育人才培养年度报告》。通过文本数据挖掘，我们对 1500 多对校企合作伙伴的合作情况进行了编码，并将其与外部企业数据、高等职业院校数据和年鉴数据进行匹配。这一数据库成为本书量化分析的基础。

本书的思考和写作得到多位同事研究的启发。北大中国教育财政科学研究所魏建国研究员对中央和地方在职业教育领域财政事权与支出责任划分的讨论、王蓉教授和田志磊博士对我国教育财政和职业教育财政演进的分析，尤其是刘明兴教授对中国地方化产权保护的开创性研究，对我的研究有很大帮助，让我能够从学理上梳理央地关系和地方政府行为对校企合作实践的影响。南开大学的王星教授对我国不同历史时期师徒制社会建构过程的分析，巧妙地将历史制度主义分析融入经济社会学议题，启发了我对国家技能形成体制变迁的思考。芬兰坦佩雷大学的蔡瑜琢教授将组织学的制度理论引入对产学研合作创新的分析，他对产学研三螺旋合作制度化的讨论让我受益匪浅。写作本书的想法是我在与上述学者的对话中产生的，我借此机会表达对他们的衷心感谢。

我所在的北大教育学院和北大教育经济研究所为我的研究工作提供了宽松的氛围和长期的支持，使我能够在教育经济学狭小的分支领域长期自由探索。我要感谢北大教育学院的闵维方教授、丁小浩教授、阎凤桥教授、岳昌君教授、陈晓宇教授、鲍威教授、哈巍教授、张冉教授等长期以来对我研究工作的支持和帮助。我还要特别感谢我的研究生与合作伙伴——岳铮男、郑琦、赵雨红、井美莹、官华、谢建新、魏培徵，他们对研究项目的支持和学术想象力拓展了我的分析视野。我的博士研究生王琼和吴华杰参与了本书的校对工作，在此表示感谢。

感谢我的家人对我工作的一贯支持，尤其是我的先生在繁忙工作之余对家庭投入了大量精力，使我的研究工作（尤其是出国访问和实地调研）得以顺利完成。我的孩子们是我工作的动力和快乐的源泉，感谢你们的支持！

最后，我要感谢在调研中结识的职业院校领导、教师和学生，以及地方政府领导和企业负责人，是他们带我走入职业教育领域，让我认识到大国产业发展与技能形成的本质性联系。我记得在苏州工业园区职业技术学院，时任院长单强博士曾在学生组装的变形金刚机器人前面向我讲述该校的校友企业"同程旅游"如何在校区内发展壮大，并成为服务学生实习、就业和区域经济发展的引擎。这个故事验证了我在无数职业院校的发现，即职业教育的目标不仅仅是发展技能，更是为了促进学生和社会的全面发展。

愿此书能为实现蔡元培先生以职业教育"服务社会"的愿景略尽绵薄之力！

图书在版编目（CIP）数据

技能形成与区域创新：职业教育校企合作的功能分
析／杨钋著．-- 北京：社会科学文献出版社，2020.7（2024.1 重印）
（中国教育财政研究丛书）
ISBN 978 - 7 - 5201 - 6754 - 3

Ⅰ．①技⋯　Ⅱ．①杨⋯　Ⅲ．①职业教育 - 产学合作 -
研究 - 中国　Ⅳ．①G719.2

中国版本图书馆 CIP 数据核字（2020）第 100262 号

中国教育财政研究丛书

技能形成与区域创新

——职业教育校企合作的功能分析

著　　者／杨　钋

出 版 人／冀祥德
责任编辑／杨桂凤
文稿编辑／郭　峰
责任印制／王京美

出　　版／社会科学文献出版社·群学出版分社 （010）59367002
　　　　　地址：北京市北三环中路甲 29 号院华龙大厦　邮编：100029
　　　　　网址：www. ssap. com. cn
发　　行／社会科学文献出版社 （010）59367028
印　　装／唐山玺诚印务有限公司

规　　格／开　本：787mm × 1092mm　1/16
　　　　　印　张：14.25　字　数：238 千字
版　　次／2020 年 7 月第 1 版　2024 年 1 月第 2 次印刷
书　　号／ISBN 978 - 7 - 5201 - 6754 - 3
定　　价／98.00 元

读者服务电话：4008918866